电气控制技术

主　编　何贤红
副主编　杨名甲　刘建青　何向华

电子工業出版社·

Publishing House of Electronics Industry
北京·BEIJING

内 容 简 介

本书紧密结合当前行业的发展、职业岗位群和企业需求的变化，以及电工国家职业技能标准编写。以常用低压电器的认识与检测、三相异步电动机基本控制电路的安装与调试、典型机床电气电路的故障检修为项目，并以任务驱动方式组织实训教学。每个项目包含若干任务，任务内容从知识目标、技能目标、知识讲解、实训指导、技能训练与成绩评定等多个环节展开。

本书适合作为中等职业学校智能设备运行与维护、机电技术应用、电气设备运行与控制等相关专业学生的电气控制技术教材，也适合作为电工岗前培训、技术培训及电工职业技能等级认定的教材和参考书。

未经许可，不得以任何方式复制或抄袭本书之部分或全部内容。

版权所有，侵权必究。

图书在版编目（CIP）数据

电气控制技术 / 何贤红主编. —北京：电子工业出版社，2023.10 (2025.9 重印)

ISBN 978-7-121-46516-1

Ⅰ. ①电… Ⅱ. ①何… Ⅲ. ①电气控制 Ⅳ. ①TM921.5

中国国家版本馆 CIP 数据核字（2023）第 195394 号

责任编辑：蒲 玥
印　　刷：三河市双峰印刷装订有限公司
装　　订：三河市双峰印刷装订有限公司
出版发行：电子工业出版社
　　　　　北京市海淀区万寿路 173 信箱　邮编　100036
开　　本：880×1 230　1/16　印张：11.25　字数：281 千字
版　　次：2023 年 10 月第 1 版
印　　次：2025 年 9 月第 3 次印刷
定　　价：36.90 元

凡所购买电子工业出版社图书有缺损问题，请向购买书店调换。若书店售缺，请与本社发行部联系，联系及邮购电话：（010）88254888，88258888。

质量投诉请发邮件至 zlts@phei.com.cn，盗版侵权举报请发邮件至 dbqq@phei.com.cn。

本书咨询联系方式：（010）88254485；puyue@phei.com.cn。

前　言

教育是国之大计、党之大计。培养什么人、怎样培养人、为谁培养人是教育的根本问题。而育人的根本在于立德。培养大批德才兼备的高素质人才，是国家和民族长远发展的大计。本书根据中等职业学校学生的特点及《国家职业教育改革实施方案》的要求，以国家职业教育改革为契机，以课程改革为突破口，紧密结合当前行业的发展、职业岗位群和企业需求的变化，以及电工国家职业技能标准编写。本书可作为中等职业学校智能设备运行与维护、机电技术应用、电气设备运行与控制等相关专业学生的电气控制技术教材。本书通过工作任务展开实训教学，强调学生主动参与、教师指导引领，实现教、学、做、评一体化的教学模式，教学内容注重对学生应用能力和实践能力的培养，体现了职业教育教学特色。本书主要具有以下特色。

工作手册式新形态教材。本书贯彻立德树人的核心教育理念，坚持学做合一、产教融合，按照职业活动和工作过程，以真实生产项目、典型工作任务为载体，遵循技术技能人才的成长规律，传授知识与培养技术技能并重，强化学生职业素养的养成和专业技术的积累，融入专业精神、职业精神和工匠精神。

理实一体，课证融通。本书采用项目任务式编写方式，理论知识坚持"必需、够用"原则，突出内容的针对性与适用性；实践技能坚持"实际、实用、实践"原则，精讲电气控制的基本原理，突出电气控制电路的安装、接线、调试、故障检修、评价等实践技能操作。实践技能操作与考核对接电工国家职业技能标准，符合"1+X"证书制度的要求。实训任务结束后还安排了一些思考题，便于学生将理论联系实践，更好地掌握电气控制专业知识。

由简入繁，循序渐进。本书在内容的安排上，先介绍常用低压电器的认识与检测、三相异步电动机基本控制电路的安装与调试，再介绍典型机床电气电路的故障检修，内容由简入繁，循序渐进，符合中等职业学生的认知特点，学生学习完本书的知识内容，可具备较强的电气控制实践技能及实际工作能力，能够达到电工国家职业技能标准初级、中级、高级的相关理论和实践技能的要求。

自主学习，提高效率。本书在每个任务中，有理论知识和必要的实训步骤，学生根据任务要求完成理论知识和实训任务学习，强化学生的执行力，任务实施完成后对结果进行评定，巩固学生的学习成果。整个学习过程以学生为主导，充分调动学生的学习积极性，提高学生的学习效率。

资源丰富，易教易学。本书配有丰富的教学资源，学生可以登录华信教育资源网下载并学习相关知识。

本书由郴州综合职业中专学校何贤红担任主编，郴州综合职业中专学校杨名甲、刘建青、何向华担任副主编。其中，项目 1 常用低压电器的认识与检测由刘建青编写；项目 2 三相异步电动机基本控制电路的安装与调试中的任务 2.1 至任务 2.5 由杨名甲编写；项目 2 三相异步电动机基本控制电路的安装与调试中的任务 2.6 至任务 2.10 及附录 A、附录 B 由何贤红编写；项目 3 典型机床电气电路的故障检修由何向华编写。全书由何贤红负责统稿工作。

在编写本书时，编者翻阅并参考了大量有关电气控制技术的文献资料，在此向参考文献的作者致以诚挚的谢意。同时向使用本书的同行与读者表示真诚的感谢，感谢同行的支持及读者的厚爱。由于编者水平有限，书中不妥之处敬请读者批评与指正。

编　者

目　录

电气控制技术-视频资源汇总表

项目	任务名称	微课名称	二维码	项目	任务名称	微课名称	二维码
项目一	任务 1.1 低压开关的认识与检测	空气开关的认识与检测		项目二	任务 2.6 三相异步电动机多地控制电路的安装与调试	两地控制电路安装	
	任务 1.2 熔断器的认识与检测	熔断器的认识与检测				两地控制电路工作原理	
	任务 1.3 接触器的认识与检测	交流接触器的认识与检测			任务 2.7 三相异步电动机顺序控制电路的安装与调试	顺序控制电路安装	
	任务 1.4 热继电器的认识与检测	热继电器的认识与检测				顺序控制电路工作原理	
	任务 1.5 主令电器的认识与检测	行程开关的认识与检测			任务 2.8 时间继电器 Y-△ 降压启动控制电路安装与调试	Y-△ 降压启动电路安装	
		控制按钮的认识与检测				Y-△ 降压启动工作原理	
	任务 1.6 时间继电器的认识与检测	时间继电器的认识与检测			任务 2.9 三相异步电动机反接制动控制电路安装与调试	反接制动控制电路安装	
项目二	任务 2.1 三相异步电动机单向运行控制电路的安装与调试	长动控制电路安装				反接制动控制电路工作原理	
		长动控制电路工作原理			任务 2.10 时间继电器双速电动机控制电路安装与调试	时间继电器控制双速电动机控制电路安装	
	任务 2.2 三相异步电动机连续与点动控制电路的安装与调试	连续与点动控制电路安装				时间继电器控制双速电动机电路工作原理	
		连续与点动控制电路工作原理		项目三	任务 3.1CA6140 型车床的认识与操作	CA6140 型车床的认识	
	任务 2.3 三相异步电动机接触器互锁正反转控制电路的安装与调试	接触器联锁控正反转制电路安装			任务 3.2CA6140 型车床控制电路的原理分析	CA6140 型车床电气控制电路工作原理	
		接触器联锁正反转控制电路工作原理			任务 3.3CA6140 型车床控制电路的故障分析及排除	CA6140 型车床电气控制电路故障检修	
	任务 2.4 三相异步电动机双重互锁正反转控制电路的安装与调试	双重联锁正反转控制电路安装			任务 3.4M7120 型平面磨床的认识与操作	M7120 型平面磨床的认识	
		双重联锁正反转控制电路工作原理			任务 3.5M7120 型平面磨床控制电路的原理分析	M7120 型平面磨床电气控制工作原理	
	任务 2.5 三相异步电动机自动往返控制电路的安装与调试	自动往返控制电路安装			任务 3.6M7120 型平面磨床控制电路的故障分析及排除	M7120 型平面磨床电气控制电路故障检修	
		自动往返控制电路工作原理					

项目 1 常用低压电器的认识与检测

※项目描述：

在接到一项工程时，作为一名合格的电工作业人员，要能从相关的工程资料中了解整个工程的施工步骤和操作过程，看懂一般的施工图纸，选择合适的元器件正确进行安装，并进行一般的维护与故障检修。

※素质目标：

（1）培养学生规范操作的意识，以及爱岗敬业、吃苦耐劳的精神。

（2）培养学生的团队合作能力。

※知识目标：

（1）熟悉常用低压电器的功能、基本结构、工作原理及型号含义。

（2）熟知常用低压电器的图形符号和文字符号。

（3）掌握常用低压电器在电动机控制电路中的作用。

※技能目标：

（1）能正确识别、选择、安装和使用常用低压电器。

（2）能正确使用万用表，并能检测元器件的好坏。

（3）能正确拆装低压电器，并能排除常用低压电器的常见故障。

※项目任务：

任务 1.1 低压开关的认识与检测

任务 1.2 熔断器的认识与检测

任务 1.3 接触器的认识与检测

任务 1.4 热继电器的认识与检测

任务 1.5 主令电器的认识与检测

任务 1.6 时间继电器的认识与检测

任务 1.1 低压开关的认识与检测

微课

※知识目标：

（1）熟知低压开关的结构、用途和图形符号。

（2）了解低压开关的主要技术参数及适用范围。

※技能目标：

（1）会正确拆装常用低压开关并检测其质量的好坏。

（2）能排除低压开关的常见故障。

※知识平台：

低压开关主要用来隔离、转换、接通和断开电路，多数被用作机床电路的电源开关和局部照明电路的控制开关，有时用于直接控制小容量电动机的启动、停止和正/反转。

低压开关一般为非自动切换电器，常用的类型有刀开关、组合开关和低压断路器。

1. 刀开关

刀开关又称胶盖刀开关，其开关结构简单、价格低廉、安装和使用维护方便，被广泛用作照明电路和小容量（5.5kW 以下）动力电路不频繁启动的控制开关。刀开关的主要类型有负荷开关和板形开关。在电力拖动控制电路中常见的是由刀开关和熔断器组合而成的负荷开关。负荷开关分为开启式负荷开关和封闭式负荷开关两种。下面以开启式负荷开关为例对刀开关进行介绍。

1）刀开关的型号及含义

刀开关的型号及含义如图 1-1-1 所示。常用的刀开关有 HD 型单投刀开关、HS 型双投刀开关（刀形转换开关）、HR 型熔断器式刀开关、HZ 型组合开关、HK 型开启式负荷开关、HY 型倒顺开关和 HH 型铁壳开关等。在生产中常用的是 HK 型开启式负荷开关。开启式负荷开关又称闸刀开关。

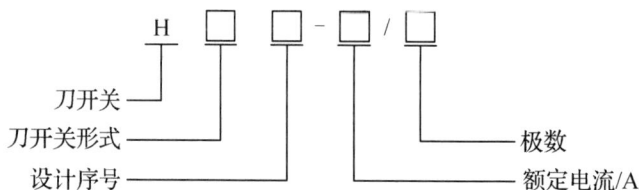

图 1-1-1 刀开关的型号及含义

2）刀开关的结构与工作原理

HK 型开启式负荷开关由刀开关和熔断器组合而成。其在工作时，动触点-触刀与瓷底上的静触点-刀夹座相接触，通过闭合（或分离）来接通（或断开）电路。HK 型开启式负荷开关如图 1-1-2 所示。

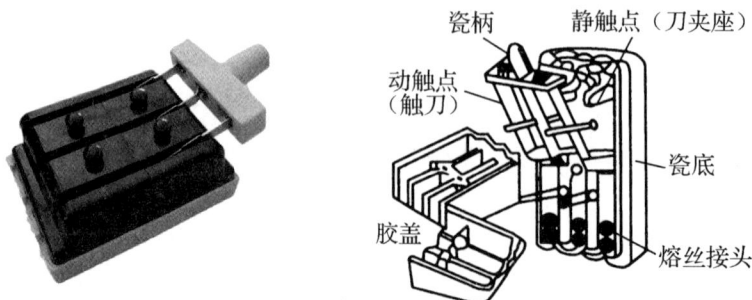

图 1-1-2 HK 型开启式负荷开关

3）刀开关的图形符号及文字符号

刀开关的图形符号及文字符号如图 1-1-3 所示。

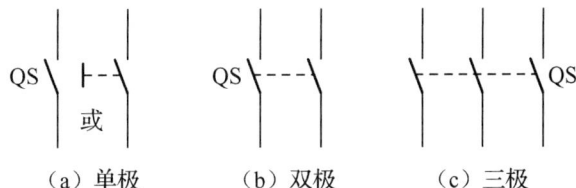

（a）单极　　　　　　（b）双极　　　　　　（c）三极

图 1-1-3 刀开关的图形符号及文字符号

4）刀开关的主要技术参数

刀开关的主要技术参数有额定电流、额定电压、极数、可控制电动机最大容量等。

HK 型开启式负荷开关的主要技术参数如表 1-1-1 所示。

表 1-1-1 HK 型开启式负荷开关的主要技术参数

型号	极数	额定电流/A	额定电压/V	可控制电动机最大容量/kW		熔丝线径/mm
				220V	380V	
HK1-15	2，3	15	220，380	—	2.2	1.45～1.59
HK1-30	2，3	30	220，380	—	4.0	2.30～2.52
HK1-60	2，3	60	220，380	—	5.5	3.36～4.00
HK2-15	3	15	380	—	2.2	0.45
HK2-30	3	30	380	—	4.0	0.71
HK2-60	3	60	380	—	5.5	1.12

5）刀开关的选择

（1）当刀开关用于照明和电热负载时，选用额定电压为 220V、额定电流不小于电路所有负载额定电流之和的双极开关。

（2）当刀开关用于控制电动机的直接启动和停止时，选用额定电压为 380V、额定电流不小于电动机额定电流 3 倍的三极开关。

6）刀开关的安装与使用

（1）开启式负荷开关必须垂直安装在控制屏或开关板上，且当其为合闸状态时手柄应朝上，不允许倒装或平装，以避免由于重力自动下落引起误合闸事故。

（2）在接线时应把电源进线接在静触点一边的进线座上，把负载接在动触点一边的出线座上。开关断开后，刀开关的刀片与电源隔离，既便于更换熔丝，又可防止发生意外事故。

（3）在更换熔丝时，必须在闸刀断开的情况下按原规格更换。

7）刀开关的常见故障及处理方法

刀开关的常见故障及处理方法如表 1-1-2 所示。

表 1-1-2 刀开关的常见故障及处理方法

故障现象	可能原因	处理方法
合闸后，开关一相或两相不通	（1）静触点弹性消失，开口过大，造成动、静触点接触不良； （2）熔丝熔断或接触不良； （3）动、静触点被氧化或有尘污； （4）开关进出线的线头接触不良	（1）修理或更换静触点； （2）更换或紧固熔丝； （3）清洁触点； （4）重新连接开关进出线

续表

故障现象	可能原因	处理方法
合闸后熔丝熔断	（1）外接负载短路； （2）熔丝规格偏小	（1）排除负载短路故障； （2）按要求更换熔丝
触点烧坏	（1）开关容量太小； （2）拉、合闸动作过慢，造成电弧过大，烧坏触点	（1）更换开关； （2）修整或更换触点，并正确操作

2．组合开关

组合开关又称转换开关，其体积小、触点数多，灭弧性能比刀开关好，而且接线方式灵活、操作方便，常在交流 50Hz、380V 以下及直流 220V 以下的电气电路中用于非频繁地接通和断开电路，控制 5kW 以下小容量电动机的启动和停止。

1）组合开关的型号及含义

组合开关的型号及含义如图 1-1-4 所示。

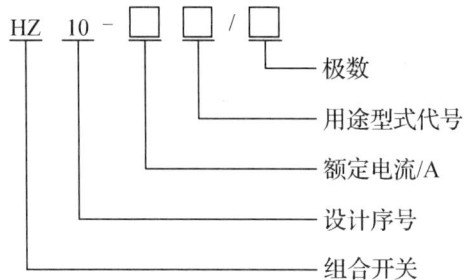

图 1-1-4　组合开关的型号及含义

2）组合开关的结构、图形符号及文字符号

组合开关的结构、图形符号及文字符号如图 1-1-5 所示。

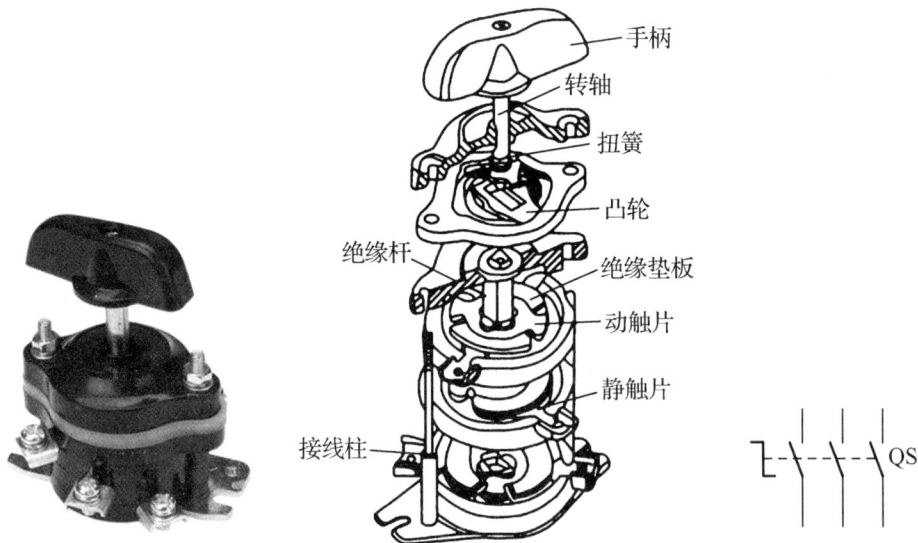

图 1-1-5　组合开关的结构、图形符号及文字符号

3）组合开关的主要技术参数

组合开关的主要技术参数有额定电流、额定电压、极数和可直接控制电动机功率等。

HZ10 系列组合开关的主要技术参数如表 1-1-3 所示。

表 1-1-3　HZ10 系列组合开关的主要技术参数

型号	极数	额定电流/A	额定电压/V	可直接控制电动机功率/kW
HZ10-10	2，3	6，10	380	1
HZ10-25	2，3	25	380	3.3
HZ10-60	2，3	60	380	5.5
HZ10-100	2，3	100	380	—

4）组合开关的选择

组合开关用于直接控制异步电动机的启动和正、反转，根据电源种类、电压等级、所需触点数、接线方式和负载容量进行选用。组合开关的额定电流一般为电动机额定电流的 1.5～2.5 倍。

5）组合开关的常见故障及处理方法

组合开关的常见故障及处理方法如表 1-1-4 所示。

表 1-1-4　组合开关的常见故障及处理方法

故障现象	可能原因	处理方法
转动手柄后，内部触点没有动	（1）手柄上的轴孔磨损变形； （2）绝缘杆变形； （3）手柄与转轴或转轴与绝缘杆配合松动； （4）操作机构损坏	（1）调换手柄； （2）更换绝缘杆； （3）紧固松动部分； （4）修理更换
转动手柄后，动、静触点不能按要求动作	（1）开关型号不正确； （2）触点装配角度不正确； （3）触点失去弹性或接触不良	（1）更换开关； （2）重新装配触点； （3）更换触点或清除氧化层
接线柱间短路	因铁屑或油污附着在接线柱间形成导电层，故绝缘损坏而形成短路	更换开关

3. 低压断路器

1）低压断路器的型号及含义

低压断路器又称自动空气开关，它既能带负载通、断电路，又能在失电压、短路和过载时自动跳闸，保护电路和电气设备，是低压配电网络和电力拖动系统中常用的开关电器。

低压断路器按结构形式可分为万能式（又称框架式）和塑料外壳式（又称模压外壳式）两大类。万能式低压断路器主要用作配电网络的保护开关，而塑料外壳式低压断路器除用作配电网络的保护开关外，还可用作电动机、照明电路的控制开关。低压断路器的型号及含义如图 1-1-6 所示。

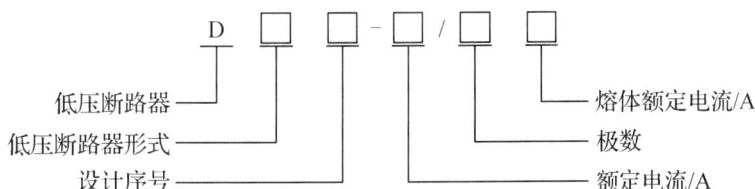

图 1-1-6　低压断路器的型号及含义

2）低压断路器的结构、图形符号及文字符号

低压断路器主要由动触点、静触点、灭弧装置、操作机构、热脱扣器、电磁脱扣器及外壳等部分组成。低压断路器的结构、图形符号及文字符号如图 1-1-7 所示。

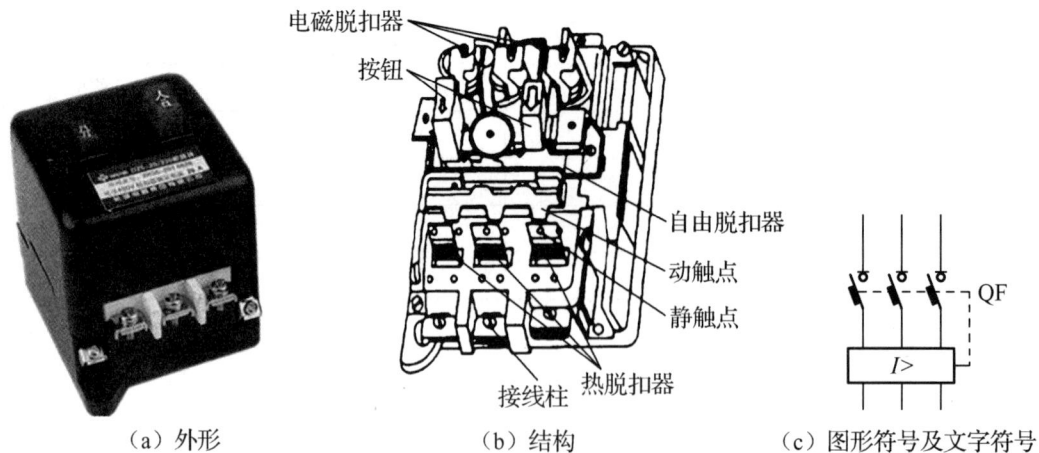

（a）外形　　　　　　　（b）结构　　　　　　（c）图形符号及文字符号

图 1-1-7　低压断路器的结构、图形符号及文字符号

3）低压断路器的工作原理

低压断路器的工作原理示意图如图 1-1-8 所示。在使用时，低压断路器的三副主触点串联在被控制的三相电路中，当按下接通按钮时，外力使锁扣克服反作用弹簧的反作用力，将固定在锁链上的动触点与静触点闭合，并由搭钩锁住锁链，使动、静触点保持闭合，开关处于接通状态。

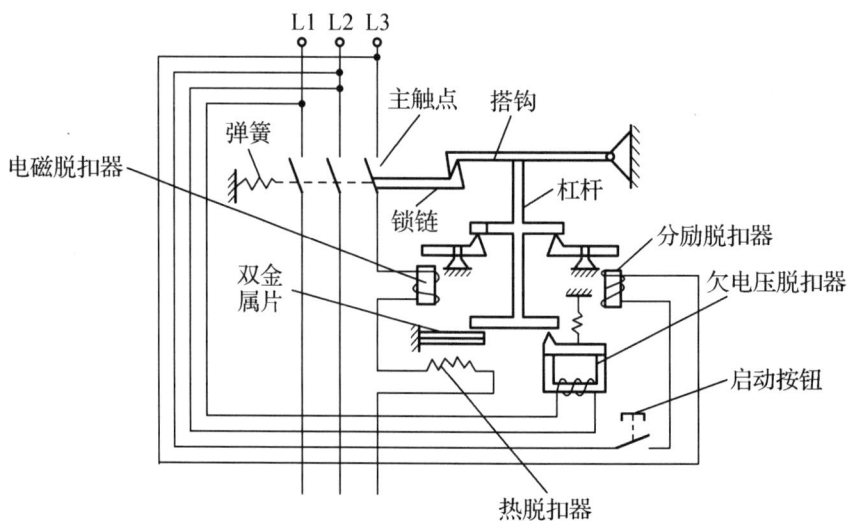

图 1-1-8　低压断路器的工作原理示意图

当电路过载时，过载电流流过热元件产生一定的热量，使双金属片受热弯曲，通过杠杆推动搭钩与锁链分开，在反作用弹簧的推动下，动、静触点分开，从而切断电路，使用电设备不致因过载而烧毁。

当电路短路时，短路电流超过电磁脱扣器的瞬时脱扣整定电流，电磁脱扣器产生足够大的吸力将衔铁吸合，通过杠杆推动搭钩与锁链分开，从而切断电路，实现短路保护。

当电路电压正常时，欠电压脱扣器的衔铁被吸合，衔铁与杠杆脱离，低压断路器的主触点闭合；当电路上的电压消失或下降到某一数值时，衔铁在弹簧的作用下向上撞击杠杆，将搭钩顶开，使主触点断开。

4）低压断路器的选用原则

（1）低压断路器的额定电压应不小于被保护电路的额定电压。

（2）低压断路器的壳架等级额定电流应不小于被保护电路的计算负载电流。

（3）热脱扣器的整定电流应等于所控制负载的额定电流。

（4）电磁脱扣器的瞬时脱扣整定电流应大于负载在正常工作时可能出现的峰值电流。用于控制电动机的低压断路器，其电磁脱扣器的瞬时脱扣整定电流可按 $I_z \geqslant KI_{st}$ 选取。其中，K 为安全系数，可取 1.5～1.7；I_{st} 为电动机的启动电流。

5）低压断路器的常见故障及处理方法

低压断路器的常见故障及处理方法如表 1-1-5 所示。

表 1-1-5　低压断路器的常见故障及处理方法

故障现象	可能原因	处理方法
不能合闸	（1）欠电压脱扣器无电压或线圈损坏； （2）储能弹簧变形； （3）反作用弹簧的力过大； （4）搭钩脱扣	（1）检查电压或更换线圈； （2）更换储能弹簧； （3）重新调整反作用弹簧； （4）将再脱扣搭钩的接触面调整到规定位置
电流达到整定值，但低压断路器不动作	（1）热脱扣器的双金属片损坏； （2）电磁脱扣器的衔铁与铁芯距离太大或电磁线圈损坏； （3）主触点熔焊	（1）更换双金属片； （2）调整衔铁与铁芯的距离或更换新的低压断路器； （3）检查原因并更换主触点
当启动电动机时，低压断路器立即断开	（1）电磁脱扣器瞬时动作的整定值过小； （2）电磁脱扣器损坏	（1）将整定值调高至规定值； （2）更换电磁脱扣器
低压断路器闭合后，经过一定时间自行断开	热脱扣器的整定值过小	将整定值调高至规定值
低压断路器温升过高	（1）触点压力过小； （2）触点表面磨损或接触不良； （3）连接两个导电零件的螺钉松动	（1）调整触点压力或更换弹簧； （2）更换触点或修整接触器； （3）重新拧紧螺钉

※任务实施：

1．实训内容

常用低压开关的认识、拆装与检测。

2．实训器材准备

（1）常用工具：钢丝钳、螺丝刀、镊子、剥线钳、尖嘴钳、验电笔等。

（2）常用仪表：兆欧表、万用表。

（3）器材：开启式负荷开关（HK1 系列）、组合开关（HZ10 系列）、低压断路器（CDM10 系列、DZ47 系列）等若干低压开关。

3．实训步骤

1）认一认　低压开关的符号和型号

仔细观察各种不同类型、规格的低压开关，熟知它们的外形、型号的含义、主要技术参数和结构特点等。

将所给低压开关的铭牌数据用标签纸编号，根据实物在低压开关的认识表（见表 1-1-6）中写出各低压开关的名称、型号及文字符号，并画出图形符号。

表 1-1-6 低压开关的认识表

序号	名称	型号	型号含义	图形符号	文字符号

2）拆一拆 低压开关的拆卸与装配

（1）开启式负荷开关的拆卸与装配。

根据开启式负荷开关的结构图（见图 1-1-9），可知开启式负荷开关的拆卸过程：

瓷柄—胶盖—瓷底—静触片—动触片—熔丝—进线座—出线座。

开启式负荷开关的装配过程与拆卸过程相反。

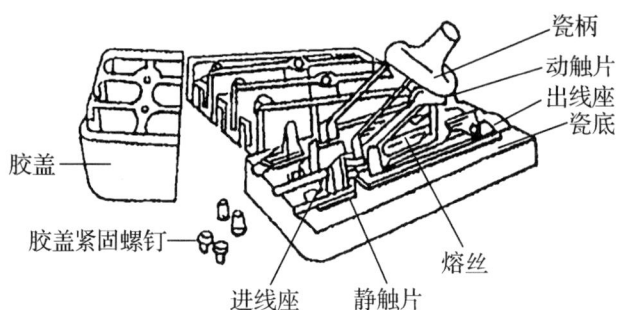

图 1-1-9 开启式负荷开关的结构图

（2）组合开关的拆卸与装配。

根据组合开关的结构图（见图 1-1-10），可知组合开关的拆卸过程：

手柄—扭簧—转轴—凸轮—绝缘杆—绝缘垫板—动触片—静触片。

组合开关的装配过程与拆卸过程相反。

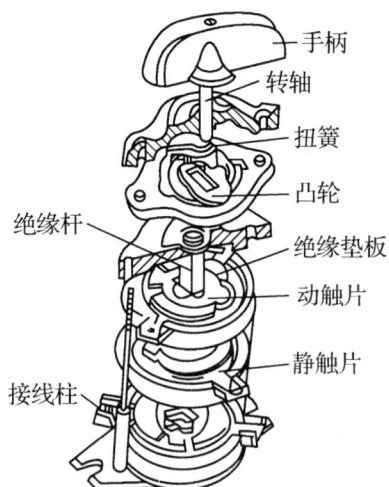

图 1-1-10 组合开关的结构图

（3）低压断路器的拆卸与装配。

低压断路器的实物图如图 1-1-11 所示。

① CDM10 低压断路器的拆卸与装配。

拆卸过程：

外壳—手柄—灭弧罩—静触片—动触片—接电源端—接负载端。

装配过程与拆卸过程相反。

② DZ47 低压断路器的拆卸与装配。

拆卸过程：

外壳—灭弧罩—过载保护金属片—电磁脱扣器—机械锁定装置—手柄—动触片—静触片。

装配过程与拆卸过程相反。

(a) CDM10 低压断路器　　　　(b) DZ47 低压断路器

图 1-1-11　低压断路器的实物图

3）做一做　低压开关的识别与检测

刀开关、组合开关和低压断路器的识别与检测分别如表 1-1-7、表 1-1-8 和表 1-1-9 所示。根据 3 个表中的操作要点分别进行操作，并将测量结果填写在低压开关测量结果记录表（见表 1-1-10）中。

表 1-1-7　刀开关的识别与检测

序号	任务	操作要点
1	识读型号	刀开关的型号标注在胶盖上
2	识别接线柱	进线座（上端）为进线端子，出线座（下端）为出线端子
3	安装熔丝	打开胶盖，安装合适的熔丝
4	检测刀开关的好坏	将万用表置于蜂鸣挡，将两表笔分别搭接在刀开关的进、出线端子上，合上开关，若阻值为 0，则刀开关正常；若阻值为∞，则刀开关已断路，应检查熔丝连接是否可靠等

表 1-1-8　组合开关的识别与检测

序号	任务	操作要点
1	识读型号	组合开关的型号标注在手柄下方的胶盖表面
2	识别接线柱	上接线柱为进线端子，下接线柱为出线端子
3	检测组合开关的好坏	将万用表置于蜂鸣挡，将两表笔分别搭接在组合开关的进、出线端子上，当手柄转向"0"位置时，阻值为∞，组合开关为断开状态；当手柄转向"Ⅰ"位置时，阻值为 0，组合开关为闭合状态

表 1-1-9　低压断路器的识别与检测

序号	任务	操作要点
1	识读型号	低压断路器的型号标注在低压断路器的表面
2	识别接线柱	上接线端为进线端子，下接线端为出线端子
3	检测低压断路器的好坏	将万用表置于蜂鸣挡，将两表笔分别搭接在低压断路器的进、出线端子上，当低压断路器的开关闭合时，阻值为0；当低压断路器的开关断开时，阻值为∞

表 1-1-10　低压开关测量结果记录表

型号	极数	分闸时触点接触电阻/Ω			合闸时触点接触电阻/Ω			相间绝缘电阻/Ω			质量好坏
		L1 相	L2 相	L3 相	L1 相	L2 相	L3 相	L1-L2	L2-L3	L1-L3	

4）评一评　低压开关的识别与检测评分

低压开关的识别与检测评分标准如表 1-1-11 所示。

表 1-1-11　低压开关的识别与检测评分标准

项目	配分（100分）	评分标准	自评	互评	师评
开关的识别	25分	按要求填写完整、准确。 填错或漏写，每处扣2分			
开关的拆装	30分	操作规范，按顺序拆卸，装配完整。 （1）拆卸步骤及方法不正确，每次扣2分； （2）拆装不熟练，扣5~10分； （3）拆卸后不能组装完整，扣10分； （4）损坏零部件，每个扣5分			
开关的检测	30分	操作规范，准确判断质量。 （1）检测方法不正确，每处扣5分； （2）检测结果不正确，每处扣5分； （3）不会检测，扣30分			
职业素养	15分	操作规范（"6S"管理：整理、整顿、清扫、安全、清洁、素养），安全文明生产。 （1）没有穿戴防护用品，扣5分； （2）工具摆放乱，乱丢杂物，完成任务后不清理工位，每处扣2分； （3）损坏仪器仪表或元器件，每个扣10分； （4）发生严重违规操作，成绩记0分			
开始时间		结束时间		得分	
总分=自评×30%+互评×30%+师评×40%				总分	

5）想一想　巩固与练习

（1）通过网络收集或走访低压开关的生产厂家、专卖店和使用单位等，认识更多的低压开关。比一比，看谁收集和认识得多，分组讨论并整理后，作为资料备用。

（2）某电动机的型号为 Y-112M-4，功率为4kW，△连接，额定电压为380V，额定电流为 8.8A，试分别选择开启式负荷开关、组合开关的型号规格。

任务 1.2　熔断器的认识与检测

微课

※知识目标：

（1）熟知熔断器的结构、用途和图形符号。
（2）了解熔断器的主要技术参数及适用范围。

※技能目标：

（1）会正确拆装常用熔断器，并检测其质量的好坏。
（2）能排除熔断器的常见故障。

※知识平台：

熔断器在控制系统中作为短路保护电器，在使用时串联在被保护的电路中。当电路发生短路故障时，熔断器的电流达到或超过某一规定值，通过其自身的热量使熔体熔断，从而断开电路，起到保护作用。

1. 熔断器的型号及含义（见图 1-2-1）

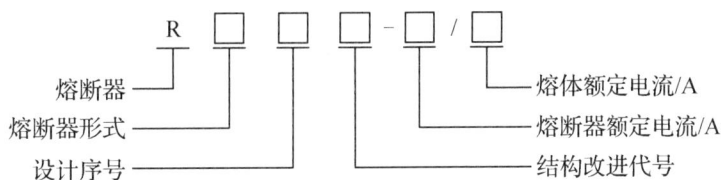

图 1-2-1　熔断器的型号及含义

熔断器形式：C——瓷插式；L——螺旋式；M——无填料密封管式；T——有填料密封管式；S——快速式；Z——自复式。

常见熔断器的型号有 RL1、RT0、RT15、RT18 等，在选用熔断器时应根据使用场合进行选择。

2. 熔断器的结构

熔断器主要由熔体（俗称熔丝）、安装熔体的熔管和熔座三部分组成。熔体是熔断器的核心，常做成丝状、片状或栅状，制作熔体的材料一般有铅锡合金、锌、铜、银等。当电路短路或严重过载时，熔体会熔断保护电路。熔管是熔体的保护外壳，由耐热绝缘材料制成，在熔体熔断时兼有灭弧作用。熔座是熔断器的底座，用来固定熔管和连接外接线。

熔断器按结构形式可分为半封闭插入管式熔断器、无填料密封管式熔断器、有填料密封管式熔断器、螺旋自复式熔断器等。各类熔断器的外形及熔断器的图形符号和文字符号如图 1-2-2 所示。

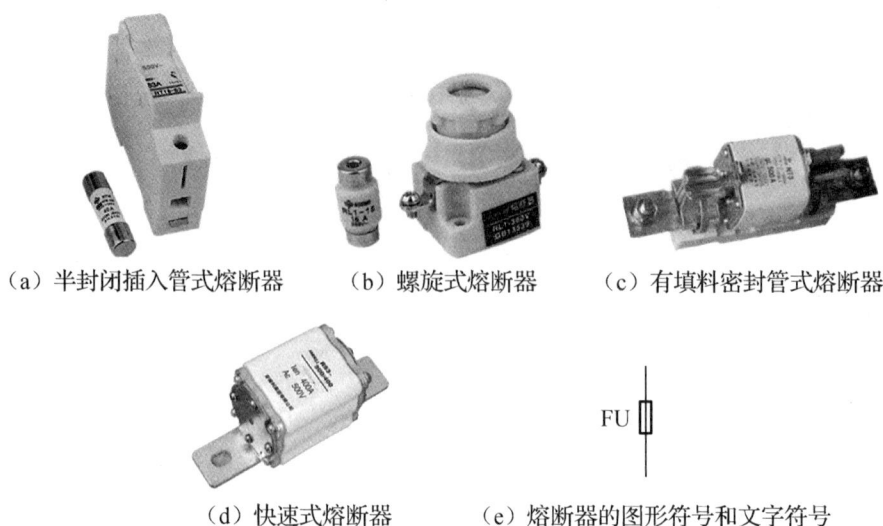

（a）半封闭插入管式熔断器　　（b）螺旋式熔断器　　（c）有填料密封管式熔断器

$$FU \quad \boxed{}$$

（d）快速式熔断器　　　（e）熔断器的图形符号和文字符号

图 1-2-2　各类熔断器的外形及熔断器的图形符号和文字符号

3. 熔断器的主要技术参数

（1）额定电压：熔断器长期工作所能承受的电压。

（2）额定电流：保证熔断器能长期正常工作的电流。

（3）断开能力：在规定电压下熔断器能断开的预期断开电流值。

RT 系列熔断器的主要技术参数如表 1-2-1 所示，螺旋式熔断器的主要技术参数如表 1-2-2 所示。

表 1-2-1　RT 系列熔断器的主要技术参数

型号	额定电压/V	额定电流/A	熔体额定电流等级/A
RT0	交流 380 直流 440	100	30、40、50、60、80、100
		200	120、150、200、250
		400	300、350、400、450
RT14	380	20	2、4、6、8、10、12、16、20
		32	4、6、8、10、12、16、20、25、32
		63	10、16、20、25、32、40、50、63

表 1-2-2　螺旋式熔断器的主要技术参数

型号	额定电压/V	额定电流/A	熔体额定电流等级/A
RL1-15	500	15	2、4、6、10、15
RL1-60	500	60	20、25、30、35、40、50、60
RL1-100	500	100	60、80、100
RL1-200	500	200	100、125、150、200

4. 熔断器的选用原则

（1）熔断器的额定电压应不小于电路的工作电压；熔断器的额定电流应不小于所装熔体的额定电流；熔断器的断开能力应大于电路中可能出现的最大短路电流。

（2）对于电炉和照明等电阻性负载，熔体额定电流 I_{RN} 应不小于电路的工作电流 I_N，即 $I_{RN} \geqslant I_N$。

（3）对于单台电动机，熔体的额定电流 I_{RN} 应不小于电动机额定电流 I_N 的 1.5～2.5 倍，即 $I_{RN} \geq (1.5\sim2.5)I_N$。

（4）对于多台电动机，熔体的额定电流 I_{RN} 应不小于一台电动机最大额定电流 I_{Nmax} 的 1.5～2.5 倍加上同时使用的其他电动机额定电流之和 $\sum I_N$，即 $I_{RN} \geq (1.5\sim2.5)I_{Nmax} + \sum I_N$。

5．熔断器的故障检测及处理方法

熔断器的故障检测及处理方法如表 1-2-3 所示。

表 1-2-3 熔断器的故障检测及处理方法

常见故障	可能原因	处理方法
电路接通瞬间，熔体熔断	（1）熔体规格过小； （2）被保护电路短路或接地； （3）在安装熔体时有机械损伤	（1）更换合适的熔体； （2）检查电路，排除故障； （3）更换熔体
熔体未熔断，但电路不通	（1）熔体或连接线接触不良； （2）紧固螺钉松脱	（1）旋紧熔体或重新接线； （2）将紧固螺钉旋紧

※任务实施：

1．实训内容

熔断器的识别、拆装与检测。

2．实训器材准备

（1）常用工具：钢丝钳、螺丝刀、镊子、剥线钳、尖嘴钳、验电笔等。
（2）常用仪表：兆欧表、万用表。
（3）器材：若干熔断器（RT18 系列、RL1 系列）。

3．实训步骤

1）认一认 熔断器的符号和型号
仔细观察各种不同类型、规格的熔断器，熟知它们的外形、型号的含义、主要技术参数和结构特点等。

将所给熔断器的铭牌数据用标签纸编号，根据实物在熔断器的认识表（见表 1-2-4）中写出各熔断器的名称、型号、型号含义及文字符号，并画出图形符号。

表 1-2-4 熔断器的认识表

序号	名称	型号	型号含义	图形符号	文字符号

2）拆一拆 熔断器的拆卸与装配
根据 RL 系列熔断器的结构（见图 1-2-3），可知 RL 系列熔断器的拆卸过程：
瓷帽—熔断管—瓷套—上接线座—下接线座—瓷座。
装配过程与拆卸过程相反。

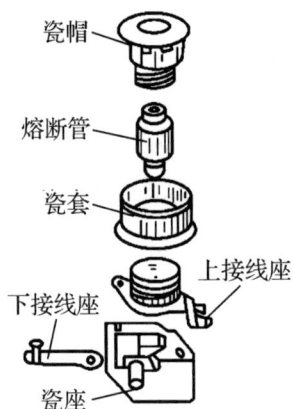

图 1-2-3　RL 系列熔断器的结构

3）做一做　熔断器的识别与检测

熔断器的识别与检测如表 1-2-5 所示，按照表中的操作要点进行操作，并将测量结果填写在熔断器测量结果记录表（见表 1-2-6）中。

表 1-2-5　熔断器的识别与检测

序号	任务	操作要点
1	识读型号	熔断器的型号标注在瓷座的铭牌上或瓷帽上方
2	识别接线柱	上接线柱（高端）为出线端子，下接线柱（低端）为进线端子
3	检测熔断器的好坏	将万用表置于蜂鸣挡，用两表笔分别搭接在熔断器的上、下接线柱上，若阻值为 0，则熔断器正常；若阻值为∞，则熔断器已断路，应检查熔体是否断路或瓷帽是否旋好等

表 1-2-6　熔断器测量结果记录表

型号	输入端与输出端电阻/Ω		质量好坏	拆卸步骤（螺旋式熔断器）
	不装熔体电阻	装入熔体电阻		

4）评一评　熔断器的识别与检测评分

熔断器的识别与检测评分标准如表 1-2-7 所示。

表 1-2-7　熔断器的识别与检测评分标准

项目	配分（100 分）	评分标准	自评	互评	师评
熔断器的识别	25 分	按要求填写完整、准确。 填错或漏写，每处扣 2 分			
熔断器的拆装	30 分	操作规范，按顺序拆卸，装配完整。 （1）拆卸步骤及方法不正确，每次扣 2 分； （2）拆装不熟练，扣 5～10 分； （3）拆卸后不能组装完整，扣 10 分； （4）损坏零部件，每个扣 5 分			
熔断器的检测	30 分	操作规范，准确判断质量。 （1）检测方法不正确，每处扣 5 分； （2）检测结果不正确，每处扣 5 分； （3）不会检测，扣 30 分			

项目	配分 （100 分）	评分标准	自评	互评	师评
职业素养	15 分	操作规范（"6S"管理：整理、整顿、清扫、安全、清洁、素养），安全文明生产。 （1）没有穿戴防护用品，扣 5 分； （2）工具摆放乱，乱丢杂物，完成任务后不清理工位，每处扣 2 分； （3）损坏仪器仪表或元器件，每个扣 10 分； （4）发生严重违规操作，成绩记 0 分			
开始时间		结束时间	得分		
总分=自评×30%+互评×30%+师评×40%				总分	

5）想一想　巩固与练习

（1）通过网络收集或走访熔断器的生产厂家、专卖店和使用单位，认识更多的熔断器。比一比，看谁收集和认识得多，分组讨论并整理后，作为资料备用。

（2）熔断器的功能是什么？常用的低压熔断器有几种类型？画出熔断器的图形符号和文字符号。

（3）试说明熔断器型号 RL1-200/200A 的含义。

任务 1.3　接触器的认识与检测

微课

※知识目标：

（1）熟知接触器的结构、用途和图形符号。
（2）了解接触器的主要技术参数及适用范围。

※技能目标：

（1）会正确拆装常用的接触器，并检测其质量的好坏。
（2）能排除接触器的常见故障。

※知识平台：

接触器是一种自动的电磁式开关，适用于远距离频繁地接通或断开交、直流电路及大容量控制电路。接触器按通过主触点的电流种类分为交流接触器和直流接触器两种。

交流接触器主要用于控制电动机、电热设备、电焊机、电容器组等，能频繁地接通或断开交流主电路，实现远距离自动控制。它具有低电压释放保护功能，在电力自动控制电路中被广泛应用。

1. 接触器的结构

接触器主要由电磁系统、触点系统、灭弧装置及辅助部件组成。接触器外形及结构图如图 1-3-1 所示。

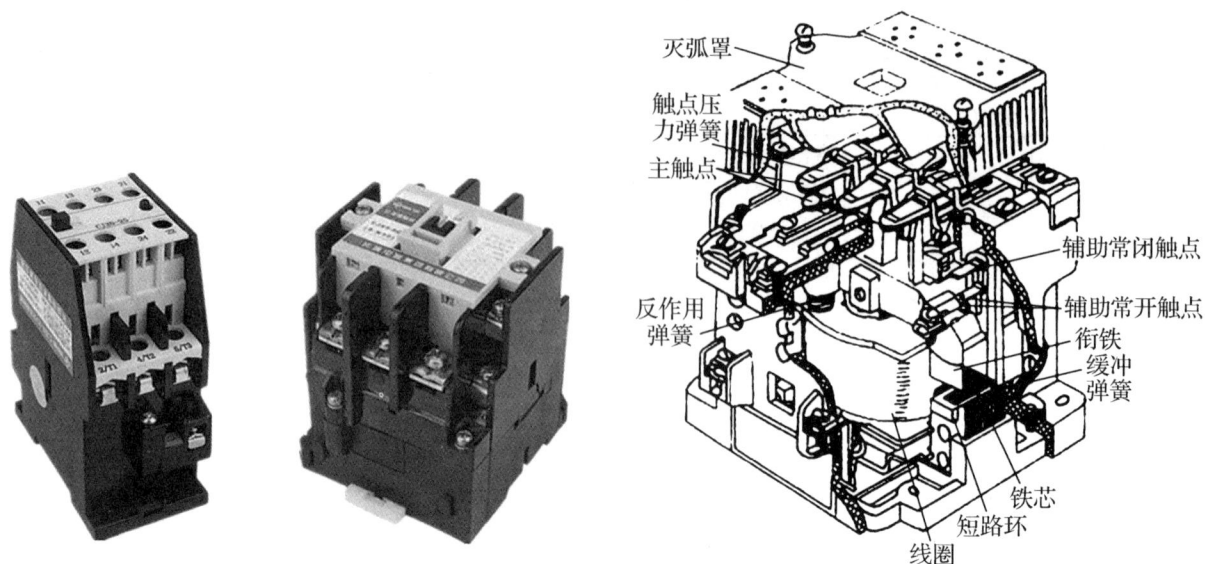

图 1-3-1　接触器外形及结构图

1）电磁系统

接触器的电磁系统主要由线圈、铁芯（静铁芯）和衔铁（动铁芯）三部分组成。其作用是利用电磁线圈的通电或断电，使衔铁和铁芯吸合或释放，从而带动动触点与静触点闭合或断开，实现接通或断开电路的目的。

2）触点系统

触点系统是接触器的执行元件，用来接通或断开被控制的电路。触点根据其所控制的电路可分为主触点和辅助触点。主触点用于接通或断开主电路，允许通过较大的电流，为常开（动合）触点；辅助触点用于接通或断开控制电路，只能通过较小的电流，有常开触点和常闭（动断）触点两种。常开触点和常闭触点是联动的。当线圈通电时，常闭触点先断开，常开触点后闭合；当线圈断电时，常开触点先恢复断开，随后常闭触点恢复闭合。两种触点在改变工作状态时有先后时间差，尽管这个时间差很短，但对分析电路的控制原理很重要。

接触器的线圈通电后，根据电磁效应，铁芯被磁化为电磁铁，产生电磁力，衔铁压缩弹簧向铁芯方向移动，同时带动所连触点的移动，使常闭触点断开，常开触点闭合，从而接通被控制的电路；接触器的线圈断电后，电磁铁失磁，电磁力消失，衔铁在复位弹簧的作用下迅速离开铁芯，带动动触点复位，从而切断被控制的电路。

3）灭弧装置

容量在 10A 以上的接触器都有灭弧装置。对于小容量的接触器，常采用双断口桥式触点灭弧，触点上带有灭弧罩；对于大容量的接触器，常采用纵缝灭弧罩及灭弧栅灭弧。

4）辅助部件

接触器的辅助部件有反作用弹簧、缓冲弹簧、触点压力弹簧、传动机构、底座及接线柱等。

反作用弹簧安装在衔铁和线圈之间，其作用是线圈断电后，推动衔铁释放，使各触点恢复原状态。缓冲弹簧安装在铁芯与线圈之间，其作用是缓冲衔铁在吸合时对铁芯和外壳的冲击力，保护外壳。触点压力弹簧安装在动触点上方，其作用是增加动、静触点之间的压力，从而增大接触面积，以减小接触电阻，防止触点过热灼伤。传动机构的作用是在衔铁或反作用弹簧的作用下，带动动触点实现与静触点的接通或断开。

2．接触器的型号及含义

接触器的型号及含义如图 1-3-2 所示。

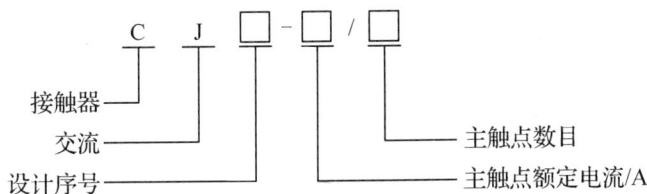

图 1-3-2 接触器的型号及含义

3．接触器的图形符号及文字符号

接触器的图形符号及文字符号如图 1-3-3 所示。

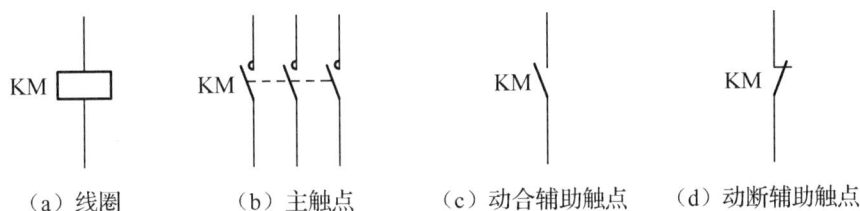

（a）线圈　　　　（b）主触点　　　（c）动合辅助触点　　（d）动断辅助触点

图 1-3-3 接触器的图形符号及文字符号

4．接触器的主要技术参数

（1）接触器的额定电压：主触点的额定电压。常用额定电压等级：直流接触器有 110V、220V、440V、660V；交流接触器有 127V、220V、380V、500V、660V。

（2）接触器的额定电流：主触点的额定电流。常用额定电流等级：直流接触器有 5A、10A、20A、40A、60A、100A、150A、250A、400A、600A；交流接触器有 5A、20A、40A、60A、100A、150A、250A、400A、600A。

（3）电磁线圈的额定电压：保证衔铁可靠吸合的线圈工作电压。常用电压等级：直流线圈有 24V、48V、110V、220V、440V；交流线圈有 36V、110V、127V、220V、380V。

（4）额定操作频率：接触器每小时接通的次数。交流接触器的额定操作频率为 600 次/h；直流接触器的额定操作频率为 1200 次/h。

（5）接通和断开能力：主触点在规定条件下能可靠地接通和断开的电流值。

CJ10 系列交流接触器的主要技术参数如表 1-3-1 所示。

表 1-3-1 CJ10 系列交流接触器的主要技术参数

型号	主触点			辅助触点			线圈	可控三相交流异步电动机的最大功率/kW	
	对数	额定电压/V	额定电流/A	对数	额定电压/V	额定电流/A	额定电压/V	220V	380V
CJ10-10	3	380	10	常开触点 2 对，常闭触点 2 对	380	5	36、110、127、220、380	2.2	4
CJ10-20	3	380	20		380	5		5.5	10
CJ10-40	3	380	40		380	5		11	20
CJ10-60	3	380	60		380	5		17	30
CJ10-100	3	380	100		380	5		28	50
CJ10-150	3	380	150		380	5		43	75

5. 交流接触器的故障检测及处理方法

交流接触器的故障检测及处理方法如表 1-3-2 所示。

表 1-3-2　交流接触器的故障检测及处理方法

常见故障现象	可能原因	处理方法
触点吸不上或吸力不足（触点已闭合而铁芯尚未完全闭合）	（1）电源电压过低； （2）操作回路电源容量不足或断线、配线错误或控制触点接触不良； （3）线圈参数与实际使用技术条件不符； （4）交流接触器受损，如线圈断线或烧坏、机械可动部分被卡住、转轴生锈或歪斜； （5）触点弹簧压力与超程过大	（1）将电源电压调整至额定值； （2）增加电源容量、更换电路、修理控制触点； （3）更换线圈； （4）更换线圈、排除卡住故障、修理受损零件； （5）按要求调整触点参数
触点不释放或释放缓慢	（1）触点弹簧压力过小； （2）触点熔焊； （3）机械可动部分被卡住，转轴生锈或歪斜； （4）弹簧损坏，铁芯极面有油污或尘埃； （5）当 E 形铁芯寿命终了时，去磁气隙消失，剩磁增大，使铁芯不释放	（1）调整触点弹簧压力； （2）排除熔焊故障，修理受损零件； （3）排除卡住故障； （4）更换弹簧，清理铁芯极面； （5）更换铁芯
电磁噪声大	（1）电源电压过低； （2）触点弹簧压力过大； （3）电磁系统歪斜或机械卡住，使铁芯不能吸平； （4）铁芯极面生锈或油垢、尘埃等异物渗入铁芯极面； （5）短路环断裂； （6）铁芯极面因磨损过度而不平	（1）将电源电压调整至额定值； （2）调整触点弹簧压力； （3）排除歪斜或卡住故障； （4）清理铁芯极面； （5）更换短路环； （6）更换铁芯
线圈过热或被烧坏	（1）电源电压过高或过低； （2）线圈参数与实际使用技术条件不符； （3）交流操作频率过高； （4）线圈制造缺陷或机械损伤、绝缘损坏； （5）运动部分卡阻； （6）铁芯极面不平或中间气隙过大； （7）交流接触器派生支流操作的双线圈因常闭联锁触点熔焊不释放而使线圈过热； （8）使用环境条件特殊，如空气潮湿、含有腐蚀气体或环境温度过高	（1）调整电源电压； （2）更换线圈； （3）调换合适的交流接触器； （4）更换线圈，排除引起机械损伤、绝缘损坏的故障； （5）排除卡阻故障； （6）清理铁芯极面或更换铁芯； （7）调整常闭联锁触点参数及更换被烧坏的线圈； （8）采用特殊设计的线圈
触点熔焊	（1）交流接触器操作频率过高或过载使用； （2）负载有短路； （3）触点弹簧压力过小； （4）触点表面有金属颗粒突起或异物； （5）操作回路电压过低或机械卡阻，使吸合过程中产生停滞现象，触点停顿在刚接触的位置上	（1）调换合适的交流接触器； （2）排除短路故障，更换触点； （3）调整触点弹簧压力； （4）清理触点表面； （5）将操作回路电压调整至额定值，排除机械卡阻故障，使交流接触器吸合可靠
触点过热或被灼伤	（1）触点弹簧压力过小； （2）触点上有油污或表面高低不平、有金属颗粒突起； （3）交流接触器操作频率过高或工作电流过大，触点的断开容量不够； （4）触点长期工作、工作环境温度过高	（1）调整触点弹簧压力； （2）清理触点表面； （3）调换容量较大的交流接触器； （4）降容使用交流接触器

※任务实施：

1．实训内容

常用交流接触器的型号识别、拆装和质量检测。

2．实训器材准备

（1）常用工具：钢丝钳、螺丝刀、镊子、剥线钳、尖嘴钳、验电笔等。

（2）常用仪表：兆欧表、万用表。

（3）器材：CJT1-10 型、CJX2-25 型等若干交流接触器。

3．实训步骤

1）认一认　交流接触器的符号和型号

仔细观察不同类型、规格的交流接触器，熟知它们的外形、型号的含义、主要技术参数和结构特点等。

将交流接触器的铭牌数据用标签纸编号，根据实物在交流接触器的认识表（见表 1-3-3）中写出各交流接触器的名称、型号、型号含义及文字符号，并画出图形符号。

表 1-3-3　交流接触器的认识表

序号	名称	型号	型号含义	图形符号	文字符号

2）拆一拆　交流接触器的拆卸与装配

CJT1-10 型交流接触器的拆装步骤如下。

（1）用螺丝刀拧开螺钉，取下灭弧罩。

（2）用尖嘴钳拉出主触点和辅助触点的动触点。

（3）用螺丝刀松开接触器静触点接线柱螺钉，取下静触点。

（4）用螺丝刀松开接触器底部的盖板螺钉，取下盖板。在松开盖板螺钉时，要用手按住盖板，慢慢松开。

（5）取下铁芯缓冲绝缘纸片。

（6）取下铁芯支架及缓冲弹簧。

（7）拔出线圈接线端的弹簧夹片，取下线圈。

（8）依次取下反作用弹簧、衔铁、支架、铁芯。在拆卸过程中不允许硬撬，以免损坏元器件。

（9）在装配时，按拆卸的相反顺序进行装配。

3）做一做　交流接触器的识别与检测

交流接触器的识别与检测如表 1-3-4 所示，根据表中的操作要点进行操作，并将测量结果填写在交流接触器测量结果记录表（见表 1-3-5）中。

表 1-3-4　交流接触器的识别与检测

序号	任务	操作要点
1	识读交流接触器的型号	交流接触器的型号标注在窗口侧的下方（铭牌上）
2	识别交流接触器线圈的额定电压	交流接触器线圈的额定电压可在交流接触器的窗口里面看到（同一型号的接触器线圈有不同的电压等级）
3	找到线圈的接线端子	线圈的接线端子在接触器的下半部分，标注在接线端子旁，编号为 A1-A2
4	找到 3 对主触点的接线端子	主触点的接线端子在接触器的上半部分，标注在对应接线端子的顶部，编号分别为 1/L1-2/T1、3/L2-4/T2、5/L3-6/T3
5	找到 2 对辅助常开触点的接线端子	辅助常开触点的接线端子在接触器的上半部分，标注在对应接线端子的外侧，编号分别为 22-24、43-44
6	找到 2 对辅助常闭触点的接线端子	辅助常闭触点的接线端子在接触器的顶部，标注在对应接线端子的顶部，编号分别为 11-12、31-32
7	压下接触器，观察触点吸合情况	边压边看，常闭触点先断开，常开触点后闭合
8	释放接触器，观察触点复位情况	边放边看，常开触点先复位，常闭触点后复位
9	检测 2 对常闭触点的好坏	将万用表置于蜂鸣挡，将两表笔分别搭接在常闭触点两端。当接触器为常态时，各常闭触点的阻值约为 0；压下接触器后，再测量常闭触点的阻值，阻值为 ∞
10	检测 5 对常开触点的好坏	将万用表置于蜂鸣挡，将两表笔分别搭接在常开触点两端。当接触器为常态时，各常开触点的阻值约为 ∞；压下接触器后，再测量常开触点的阻值，阻值为 0
11	检测接触器线圈的好坏	将万用表置于 2kΩ 挡，将两表笔分别搭接在线圈两端，线圈的阻值约为 1.8kΩ
12	测量各触点接线端子之间的阻值	将万用表置于 200MΩ 挡，各触点接线端子之间的阻值为 ∞

表 1-3-5　交流接触器测量结果记录表

型号			容量	拆卸步骤
触点数				
主触点	辅助触点	辅助常开触点	辅助常闭触点	
触点电阻				
常开触点		常闭触点		
动作前	动作后	动作前	动作后	
线　圈				
线径	匝数	电压	电阻	
质量好坏				

4）评一评　交流接触器的识别与检测评分

交流接触器的识别与检测评分标准如表 1-3-6 所示。

表 1-3-6　交流接触器的识别与检测评分标准

项目	配分（100 分）	评分标准	自评	互评	师评
接触器的识别	25 分	按要求填写完整、准确。 填错或漏写，每处扣 2 分			
接触器的拆装	30 分	操作规范，按顺序拆卸，装配完整。 （1）拆卸步骤及方法不正确，每次扣 2 分； （2）拆装不熟练，扣 5～10 分； （3）拆卸后不能组装完整，扣 10 分； （4）损坏零部件，每个扣 5 分			
接触器的检测	30 分	操作规范，准确判断质量。 （1）检测方法不正确，每处扣 5 分； （2）检测结果不正确，每处扣 5 分； （3）不会检测，扣 30 分			
职业素养	15 分	操作规范（"6S"管理：整理、整顿、清扫、安全、清洁、素养），安全文明生产。 （1）没有穿戴防护用品，扣 5 分； （2）工具摆放乱，乱丢杂物，完成任务后不清理工位，每处扣 2 分； （3）损坏仪器仪表或元器件，每个扣 10 分； （4）发生严重违规操作，成绩记 0 分			
开始时间		结束时间	得分		
总分=自评×30%+互评×30%+师评×40%			总分		

5）想一想　巩固与练习

（1）通过网络收集或走访接触器的生产厂家、专卖店和使用单位，认识更多的接触器。比一比，看谁收集和认识得多，分组讨论并整理后，作为资料备用。

（2）当交流接触器动作时，常开触点和常闭触点的动作顺序是怎样的？

（3）说出 CJ20-40 型接触器中 CJ、20、40 的含义。

任务 1.4　热继电器的认识与检测

微课

※知识目标：

（1）熟知热继电器的结构、用途和图形符号。

（2）了解热继电器的主要技术参数及适用范围。

※技能目标：

（1）会正确拆装常用热继电器，并检测其质量的好坏。

（2）能排除热继电器的常见故障。

※知识平台：

热继电器是利用流过热继电器的电流所产生的热效应而产生反时限动作的继电器。反时限动作指热继电器的动作时间随电流的增大而缩短。热继电器主要用于电动机的过载保护、断相保护、电流不平衡运行的保护及其他电气设备发热状态的控制。

热继电器的形式有多种，其中，双金属片式热继电器应用得最多。热继电器按极数可分为单极、双极和三极 3 种，其中，三极热继电器包括带断相保护装置的热继电器和不带断相保护装置的热继电器。热继电器按复位方式可分为启动复位式（触点动作后能自动返回原来位置）热继电器和手动复位式热继电器。目前常用的热继电器有国产 JR12、JR20 等系列，以及国外的 T 系列和 3UA 系列等。

1. 热继电器的型号和含义

热继电器的型号及含义如图 1-4-1 所示。

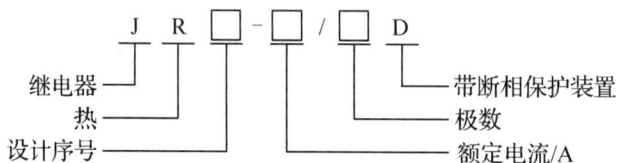

图 1-4-1 热继电器的型号及含义

2. 热继电器的结构及工作原理

1）热继电器的结构

热继电器主要由热元件、动作机构、触点系统、电流整定装置、温度补偿元件和复位机构等部分组成。动作机构常设有温度补偿装置，保证在一定的温度范围内，热继电器的动作特性基本不变。典型的热继电器结构如图 1-4-2 所示，热继电器实物图、图形符号及文字符号如图 1-4-3 所示。

（1）热元件。热元件主要由主双金属片和绕在外面的电阻丝组成。主双金属片由两种膨胀系数不同的金属片复合而成，金属片的材料多为铁镍铬合金和铁镍合金。电阻丝一般用康铜或镍铬合金等材料制成。

（2）动作机构和触点系统。动作机构利用杠杆传递及弓簧式瞬跳机构保证触点动作的速度和可靠性。触点为单断点弓簧瞬跳式动作，一般包括一个常开触点和一个常闭触点。

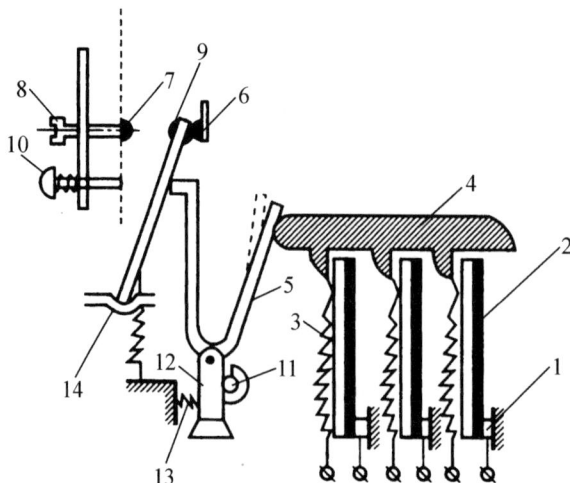

1—主双金属片固定件；2—主双金属片；3—热元件；4—导板；5—温度补偿双金属片；6、7、9—触点；8—复位调节螺钉；10—复位按钮；11—调节旋钮；12—支撑件；13—弹簧；14—传动机构。

图 1-4-2 典型的热继电器结构

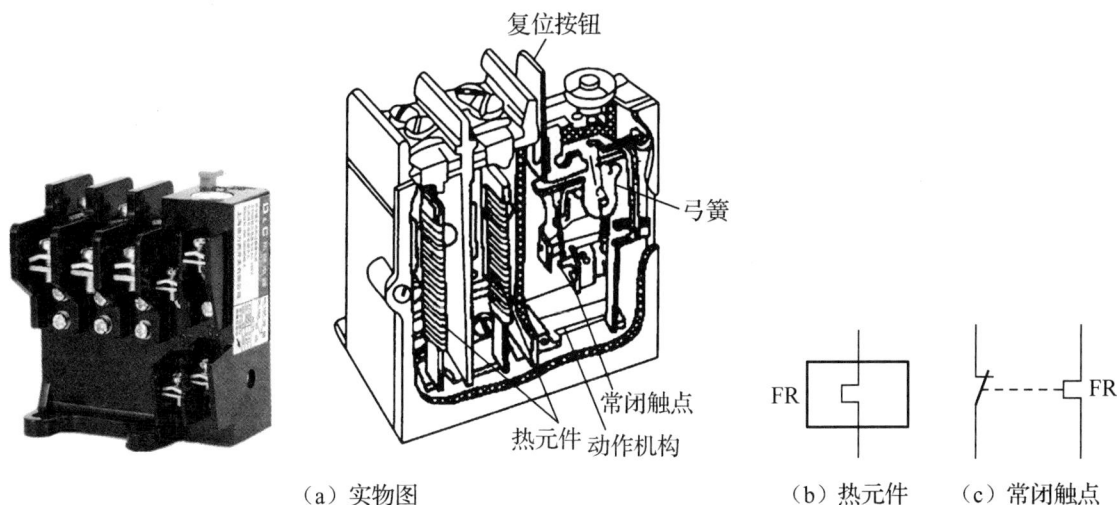

（a）实物图　　　　　　　　　（b）热元件　（c）常闭触点

图 1-4-3　热继电器实物图、图形符号及文字符号

（3）电流整定装置。通过调节旋钮和电流调节凸轮调节推杆间隙，改变推杆移动的距离，从而调节整定电流值。

（4）温度补偿元件。温度补偿元件为双金属片，其受热弯曲的方向与主双金属片一致，它保证热继电器的动作特性在-30～+40℃的环境范围内基本不受周围介质温度的影响。

2）热继电器的工作原理

将热继电器的三相热元件分别串联到电动机的三相主电路中，常闭触点接在控制电路的接触器线圈回路中。

当电动机过载时，流过电阻丝的电流超过整定电流值，电阻丝发热，主双金属片向左弯曲，推动导板向左移动，通过温度补偿双金属片推动推杆转动，从而推动触点系统工作。动触点与静触点分开，使接触器线圈断电，接触器触点断开，将电源切断。电源切断后，主双金属片逐渐冷却恢复原位，动触点靠弓簧自动复位。

热继电器也可手动复位，以防止在故障排除前设备带故障再次使用。将复位调节螺钉向外调节到一定位置，使动触点弓簧的转动超过一定角度从而失去反弹性，此时即使主双金属片冷却复原，动触点也不能自动复位，必须采取手动复位。按下复位按钮，推动动触点弓簧恢复到具有弹性的角度，从而推动动触点和静触点恢复闭合。

3. 热继电器的选用

主要根据所保护电动机的额定电流来确定热继电器的规格和热元件的电流等级。

（1）根据电动机的额定电流选择热继电器的规格。一般应使热继电器的额定电流略大于电动机的额定电流。

（2）根据需要的整定电流值选择热元件的编号和电流等级。一般情况下，热元件的整定电流为电动机额定电流的 0.95～1.05 倍。

（3）根据电动机定子绕组的连接方式选择热继电器的结构形式。定子绕组为 Y 连接的电动机选用普通三相结构的热继电器；定子绕组为△连接的电动机选用三相结构带断相保护装置的热继电器。JR20 系列热继电器的主要技术参数如表 1-4-1 所示。

表 1-4-1　JR20 系列热继电器的主要技术参数

型号	热元件	整定电流范围/A	型号	热元件	整定电流范围/A
JR20-16	1S	3.6～4.5～5.4	JR20-63	1U	16～20～24
	2S	5.4～6.7～8		2U	24～30～36
	3S	8～10～12		3U	32～40～47
	4S	10～12～14		4U	40～47～55
	5S	12～14～16		5U	47～55～62
	6S	14～16～18		6U	55～62～71

4．热继电器的常见故障及处理方法

热继电器的常见故障及处理方法如表 1-4-2 所示。

表 1-4-2　热继电器的常见故障及处理方法

常见故障现象	可能原因	处理方法
热继电器误动作	（1）整定值偏小； （2）电动机启动时间过长； （3）热继电器反复短时工作，操作次数过多； （4）强烈的冲击振动； （5）连接导线太细	（1）合理调节整定值，若热继电器的额定电流或热元件型号不符合要求，则予以更换； （2）从电路上采取措施，启动过程中使热继电器短接； （3）调换合适的热继电器； （4）选用带防冲装置的专用热继电器； （5）调换合适的连接导线
热继电器不动作	（1）整定值偏大； （2）触点接触不良； （3）热元件被烧断或脱焊； （4）运动部分卡阻； （5）导板脱出； （6）连接导线太粗	（1）合理调节整定值，若热继电器的额定电流或热元件型号不符合要求，则应更换； （2）清理触点表面； （3）更换热元件或补焊； （4）排除卡阻故障，但用户不得随意调整，以免改变动作特性； （5）重新放入导板并调试，推动几次看其动作是否灵活； （6）调换合适的连接导线
热元件被烧断	（1）负载侧短路，电流过大； （2）热继电器反复短时工作，操作次数过多； （3）机械故障，在启动过程中热继电器不能动作	（1）检查电路，排除短路故障并更换热元件； （2）调换合适的热继电器； （3）排除机械故障并更换热元件
控制电路不通	（1）触点被烧坏或接触不良； （2）调节旋钮转到了不合适的位置； （3）触点动作后没有复位	（1）更换触点或弹片或热继电器； （2）调整调节旋钮或复位调节螺钉； （3）按下复位按钮

※任务实施：

1．实训内容

常用热继电器的型号识别、拆装、质量检测和参数选择。

2．实训器材准备

（1）常用工具：钢丝钳、螺丝刀、镊子、剥线钳、尖嘴钳、验电笔等。

（2）常用仪表：兆欧表、万用表。

（3）器材：JR20-63 型、LR2-D1305C 型等若干热继电器。

3.实训步骤

1）认一认 热继电器的符号和型号

仔细观察不同类型、规格的热继电器，熟知它们的外形、型号的含义、主要技术参数和结构特点等。

将所给热继电器用标签纸编号，根据实物在热继电器的认识表（见表 1-4-3）中写出各热继电器的名称、型号、型号含义及文字符号，并画出图形符号。

表 1-4-3 热继电器的认识表

序号	名称	型号	型号含义	图形符号	文字符号

2）拆一拆 热继电器的拆卸与装配

JR20-63 型热继电器的拆装步骤如下。

（1）用螺丝刀将热继电器后盖的固定螺钉旋下。

（2）取下热继电器的后盖板。

（3）用螺丝刀将热元件进线端和出线端的螺钉旋下。

（4）将热元件取下。

（5）取下复位按钮。

（6）取下导板。

（7）用螺丝刀将常开触点和常闭触点的螺钉旋下。

（8）取下动作机构。

（9）取下常闭触点和常开触点。

（10）取下传动机构。

（11）在装配时，按拆卸的相反顺序进行装配。

3）做一做 热继电器的识别与检测

热继电器的识别与检测如表 1-4-4 所示，根据表中的操作要点进行操作，并将测量结果填写在热继电器测量结果记录表（见表 1-4-5）中。

表 1-4-4 热继电器的识别与检测

序号	任务	操作要点
1	识读热继电器的铭牌	铭牌贴在热继电器的侧面
2	找到整定电流调节旋钮	调节旋钮上标有整定电流
3	找到复位按钮	REST/STOP
4	找到测试键	测试键位于热继电器前侧下方，TEST
5	找到驱动元件的接线端子	驱动元件接线端子的编号与交流接触器相似，分别为 1/L1-2/T1、3/L2-4/T2、5/L3-6/T3
6	找到常闭触点的接线端子	常闭触点接线端子的编号在对应的接线端子旁，为 95-96

续表

序号	任务	操作要点
7	找到常开触点的接线端子	常开触点接线端子的编号在对应的接线端子旁，为97-98
8	检测常闭触点的好坏	将万用表置于蜂鸣挡，将两表笔分别搭接在常闭触点两端。当热继电器为常态时，各常闭触点的阻值约为0；按下测试键后，再测量阻值，阻值为∞
9	检测常开触点的好坏	将万用表置于蜂鸣挡，将两表笔分别搭接在常开触点两端。当热继电器为常态时，各常开触点的阻值约为∞；按下测试键后，再测量阻值，阻值为0

表 1-4-5　热继电器测量结果记录表

型号		触点数量	拆卸步骤
触点质量好坏			
	95-96 电阻值/Ω	97-98 电阻值/Ω	
初始状态			
按下过载测试按钮			

4）评一评　热继电器的识别与检测评分

热继电器的识别与检测评分标准如表 1-4-6 所示。

表 1-4-6　热继电器的识别与检测评分标准

项目	配分（100分）	评分标准	自评	互评	师评
热继电器的识别	25 分	按要求填写完整、准确。 填错或漏写，每处扣 2 分			
热继电器的拆装	30 分	操作规范，按顺序拆卸，装配完整。 （1）拆卸步骤及方法不正确，每次扣 2 分； （2）拆装不熟练，扣 5~10 分； （3）拆卸后不能组装完整，扣 10 分； （4）损坏零部件，每个扣 5 分			
热继电器的检测	30 分	操作规范，准确判断质量。 （1）检测方法不正确，每处扣 5 分； （2）检测结果不正确，每处扣 5 分； （3）不会检测，扣 30 分			
职业素养	15 分	操作规范（"6S"管理：整理、整顿、清扫、安全、清洁、素养），安全文明生产。 （1）没有穿戴防护用品，扣 5 分； （2）工具摆放乱，乱丢杂物，完成任务后不清理工位，每处扣 2 分； （3）损坏仪器仪表或元器件，每个扣 10 分； （4）发生严重违规操作，成绩记 0 分			
开始时间		结束时间		得分	
总分=自评×30%+互评×30%+师评×40%				总分	

5）想一想　巩固与练习

（1）通过网络收集或走访热继电器的生产厂家、专卖店和使用单位，认识更多的热继电器。比一比，看谁收集和认识得多，分组讨论并整理后，作为资料备用。

（2）某电动机的型号为 Y-112M-4，功率为 4kW，△连接，额定电压为 380V，额定电流为 8.8A，试选择热继电器的型号规格。

（3）说出 JR20-63 型热继电器中 JR、20、63 的含义。

任务 1.5　主令电器的认识与检测

※知识目标：

（1）熟知主令电器的结构、用途和图形符号。

（2）了解主令电器的主要技术参数及适用范围。

※技能目标：

（1）会正确拆装常用主令电器，并检测其质量的好坏。

（2）能排除主令电器的常见故障。

※知识平台：

主令电器是在自动控制系统中用来发出指令的操纵电器。它用来控制接触器、继电器或其他电器，使电路接通或断开，从而实现电气设备的自动控制。常用的主令电器有控制按钮（简称按钮）、行程开关（位置开关）、万能转换开关、主令控制器等。下面主要介绍控制按钮和行程开关。

1. 控制按钮

按钮是一种通过人体某一部分（一般为手指或手掌）施加力而操作的电器，它是具有储能（弹簧）复位的一种控制开关，属于主令电器的一种。

按钮的触点允许通过的电流较小，一般不超过 5A，因此，一般情况下它不直接控制主电路的通断，而是在控制电路中发出指令或信号去控制接触器、继电器等电器，再由它们去控制主电路的通断、功能转换或电气联锁。

1）按钮的型号及含义

按钮的型号及含义如图 1-5-1 所示。

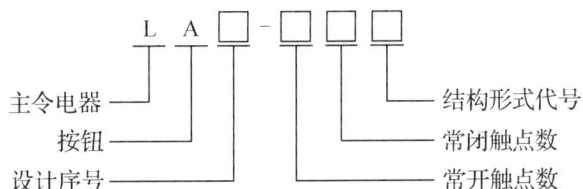

图 1-5-1　按钮的型号及含义

在图 1-5-1 中，结构形式代号的含义如下。

K 表示开启式，适用于嵌装在操作面板上。

H 表示保护式，带保护外壳，可防止内部零件受机械损伤或人偶然触及带电部分。

S 表示防水式，具有密封外壳，可防止雨水进入。

F 表示防腐式,能防止腐蚀性气体进入。

J 表示紧急式,带有红色大蘑菇钮头(在外突出),用来紧急切断电源。

X 表示旋钮式,通过旋转旋钮进行操作,有通和断两个位置。

Y 表示钥匙操作式,用钥匙插入进行操作,可防止误操作或可供专人操作。

D 表示光标按钮,按钮内装有信号灯,兼作信号指示。

2)按钮的外形及结构

按钮的结构图、外形图及实物图如图 1-5-2 所示。

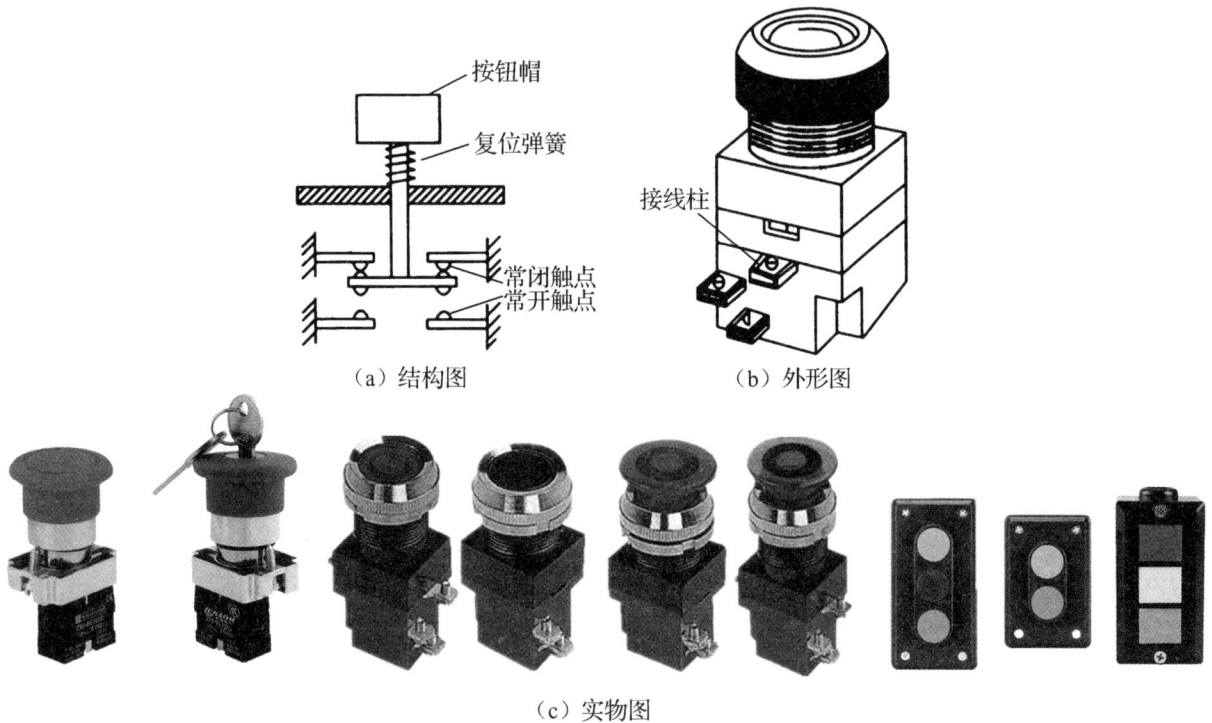

图 1-5-2 按钮的结构图、外形图及实物图

按钮一般由按钮帽、复位弹簧、常闭触点、常开触点、支柱连杆及外壳等部分组成,如图 1-5-2(a)所示。

根据按钮在静态(不受外力作用)时触点的分合状态,按钮可分为常开按钮(动合按钮)、常闭按钮(动断按钮)和复合按钮。常开按钮作为启动按钮;常闭按钮作为停止按钮。常开按钮和常闭按钮组合为一体的按钮为复合按钮。

常开按钮:当其未按下时,触点是断开的;当其按下时,触点闭合;当其松开后,按钮自动复位。

常闭按钮:当其未按下时,触点是闭合的;当其按下时,触点断开;当其松开后,按钮自动复位。

复合按钮:当其按下时,常闭触点先断开,常开触点再闭合;当其松开时,常开触点先断开,常闭触点再闭合。

3)按钮的图形符号及文字符号

按钮的图形符号及文字符号如图 1-5-3 所示。

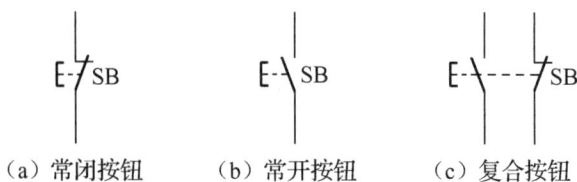

图 1-5-3 按钮的图形符号及文字符号

4）按钮的颜色及其含义和用途

常用按钮的颜色及其含义和用途如表 1-5-1 所示。

表 1-5-1　常用按钮的颜色及其含义和用途

颜色	含义	说明	典型用途
红	停止、紧急	在危险或紧急情况时操作	急停
黄	异常	在异常情况时操作	干预、制止异常情况，干预、重新启动中断了的自动循环
绿	安全	在安全情况或为正常情况准备时操作	启动/接通
蓝	强制性	在要求强制动作情况时操作	复位功能
白	未赋予特定含义	除急停外的一般功能的启动	启动/接通（优先）停止/断开
灰	未赋予特定含义	除急停外的一般功能的启动	启动/接通 停止/断开
黑	未赋予特定含义	除急停外的一般功能的启动	启动/接通 停止/断开（优先）

5）按钮的选用原则

（1）根据使用场合选择按钮的种类。

（2）根据用途选择合适的按钮形式。

（3）根据控制回路的需要确定按钮数量。

（4）根据工作状态指示和工作情况的要求选择按钮和指示灯的颜色。

2. 行程开关

行程开关又称位置开关或限位开关，是一种利用电气设备某些运动部件的碰撞来发出控制指令的主令电器，是一种小电流电器开关。它主要用于控制电气设备的运动方向、速度、行程大小或位置，是一种自动控制电器。

它的工作原理与按钮的工作原理相同，区别在于它不靠手指的按压使触点动作，而是利用电气设备的运动部件碰压其滚轮（或触杆）使触点动作来实现接通或断开电路的。它将机械信号转变为电信号，使运动部件按一定位置或行程实现自动停止、反向运动、变速运动或自动往返运动等。

1）行程开关的型号及含义

行程开关的型号及含义如图 1-5-4 所示。

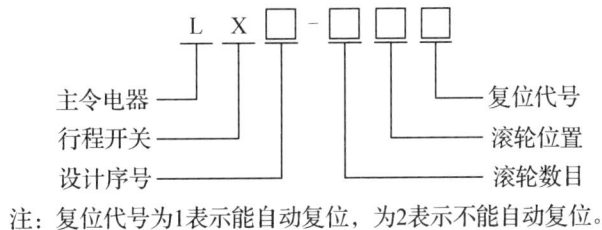

注：复位代号为1表示能自动复位，为2表示不能自动复位。

图 1-5-4　行程开关的型号及含义

2）行程开关的外形及结构

行程开关由滚轮、杠杆、挡块、微动开关等组成。行程开关的外形及结构如图 1-5-5 所示。

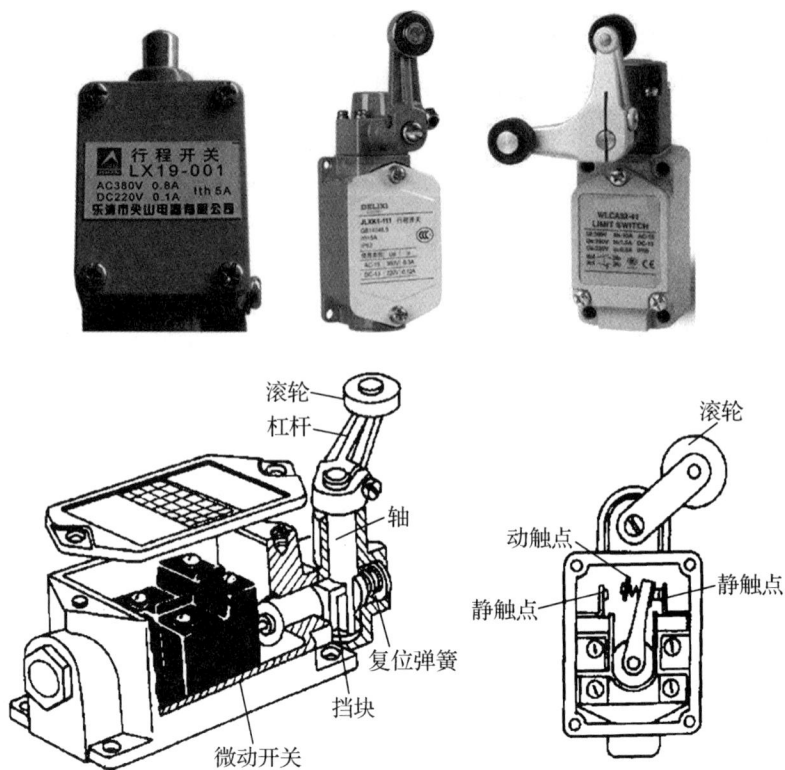

图 1-5-5 行程开关的外形及结构

3）行程开关的图形符号及文字符号

行程开关的图形符号及文字符号如图 1-5-6 所示。

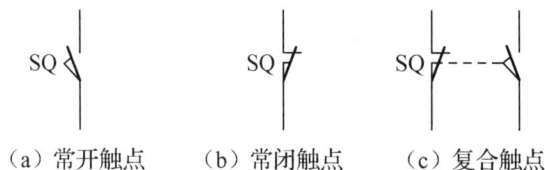

（a）常开触点　　（b）常闭触点　　（c）复合触点

图 1-5-6 行程开关的图形符号及文字符号

4）行程开关的主要技术参数及选用原则

行程开关的主要技术参数有型式、工作行程、额定电压及触点的电流容量。根据动作要求、安装位置及触点数量选择行程开关。行程开关的选用原则如下。

（1）根据使用场合及控制对象选择种类。

（2）根据安装环境选择防护型式。

（3）根据控制回路的额定电压和额定电流选择系列。

（4）根据行程开关的传力与位移关系选择合理的操作头型式。

※任务实施：

1. 实训内容

常用控制按钮和行程开关的型号识别、拆装、质量检测及简单检修。

2. 实训器材准备

（1）常用工具：钢丝钳、螺丝刀、镊子、剥线钳、尖嘴钳、验电笔等。

（2）常用仪表：兆欧表、万用表。

（3）器材：若干 LA4 型控制按钮、LX19 型行程开关等。

3. 实训步骤

1）认一认　控制按钮的符号和型号

仔细观察不同类型、规格的主令电器，熟知它们的外形、型号的含义、主要技术参数和结构特点等。

将所给主令电器用标签纸编号，根据实物在主令电器的认识表（见表 1-5-2）中写出各主令电器的名称、型号、型号含义及文字符号，并画出图形符号。

表 1-5-2　主令电器的认识表

序号	名称	型号	型号含义	图形符号	文字符号

2）拆一拆　主令电器的拆卸与装配

（1）LA4 型控制按钮的拆装。

① 用螺丝刀将控制按钮外壳上的固定螺钉旋下。

② 卸下控制按钮的外壳。

③ 观察控制按钮的内部结构。

④ 用手压下控制按钮，用尖嘴钳依次取下弹簧卡子、接触片和弹簧。

⑤ 其他两个控制按钮用同样的方法拆卸。

⑥ 在装配时，按拆卸的相反顺序进行装配。

（2）LX19 型行程开关的拆装。

① 用螺丝刀将行程开关外壳上的固定螺钉旋下。

② 卸下行程开关的外壳。

③ 观察行程开关的触点，将行程开关按压到不同的位置，观察其内部结构及动作情况。

④ 用螺丝刀将行程开关内微动开关上的螺钉旋下。

⑤ 取下微动开关。

⑥ 在装配时，按拆卸的相反顺序进行装配。

3）做一做　主令电器的识别与检测

（1）控制按钮的识别与检测。

控制按钮的识别与检测如表 1-5-3 所示，根据表中的操作要点进行操作，并将测量结果填写在控制按钮测量结果记录表（见表 1-5-4）中。

表 1-5-3　控制按钮的识别与检测

序号	任务	操作要点
1	看按钮的颜色	绿色、黑色为启动按钮，红色为停止按钮
2	观察按钮的常闭触点	找到对角线上的接线端子，常闭触点与常开触点处于闭合状态
3	观察按钮的常开触点	找到对角线上的接线端子，常闭触点与常开触点处于断开状态

序号	任务	操作要点
4	按下按钮，观察触点动作情况	边按边看，常闭触点先断开，常开触点后闭合
5	松开按钮，观察触点动作情况	边松边看，常开触点先复位，常闭触点后复位
6	检测 3 个常闭触点的好坏	将万用表置于蜂鸣挡，将两表笔分别搭接在常闭触点两端。当控制按钮为常态时，各常闭触点的阻值约为 0；按下按钮后，再测量各常闭触点的阻值，阻值为 1
7	检测 3 个常开触点的好坏	将万用表置于蜂鸣挡，将两表笔分别搭接在常开触点两端。当控制按钮为常态时，各常开触点的阻值约为 1；按下按钮后，再测量各常开触点的阻值，阻值为 0

表 1-5-4　控制按钮测量结果记录表

型号				拆卸步骤
触点数				
常开触点		常闭触点		
触点电阻				
常开触点		常闭触点		
动作前	动作后	动作前	动作后	
质量好坏				

（2）行程开关的识别与检测。

行程开关的识别与检测如表 1-5-5 所示，根据表中的操作要点进行操作，并将测量结果填写在行程开关测量结果记录表（见表 1-5-6）中。

表 1-5-5　行程开关的识别与检测

序号	任务	操作要点
1	识读行程开关的型号	行程开关的型号标注在面板盖上
2	观察行程开关的常闭触点	拆下面板盖，动触点与静触点处于闭合状态
3	观察行程开关的常开触点	拆下面板盖，动触点与静触点处于断开状态
4	压下行程开关，观察触点动作情况	边压边看，常闭触点先断开，常开触点后闭合
5	松开行程开关，观察触点动作情况	边松边看，常开触点先复位，常闭触点后复位
6	检测常闭触点的好坏	将万用表置于蜂鸣挡，将两表笔分别搭接在常闭触点两端。当行程开关为常态时，各常闭触点的阻值约为 0；压下行程开关后，再测量各常闭触点的阻值，阻值为 ∞
7	检测常开触点的好坏	将万用表置于蜂鸣挡，将两表笔分别搭接在常开触点两端。当行程开关为常态时，各常开触点的阻值约为 ∞；压下行程开关后，再测量各常开触点的阻值，阻值为 0

表 1-5-6　行程开关测量结果记录表

型号				拆卸步骤
触点数				
常开触点		常闭触点		
触点电阻				
常开触点		常闭触点		
动作前	动作后	动作前	动作后	
质量好坏				

4）评一评　主令电器的识别与检测评分

主令电器的识别与检测评分标准如表 1-5-7 所示。

表 1-5-7　主令电器的识别与检测评分标准

项目	配分 （100 分）	评分标准	自评	互评	师评
主令电器 的识别	25 分	按要求填写完整、准确。 填错或漏写，每处扣 2 分			
主令电器 的拆装	30 分	操作规范，按顺序拆卸，装配完整。 （1）拆卸步骤及方法不正确，每次扣 2 分； （2）拆装不熟练，扣 5～10 分； （3）拆卸后不能组装完整，扣 10 分； （4）损坏零部件，每个扣 5 分			
主令电器 的检测	30 分	操作规范，准确判断质量。 （1）检测方法不正确，每处扣 5 分； （2）检测结果不正确，每处扣 5 分； （3）不会检测，扣 30 分			
职业素养	15 分	操作规范（"6S"管理：整理、整顿、清扫、安全、清洁、素养），安全文明生产。 （1）没有穿戴防护用品，扣 5 分； （2）工具摆放乱，乱丢杂物，完成任务后不清理工位，每处扣 2 分； （3）损坏仪器仪表或元器件，每个扣 10 分； （4）发生严重违规操作，成绩记 0 分			
开始时间		结束时间	得分		
总分=自评×30%+互评×30%+师评×40%			总分		

5）想一想　巩固与练习

（1）通过网络收集或走访控制按钮的生产厂家、专卖店和使用单位，认识更多的控制按钮。比一比，看谁收集和认识得多，分组讨论并整理后，作为资料备用。

（2）当控制按钮动作时，常开触点和常闭触点动作的顺序是怎样的？

（3）说出 LA18-22X 型控制按钮中 LA、18、2、2、X 的含义。

（4）当行程开关动作时，常开触点和常闭触点动作的顺序是怎样的？

微课

任务 1.6　时间继电器的认识与检测

※知识目标:

(1) 熟知时间继电器的结构、用途和图形符号。
(2) 了解时间继电器的主要技术参数及适用范围。

※技能目标:

(1) 会正确拆装常用的时间继电器,并检测其质量的好坏。
(2) 能排除时间继电器的常见故障。

※知识平台:

时间继电器是利用电磁原理或机械动作原理实现触点延时闭合或延时断开的自动控制电器。其种类较多,有空气阻尼式、电动式及晶体管式等几种类型。在这里只介绍应用广泛、结构简单、价格低廉的空气阻尼式时间继电器。

1. 时间继电器的结构

空气阻尼式时间继电器由电磁机构、工作触点、气室、传动机构和基座 5 部分组成。空气阻尼式时间继电器的定时精确度不高,直接用一字螺钉旋具转动调节旋钮来调节时间,最长时间为 180s。

电磁机构主要由线圈、铁芯和衔铁组成。

工作触点由两副瞬时触点和两副延时触点组成。在两副瞬时触点中,一副为瞬时闭合触点,另一副为瞬时断开触点。

气室主要由橡皮膜、活塞组成。橡皮膜和活塞可随气室的进气量移动。气室上面有一颗调节螺钉,可通过它调节气室的进气速度,从而调节延时长短。

传动机构由杠杆、推杆、活塞杆、推板和截锥螺旋弹簧组成。

基座由金属板制成,用来固定电磁机构和气室。

空气阻尼式时间继电器根据触点的延时特点,分为通电延时(JS7-1A 和 JS7-2A)和断电延时(JS7-3A 和 JS7-4A)两种类型。JS7-2A 空气阻尼式时间继电器的外形图如图 1-6-1 所示。空气阻尼式时间继电器的结构示意图如图 1-6-2 所示。JSZ3 电子式时间继电器如图 1-6-3 所示。

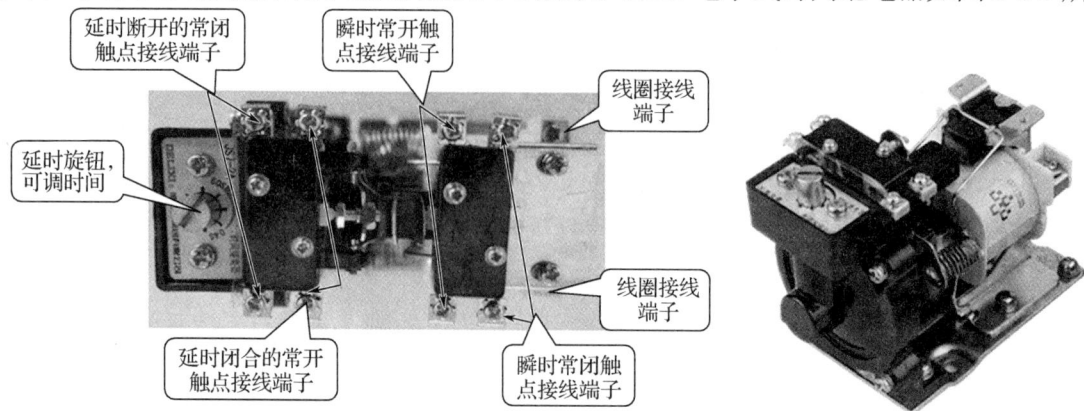

图 1-6-1　JS7-2A 空气阻尼式时间继电器的外形图

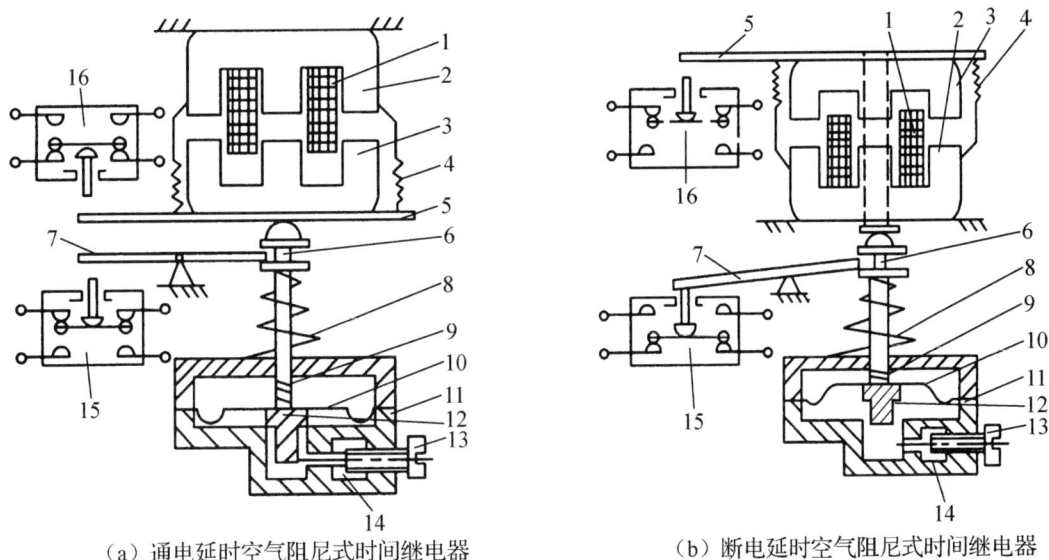

（a）通电延时空气阻尼式时间继电器 （b）断电延时空气阻尼式时间继电器

1—线圈；2—铁芯；3—衔铁；4—反力弹簧；5—推板；6—活塞杆；7—杠杆；
8—塔形弹簧；9—弱弹簧；10—橡皮膜；11—气室；12—活塞；13—调节螺钉；
14—进气孔；15—微动开关（延时）；16—微动开关（不延时）。

图 1-6-2 空气阻尼式时间继电器的结构示意图

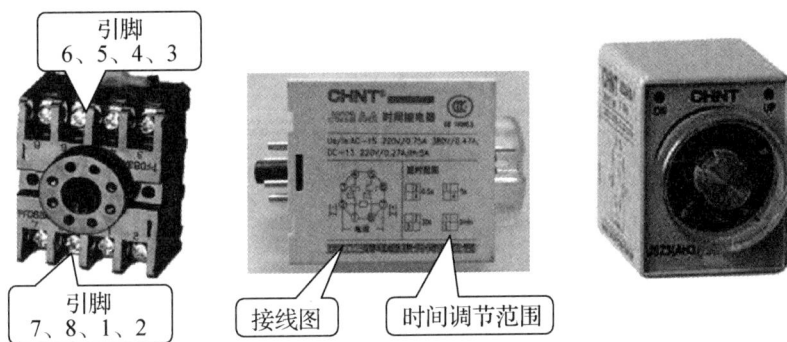

图 1-6-3 JSZ3 电子式时间继电器

2．时间继电器的型号及含义

时间继电器的型号及含义如图 1-6-4 所示。

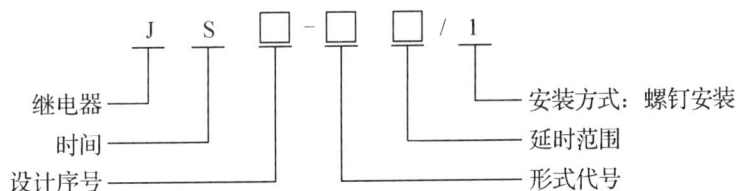

图 1-6-4 时间继电器的型号及含义

3．时间继电器的图形符号及文字符号

时间继电器的图形符号及文字符号如图 1-6-5 所示。

4．时间继电器的工作原理

（1）通电延时继电器的工作原理：当线圈得电时，瞬动常闭触点断开，瞬动常开触点闭合，延时常闭触点延时断开，延时常开触点延时闭合。当线圈断电时，所有触点立即复位（恢复初始状态）。

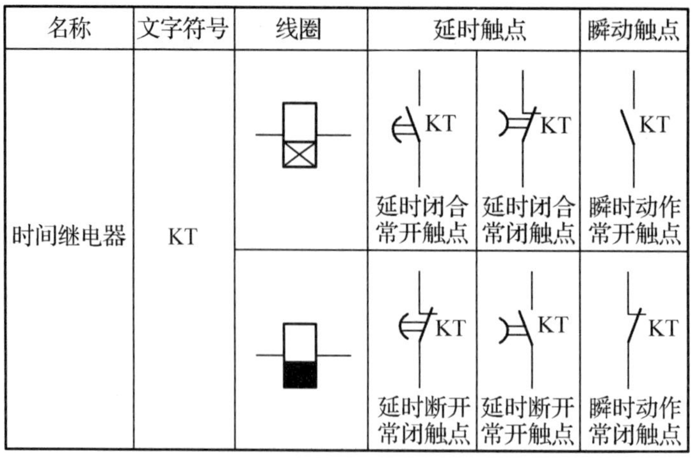

名称	文字符号	线圈	延时触点		瞬动触点
时间继电器	KT	⊠	KT 延时闭合常开触点	KT 延时闭合常闭触点	KT 瞬时动作常开触点
		▮	KT 延时断开常闭触点	KT 延时断开常开触点	KT 瞬时动作常闭触点

图 1-6-5 时间继电器的图形符号及文字符号

（2）断电延时继电器的工作原理：当线圈得电时，所有触点立即动作，瞬动常闭触点断开，瞬动常开触点闭合，延时常闭触点立即断开，延时常开触点立即闭合。当线圈断电时，瞬动触点立即复位，延时触点延时复位，延时常开触点延时断开，延时常闭触点延时闭合。

5. 时间继电器的主要技术参数

时间继电器的主要技术参数如表 1-6-1 所示。

表 1-6-1 时间继电器的主要技术参数

型号	瞬时动作触点数量		延时动作触点数量				触点额定电压 /V	触点额定电流 /A	线圈电压/V	延时范围/s	额定操作频率 /（次/h）
			通电延时		断电延时						
	常开	常闭	常开	常闭	常开	常闭					
JS7-1A	—	—	1	1	—	—	380	5	24 36 110 127 220 380	0.4～60 及 0.4～180	600
JS7-2A	1	1	1	1	—	—					
JS7-3A	—	—	—	—	1	1					
JS7-4A	1	1	—	—	1	1					

6. 时间继电器的故障检测及处理方法

时间继电器的故障检测及处理方法如表 1-6-2 所示。

表 1-6-2 时间继电器的故障检测及处理方法

常见故障现象	可能原因	处理方法
延时触点不动作	（1）电磁线圈断线； （2）电源电压过低； （3）传动机构卡住或损坏	（1）更换电磁线圈； （2）调高电源电压； （3）排除卡阻故障或更换部件
延时时间缩短	（1）气室装配不严； （2）橡皮膜损坏	（1）修理或更换气室； （2）更换橡皮膜
延时时间变长	气室内有灰尘	清除气室内灰尘，使气道通畅

※任务实施：

1. 实训内容

常用时间继电器的型号识别、拆装、质量检测及简单检修。

2. 实训器材准备

（1）常用工具：钢丝钳、螺丝刀、镊子、剥线钳、尖嘴钳、验电笔等。

（2）常用仪表：兆欧表、万用表。

（3）器材：若干时间继电器（JS7 型、JSZ3 型等）。

3. 实训步骤

1）认一认　时间继电器的符号和型号

仔细观察不同类型、规格的时间继电器，熟知它们的外形、型号的含义、主要技术参数和结构特点等。

将所给时间继电器用标签纸编号，根据实物在时间继电器的认识表（表 1-6-3）中写出各时间继电器的名称、型号、型号含义及文字符号，并画出图形符号。

表 1-6-3　时间继电器的认识表

序号	名称	型号	型号含义	图形符号	文字符号

2）拆一拆　空气阻尼式时间继电器的拆卸与装配

JS7-2A 空气阻尼式时间继电器的拆装步骤如下。

（1）用螺丝刀将线圈支架固定螺钉旋下。

（2）取下电磁系统。

（3）取下反作用弹簧。

（4）取下固定线圈销。

（5）取下弹簧片。

（6）取下瞬时触点。

（7）取下衔铁。

（8）取下固定线圈弹簧。

（9）取下线圈。

（10）取下铁芯。

（11）调整延时时间。

（12）在装配时，按拆卸的相反顺序进行装配。

3）做一做　时间继电器的识别与检测

时间继电器的识别与检测如表 1-6-4 所示，根据表中的操作要点进行操作，并将测量结果填写在空气阻尼式时间继电器测量结果记录表（见表 1-6-5）中。

表 1-6-4　时间继电器的识别与检测

序号	任务	操作要点
1	识读时间继电器的型号	时间继电器的型号标注在正面（调节螺钉旁边）

续表

序号	任务	操作要点
2	找到整定时间调节旋钮	调节旋钮旁边标有整定时间
3	找到延时常闭触点的接线端子	在气囊上方两侧有相应的符号标注
4	找到延时常开触点的接线端子	在气囊上方两侧有相应的符号标注
5	找到瞬时常闭触点的接线端子	在线圈上方两侧有相应的符号标注
6	找到瞬时常开触点的接线端子	在线圈上方两侧有相应的符号标注
7	找到线圈的接线端子	在线圈两侧
8	识读时间继电器的线圈参数	时间继电器的线圈参数标注在线圈侧面
9	检测延时常闭触点接线端子的好坏	将万用表置于蜂鸣挡,将两表笔分别搭接在延时常闭触点两端。当时间继电器为常态时,阻值约为0
10	检测延时常开触点接线端子的好坏	将万用表置于蜂鸣挡,将两表笔分别搭接在延时常开触点两端。当时间继电器为常态时,阻值约为∞
11	检测瞬时常闭触点接线端子的好坏	将万用表置于蜂鸣挡,将两表笔分别搭接在瞬时常闭触点两端。当时间继电器为常态时,阻值约为0
12	检测瞬时常开触点接线端子的好坏	将万用表置于蜂鸣挡,将两表笔分别搭接在瞬时常开触点两端。当时间继电器为常态时,阻值约为∞
13	检测线圈的阻值	将万用表置于蜂鸣挡,将两表笔分别搭接在线圈两端测量线圈的阻值,阻值为几千欧

表 1-6-5　空气阻尼式时间继电器测量结果记录表

型号		线圈额定电压		拆卸步骤	
常开触点数/副		常闭触点数/副			
延时触点数/副		瞬时触点数/副			
延时断开触点数		延时闭合触点数			
状态		延时触点电阻值		瞬时触点电阻值	
		常开触点	常闭触点	常开触点	常闭触点
初始状态					
按住衔铁					
按住衔铁3s后					
线圈阻值				质量好坏	

4）评一评　时间继电器的识别与检测评分

时间继电器的识别与检测评分标准如表 1-6-6 所示。

表 1-6-6　时间继电器的识别与检测评分标准

项目	配分(100分)	评分标准	自评	互评	师评
时间继电器的识别	25分	按要求填写完整、准确。填错或漏写,每处扣2分			

续表

项目	配分 （100 分）	评分标准	自评	互评	师评
时间继电器 的拆装	30 分	操作规范，按顺序拆卸，装配完整。 （1）拆卸步骤及方法不正确，每次扣 2 分； （2）拆装不熟练，扣 5～10 分； （3）拆卸后不能组装完整，扣 10 分； （4）损坏零部件，每个扣 5 分			
时间继电器 的检测	30 分	操作规范，准确判断质量。 （1）检测方法不正确，每处扣 5 分； （2）检测结果不正确，每处扣 5 分； （3）不会检测，扣 30 分			
职业素养	15 分	操作规范（"6S"管理：整理、整顿、清扫、安全、清洁、素养），安全文明生产。 （1）没有穿戴防护用品，扣 5 分； （2）工具摆放乱，乱丢杂物，完成任务后不清理工位，每处扣 2 分； （3）损坏仪器仪表或元器件，每个扣 10 分； （4）发生严重违规操作，成绩记 0 分			
开始时间		结束时间	得分		
总分=自评×30%+互评×30%+师评×40%				总分	

5）想一想 巩固与练习

（1）通过网络收集或走访时间继电器的生产厂家、专卖店和使用单位，认识更多的时间继电器。比一比，看谁收集和认识得多，分组讨论并整理后，作为资料备用。

（2）查阅相关资料，电子式时间继电器的最长延时时间为多少？

（3）如何在电子式时间继电器没有通电的情况下测量触点的通电情况？

项目2 三相异步电动机基本控制电路的安装与调试

※项目描述：

各种电气设备的工作性质和加工工艺不同，使得它们对电动机的控制要求不同。要使电动机按照电气设备的要求正常安全地运转，必须配备一定的电器组成一定的控制电路。在生产实践中，一台电气设备的控制电路可能比较简单，也可能相当复杂，但任何控制电路都是由一些基本控制电路有机地组合起来的。

※素质目标：

（1）诚实做人，规范操作，使学生成为有道德、有技能的人。
（2）培养精益求精、一丝不苟的工作态度，培养学生的工匠精神。

※知识目标：

（1）识读三相异步电动机控制电路的工作原理图。
（2）熟悉三相异步电动机控制电路的组成和工作原理。

※技能目标：

（1）会根据电气原理图绘制安装接线图。
（2）能按工艺要求正确完成电气控制电路的安装、接线和调试。
（3）能进行电路的检查和故障排除。

※项目任务：

任务 2.1　三相异步电动机单向运行控制电路的安装与调试
任务 2.2　三相异步电动机连续与点动控制电路的安装与调试
任务 2.3　三相异步电动机接触器互锁正反转控制电路的安装与调试
任务 2.4　三相异步电动机双重互锁正反转控制电路的安装与调试
任务 2.5　三相异步电动机自动往返控制电路的安装与调试
任务 2.6　三相异步电动机多地控制电路的安装与调试
任务 2.7　三相异步电动机顺序控制电路的安装与调试
任务 2.8　时间继电器 Y-△降压启动控制电路的安装与调试
任务 2.9　三相异步电动机反接制动控制电路的安装与调试
任务 2.10　时间继电器双速电动机控制电路的安装与调试

任务 2.1　三相异步电动机单向运行控制电路的安装与调试

微课

※知识目标：

（1）熟知自锁的作用和实现方法。
（2）识读三相异步电动机单向运行控制电路的电气原理图。
（3）正确理解三相异步电动机单向运行控制电路的工作原理。

※技能目标：

（1）按工艺要求完成三相异步电动机单向运行控制电路的安装与调试。
（2）能进行三相异步电动机单向运行控制电路的检查和故障排除。

※知识平台：

1．三相异步电动机单向运行控制电路的组成

主电路由断路器、熔断器 FU1、接触器 KM 的主触点、热继电器 FR 的热元件和电动机组成。控制电路由热继电器 FR 的常闭触点、停止按钮 SB1、启动按钮 SB2 和接触器 KM 的常开触点及线圈组成。三相异步电动机单向运行控制电路的电气原理图如图 2-1-1 所示。

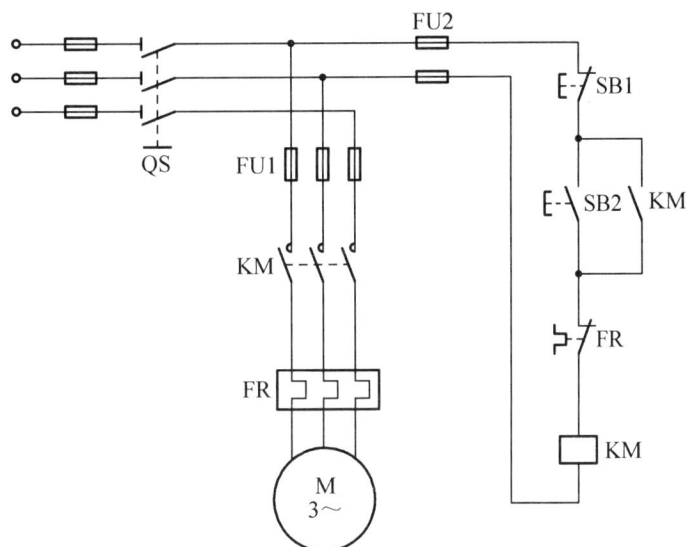

图 2-1-1　三相异步电动机单向运行控制电路的电气原理图

2．三相异步电动机单向运行控制电路的工作原理

当启动三相异步电动机时，合上组合开关 QS，主电路引入三相电源。按下启动按钮 SB2，接触器 KM 的线圈得电、主触点闭合，电动机接通电压启动，同时接触器 KM 的辅助常开触点闭合，使接触器 KM 的线圈有两条通电路径。这样在松开启动按钮 SB2 后，接触器 KM 的线圈仍能通过其辅助触点通电并保持吸合状态。这种依靠接触器自身辅助触点使其线圈保持通电的现象称为自锁。起自锁作用的触点称为自锁触点。

要使电动机停止运转，按下停止按钮 SB1，接触器 KM 的线圈失电、主触点断开，切断电动机的三相电源，电动机自动停止，同时接触器 KM 的自锁触点断开，控制回路解除自锁。松开停止按钮 SB1，控制电路回到启动前的状态。

3. 三相异步电动机单向运行控制电路的保护功能

三相异步电动机单向运行控制电路具有短路保护、欠电压保护、失电压保护和过载保护功能。

（1）短路保护：当电路中发生短路故障时，断路器跳闸，电动机停止运行。

（2）欠电压保护：电动机在运行时，若电源电压下降，则电动机电流上升。电压下降越严重，电流上升也就越严重，有时甚至会烧毁电动机。欠电压保护是依靠自身电磁机构来实现的。当电动机在运行过程中电源电压降低到较低程度时，接触器电磁机构的弹簧反力大于电磁力，接触器衔铁释放，其主触点和自锁触点都断开，从而使电动机停止运行，实现欠电压保护。

（3）失电压保护：若电动机在运行过程中遇到电源临时停电，则在恢复供电时，如果未采取防范措施，那么电动机将自行启动运行，很容易造成设备或人身事故。采用接触器自锁控制电路，自锁触点和主触点在停电时能自动切断电动机电源的保护称为失电压保护。

（4）过载保护：当电动机输出的功率超过额定值时就称为过载。在过载时，因电动机的电流超过了额定电流，故会引起绕组发热，温度升高，从而影响电动机的使用寿命，甚至烧毁电动机。在电路中使用热继电器 FR 来实现电动机的长期过载保护。

※任务实施：

1. 实训任务

三相异步电动机单向运行控制电路的安装、接线与调试。

2. 实训要求

（1）按要求着装，带好常用工具及仪表进入实训室。按照接线图纸的要求进行元器件的安装、接线与调试。

（2）在实训中执行"6S"管理（整理、整顿、清扫、清洁、安全、素养）。

① 整洁的现场，不良品为零。

② 努力降低成本，减少消耗，浪费为零。

③ 工作顺畅，及时完成工作任务。

④ 无泄漏、无危害、安全、整齐，事故为零。

⑤ 提升职业素养，培养工匠精神。

3. 实训器材准备

（1）常用工具：钢丝钳、螺丝刀、镊子、剥线钳、尖嘴钳、验电笔等。

（2）常用仪表：兆欧表、万用表。

（3）器材：低压断路器 1 个、熔断器 5 个、交流接触器 1 个、热继电器 1 个、三联按钮 1 个、接线端子 1 个、三相异步电动机 1 台、配电板 1 块和若干导线。

4．实训实施步骤

1）识一识　识读电气原理图

根据图 2-1-1 明确电路中所用的元器件及其作用，熟悉控制电路的工作原理；熟知启动按钮和停止按钮的结构特点和动作原理；理解交流接触器自锁触点的作用及其欠电压保护和失电压保护功能。

2）认一认　选择与检测元器件

根据图 2-1-1 选择实训所需的元器件，在不通电的情况下，用万用表或目视检查各元器件触点的通断情况是否良好；检查空气开关是否正常；检查熔断器的熔体是否完好；检查按钮中的螺钉是否完好，螺纹是否失效；检查交流接触器的触点是否接触良好，线圈额定电压与电源是否相符；检查热继电器是否完好。并填写实训元器件配置清单表（见表 2-1-1）。

表 2-1-1　实训元器件配置清单表

代号	名称	型号	数量	功能	检测结果是否正常
QS					
FU1					
FU2					
KM					
FR					
SB1					
SB2					

3）做一做　安装、接线与调试

（1）绘制元器件布置图并安装元器件。

根据图 2-1-1 绘制三相异步电动机单向运行控制电路的元器件布置图。三相异步电动机单向运行控制电路的元器件布置参考图如图 2-1-2 所示。

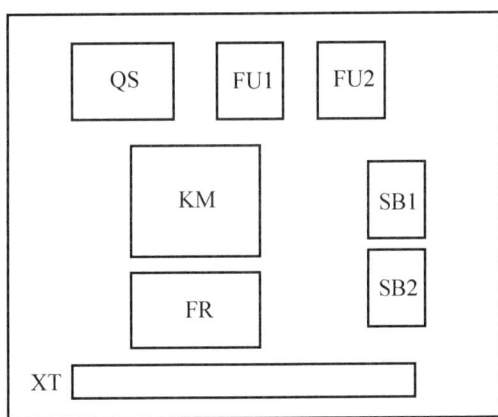

图 2-1-2　三相异步电动机单向运行控制电路的元器件布置参考图

在控制板上进行元器件的布置与安装。各元器件的安装位置应整齐、匀称、间距合理，便于元器件的更换。在紧固各元器件时用力要均匀。在紧固熔断器、交流接触器、热继电器等易碎元器件时，应用手按住元器件，一边轻轻摇动，一边用旋具旋紧对角线上的螺钉，手感摇不动后再适度旋紧一些即可。

在安装时，电源开关和熔断器一般放置在上方，发热元件要预留通风散热空间，需要操作的元器件放在面板边缘，端子排（XT）一般放置在面板下方。

（2）接线与工艺要求。

控制板上明线布线的工艺要求如下。

① 在布线时通道应尽可能地少，同路并行导线按主电路、控制电路分类集中，单层密排，紧贴安装面布线。

② 同一平面上的导线应高低一致或前后一致，走线合理，不能交叉或架空。

③ 对于螺栓式接线端子，导线在连接时应做成羊眼圈，并按顺时针旋转；对于瓦片式接线端子，导线在连接时直线插入接线端子固定即可。在连接导线时，既不能压绝缘层，也不能露铜过长。

④ 走线合理，整齐集中，紧贴板面，横平竖直，分布均匀，当变换走向时导线应垂直。

⑤ 在布线时严禁损伤线芯和导线绝缘。

⑥ 所有从一个接线端子（或接线桩）到另一个接线端子的导线必须完整，中间无接头。

⑦ 一个元器件接线端子上的连接导线不得多于两根。

⑧ 进出线应合理汇集在端子排上。

⑨ 按钮内应用软导线连接，用力不可过猛，以防螺钉打滑。按钮内部的接线不要接错，启动按钮必须接常开（动合）触点。

⑩ 交流接触器的自锁触点应并接在启动按钮的两端；停止按钮应串接在控制电路中。

⑪ 热继电器的热元件应串接在主电路中，其常闭（动断）触点应串接在控制电路中，二者缺一不可，否则不能起到过载保护作用；热继电器的整定电流应按电动机的额定电流自行调整。

⑫ 电动机外壳必须可靠接 PE（保护接地）线。

⑬ 编码套管标识要清楚，套装要正确。

（3）三相异步电动机单向运行控制电路的接线参考图如图 2-1-3 所示。

4）查一查　不通电测试、通电测试及故障排除

（1）不通电测试。

① 核对接线。对照图 2-1-1 和图 2-1-3，从电源端开始，逐段核对接线及接线端子处是否正确，有无漏接、错接之处。检查导线接点是否符合要求（裸露是否超过 2mm），压接是否牢固。

② 检查端子接线是否符合要求。用手摇动、拉拨接线端子上的导线，不松脱。

③ 用万用表检查电路的通断。在检查时，应选择挡位适当的电阻挡，以免发生短路故障。

在检查控制电路时，将万用表的红、黑两表笔分别搭在 FU2 的出线端（0 和 1），此时万用表的读数应为"∞"。当按下启动按钮 SB2 时，读数应为 KM 线圈的电阻值，大约为几千欧；压下 KM 的触点，读数也应为 KM 线圈的电阻值。

在检查主电路时，可以用手压下 KM 的触点来代替 KM 在得电吸合时的情况，依次测量从电源进线端子（L1、L2、L3）到电动机出线端子（U、V、W）上的每一相电路的电阻值，检查是否存在开路现象。正常情况下万用表的电阻值读数为"0"，若电阻值的读数为"∞"，则表示电路发生开路现象，此时应查找原因，排除故障。

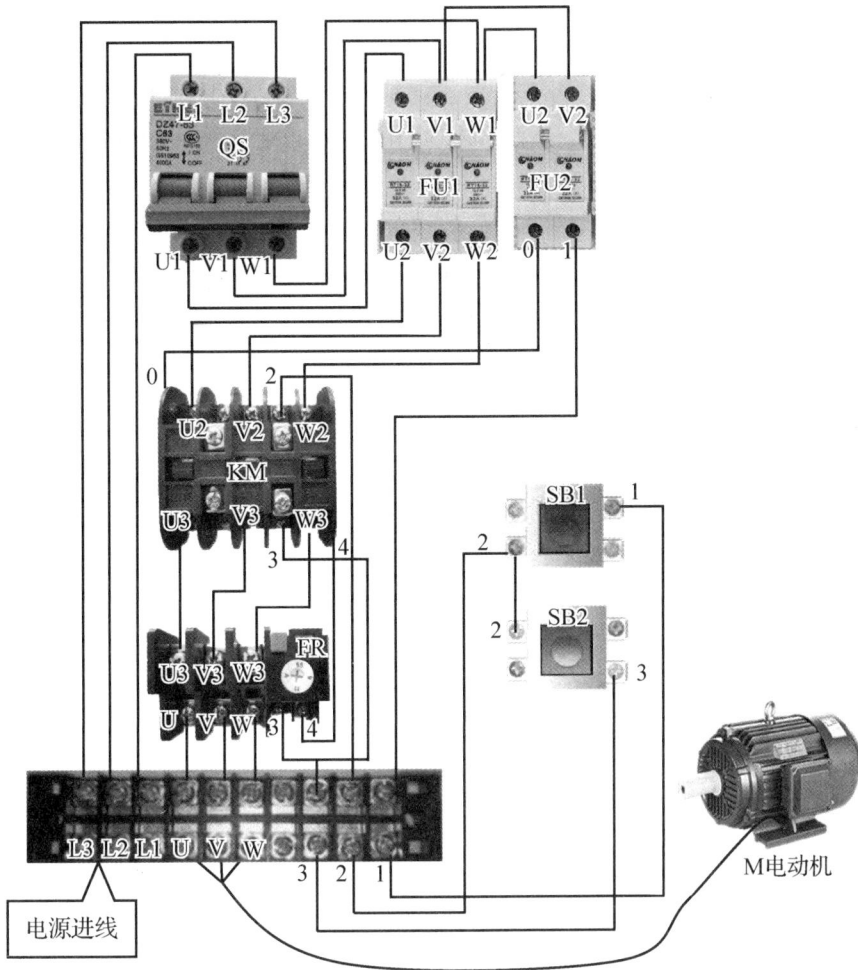

图 2-1-3　三相异步电动机单向运行控制电路的接线参考图

同样地，用手压下 KM 的触点，依次测量电源端 L1-L2、L2-L3、L3-L1 之间的电阻值，检查是否存在短路现象。正常情况下万用表的电阻值读数为"∞"，若电阻值的读数为"0"，则表示电路发生短路现象，此时应查找原因，排除故障。

④ 不通电测试记录。表 2-1-2 所示为三相异步电动机单向运行控制电路不通电测试记录表。根据表 2-1-2 中的操作步骤分别测量主电路和控制电路的电阻值，并将测量结果填入表 2-1-2。

表 2-1-2　三相异步电动机单向运行控制电路不通电测试记录表

操作步骤	主电路电阻值/Ω					
	L1-U	L2-V	L3-W	L1-L2	L2-L3	L3-L1
合上 QS，不压下 KM 的触点						
合上 QS，压下 KM 的触点						

操作步骤	控制电路电阻值（U2-V2）/Ω
未按下 SB2、未压下 KM 的触点	
按下 SB2	
压下 KM 的触点	

（2）通电测试。

引入三相电源，接入电动机，操作相应的按钮，观察交流接触器的动作情况。合上电源开关 QS，按下启动按钮 SB2，交流接触器 KM 的线圈通电，衔铁吸合，交流接触器的主触点闭合，电动机接通电源直接启动运转；当松开启动按钮 SB2 时，交流接触器 KM 的线圈仍可通过 KM 的辅助常开自锁触点继续通电，从而保持电动机的连续运行。按下停止按钮 SB1，交流接触器 KM 的线圈失电，衔铁释放，交流接触器的主触点断开，电动机停止运转。将通电测试结果填入三相异步电动机单向运行控制电路通电测试记录表（见表 2-1-3）。

表 2-1-3　三相异步电动机单向运行控制电路通电测试记录表

操作步骤	合上 QS	按下 SB1	按下 SB2	松开 SB2	再次按下 SB1
电动机的运转情况					
交流接触器 KM 的吸合情况					

（3）故障排除。

在操作过程中，若出现不正常现象，则应立即断开电源，分析故障原因，仔细检查电路，在实训教师认可的情况下才能再次通电试车运行。

5）评一评　安装、接线与调试评分标准

三相异步电动机单向运行控制电路的安装与调试评分表如表 2-1-4 所示。

表 2-1-4　三相异步电动机单向运行控制电路的安装与调试评分表

项目内容	考核要求	评分标准	配分	扣分	得分
装前检查	正确选择元器件；对元器件的质量进行检验	（1）元器件漏选或错选，每处扣 2 分； （2）未对元器件的质量进行检验，每个扣 1 分	10 分		
安装元器件	按图纸的要求，正确利用工具，熟练地安装元器件；元器件安装要准确、紧固；按钮盒不固定在板上	（1）元器件安装不牢固、漏装，每个扣 2 分； （2）损坏元器件，每个扣 5 分； （3）元器件布置不均匀、不整齐、不合理，每处扣 2 分	15 分		
布线	布线合理规范，横平、竖直，紧贴敷设面，连接紧固，不交叉、不反圈、不压绝缘层、不露铜过长、无毛刺。电源和电动机配线、按钮接线要接到端子排上，进出线要有标号；电动机外壳要接接地线	（1）不按电路图接线，扣 10 分； （2）布线不横平、竖直、转角不呈 90°，有交叉，每处扣 2 分； （3）接点不符合要求（有松动、接头裸露过长、反圈、压绝缘层、标记线号不清楚、有遗漏或误标），每处扣 2 分； （4）损伤导线绝缘或线芯，每处扣 2 分； （5）漏接接地线，扣 3 分	30 分		
通电试车	通电试车成功，且各项功能完好	（1）热继电器的整定值未整定或整定错，扣 5 分； （2）配错熔体，主电路和控制电路各扣 2 分； （3）第一次试车不成功，扣 10 分； （4）第二次试车不成功，扣 20 分	30 分		

项目内容	考核要求	评分标准	配分	扣分	得分
操作规范与职业素养	执行 "6S" 管理：整理、整顿、清扫、安全、清洁、素养，安全文明生产	（1）没有穿戴防护用品，扣 5 分； （2）在作业过程中，工具、仪表、耗材摆放不规范，每处扣 2 分； （3）完成任务后不清理工位，每处扣 2 分； （4）未按安全要求使用工具，每次扣 2 分； （5）在进行带电或停电检修时，不按安全操作规范进行操作，每次扣 2 分； （6）在作业过程中，损坏元器件或工具仪表，总成绩扣 10 分； （7）发生严重违规操作或短路现象，总成绩记 0 分	15 分		
开始时间		结束时间		成绩	
评分人：		核分人：			

6）想一想　巩固与练习

（1）主电路怎样实现电动机的运行与停止？

（2）如何实现自锁功能？

（3）在本次实训中，排查出哪些故障点？

7）实训报告及测评

三相异步电动机单向运行控制电路的安装与调试实训报告及测评分别如表 2-1-5 和表 2-1-6 所示。

表 2-1-5　三相异步电动机单向运行控制电路的安装与调试实训报告

姓名		班级		组别		日期	
工位号		同组人员				实训起止时间	
执行 "6S" 管理过程记录							
使用电工工具及仪表过程记录							
选择与检测元器件过程记录							
元器件的安装、接线与调试过程记录							
测试及故障检修过程记录							
本次实训思考及总结							

表 2-1-6　三相异步电动机单向运行控制电路的安装与调试实训测评

序号	评价内容	评价要求	配分	自我评价（20%）	小组评价（30%）	教师评价（50%）	得分
1	执行"6S"管理	"6S"管理执行规范，安全作业，操作规范，团队合作默契	10分				
2	使用工具及仪表	正确使用工具及仪表，无损坏	5分				
3	选择与检测元器件	选择与检测元器件正确，记录表填写完整规范；实训元器件配置清单记录表填写完整规范	10分				
4	安装、接线与调试	参考安装与调试评分表中的评分标准	40分				
5	测试与故障检修	不通电和通电测试操作规范，记录表填写完整；故障排除方法正确，过程迅速	20分				
6	巩固与练习	按时完成作业，答案正确	5分				
7	实训报告	实训报告按时完成，质量好	10分				
总分			100分				

微课

任务 2.2　三相异步电动机连续与点动控制电路的安装与调试

※知识目标：

（1）熟知连续与点动的实现方法。

（2）识读三相异步电动机连续与点动控制电路的电气原理图。

（3）正确理解三相异步电动机连续与点动控制电路的工作原理。

※技能目标：

（1）按工艺要求完成控制电路的安装与调试。

（2）能进行三相异步电动机连续与点动控制电路的检查和故障排除。

※知识平台：

1. 三相异步电动机连续与点动控制电路的组成

主电路由断路器、熔断器 FU1、接触器 KM 的主触点、热继电器 FR 的热元件和电动机组成。控制电路由热继电器 FR 的常闭触点、停止按钮 SB1、连续运行启动按钮 SB2、点动控制复合按钮 SB3 和接触器 KM 的常开触点及线圈组成。三相异步电动机连续与点动控制电路的电气原理图如图 2-2-1 所示。

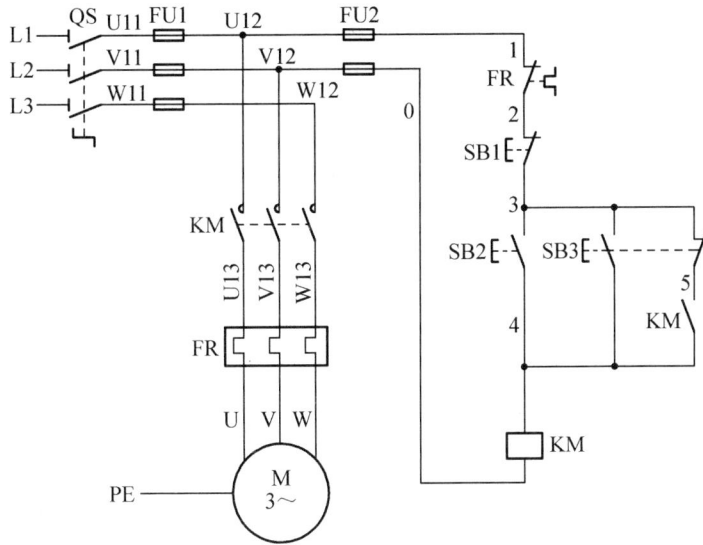

图 2-2-1　三相异步电动机连续与点动控制电路的电气原理图

2. 三相异步电动机连续与点动控制电路的工作原理

首先合上断路器 QS，然后对电路进行控制。三相异步电动机连续与点动控制电路的工作原理如下。

1）连续运行控制

启动：按下SB2 → KM线圈得电 → KM自锁触点闭合自锁 ／ KM主触点闭合 → 电动机M启动连续运行

停止：按下SB1 → KM线圈失电 → KM自锁触点断开，解除自锁 ／ KM主触点断开 → 电动机M失电停转

2）点动控制

启动：按下SB3 → SB3常闭触点先断开，切断自锁电路 ／ SB3常开触点后闭合 → KM线圈得电 →

→ KM自锁触点闭合 ／ KM主触点闭合 → 电动机M启动运转

停止：松开SB3 → SB3常开触点先恢复断开，切断电路 → ／ SB3常闭触点后先恢复闭合（此时KM自锁触点已断开）

→ KM线圈失电 → KM自锁触点断开 ／ KM主触点断开 → 电动机M停止运行

※任务实施：

1. 实训任务

三相异步电动机连续与点动控制电路的安装与调试。

2. 实训要求

（1）按要求着装，带好常用工具及仪表进入实训室。按照接线图纸的要求，进行元器件的安装、接线与调试。

（2）在实训中执行"6S"管理（整理、整顿、清扫、清洁、安全、素养）。

① 整洁的现场，不良品为零。

② 努力降低成本，减少消耗，浪费为零。

③ 工作顺畅，及时完成工作任务。

④ 无泄漏、无危害、安全、整齐，事故为零。

⑤ 提升职业素养，培养工匠精神。

3. 实训器材准备

（1）常用工具：钢丝钳、螺丝刀、镊子、剥线钳、尖嘴钳、验电笔等。

（2）常用仪表：兆欧表、万用表。

（3）器材：低压断路器 1 个、熔断器 5 个、交流接触器 1 个、热继电器 1 个、三联按钮 1 个、接线端子 1 个、三相异步电动机 1 台、配电板 1 块和若干导线。

4. 实训实施步骤

1）识一识　识读电气原理图

根据图 2-2-1 明确电路中所用的元器件及其作用，熟悉控制电路的工作原理；熟知连续运行启动按钮、停止按钮和点动控制复合按钮的结构特点和动作原理；理解交流接触器自锁触点的作用及交流接触器自锁的欠电压保护和失电压保护功能。

2）认一认　选择与检测元器件

根据图 2-2-1 选择实训所需的元器件。在不通电的情况下，用万用表或目视检测各元器件触点的通断情况是否良好；检测空气开关是否正常；检测熔断器的熔体是否完好；检测按钮中的螺钉是否完好，螺纹是否失效；检测交流接触器的触点是否接触良好，线圈额定电压与电源是否相符；检测热继电器是否完好。将检测结果填入实训元器件配置清单表（见表 2-2-1）。

表 2-2-1　实训元器件配置清单表

代号	名称	型号	数量	功能	检测结果是否正常
QS					
FU1					
FU2					
KM					
FR					
SB1					

代号	名称	型号	数量	功能	检测结果是否正常
SB2					
SB3					

3）做一做　安装、接线与调试

（1）绘制元器件布置图并安装元器件。

根据图 2-2-1 绘制三相异步电动机连续与点动控制电路的元器件布置图。三相异步电动机连续与点动控制电路的元器件布置参考图如图 2-2-2 所示。

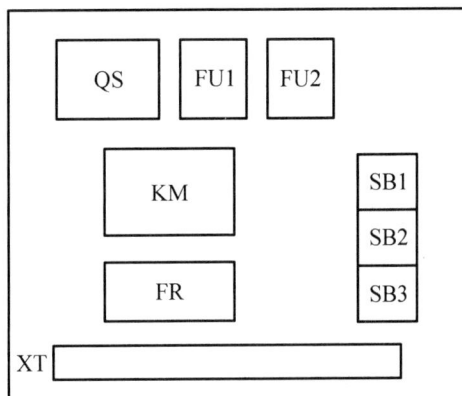

图 2-2-2　三相异步电动机连续与点动控制电路的元器件布置参考图

在控制板上进行元器件的布置与安装。各元器件的安装位置应整齐、匀称、间距合理，便于元器件的更换。在紧固各元器件时用力要均匀。在紧固熔断器、交流接触器、热继电器等易碎元器件时，应用手按住元器件，一边轻轻摇动，一边用旋具旋紧对角线上的螺钉，感觉摇不动后再适度旋紧一些即可。

在安装时，电源开关和熔断器一般放置在上方，发热元件要预留通风散热空间，需要操作的元器件放在面板边缘，端子排一般放置在面板下方。

（2）接线与工艺要求。

控制板上明线布线的工艺要求与任务 2.1 中布线的工艺要求相同，此处不再重述。

（3）三相异步电动机连续与点动控制电路的接线参考图如图 2-2-3 所示。

4）查一查　不通电测试、通电测试及故障排除

（1）不通电测试。

① 核对接线。对照图 2-2-1 和图 2-2-3，从电源端开始，逐段核对接线及接线端子处是否正确，有无漏接、错接之处。检查导线接点是否符合要求（裸露是否超过 2mm），压接是否牢固。

② 检查端子接线是否符合要求。用手摇动、拉拨接线端子上的导线，不松脱。

③ 用万用表检查电路的通断。在检查时，应选择挡位适当的电阻挡，以免发生短路故障。

在检查控制电路时。将万用表的红、黑两表笔分别搭在 FU2 的进线端（U12、V12），此时万用表的读数应为"∞"。当按下连续运行启动按钮 SB2 时，读数应为 KM 线圈的电阻值，大约为几千欧；当按下点动控制复合按钮 SB3 或压下 KM 的触点时，读数也应为 KM 线圈的电阻值。

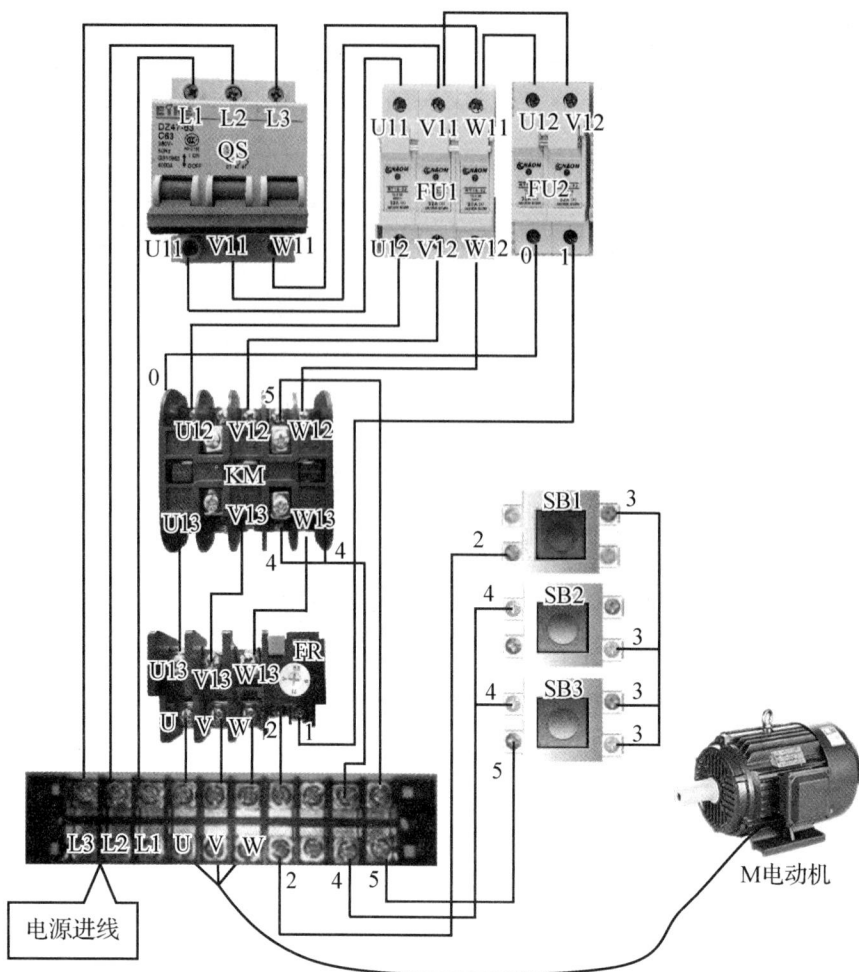

图 2-2-3　三相异步电动机连续与点动控制电路的接线参考图

在检查主电路时，可以用手压下 KM 的触点来代替 KM 得电吸合时的情况，依次测量从电源进线端子（L1、L2、L3）到电动机出线端子（U、V、W）上的每一相电路的电阻值，检查是否存在开路现象。正常情况下万用表的电阻值读数为"0"，若电阻值的读数为"∞"，则表示电路发生开路现象，此时应查找原因，排除故障。

同样地，用手压下 KM 的触点，依次测量电源端 L1-L2、L2-L3、L3-L1 之间的电阻值，检查是否存在短路现象。正常情况下万用表的电阻值读数为"∞"，若电阻值的读数为"0"，则表示电路发生短路现象，此时应查找原因，排除故障。

④ 不通电测试记录。表 2-2-2 所示为三相异步电动机连续与点动控制电路不通电测试记录表。根据表中的操作步骤分别测量主电路和控制电路的电阻值，并将测量结果填入表 2-2-2。

表 2-2-2　三相异步电动机连续与点动控制电路不通电测试记录表

操作步骤	主电路电阻值/Ω					
	L1-U	L2-V	L3-W	L1-L2	L2-L3	L3-L1
合上 QS，不压下 KM 的触点						
合上 QS，压下 KM 的触点						
操作步骤	控制电路电阻值（U2-V2）/Ω					
未按下 SB2、未按下 SB3、未压下 KM 的触点						

续表

操作步骤	控制电路电阻值（U2-V2）/Ω
按下 SB2	
按下 SB3	
压下 KM 的触点	

（2）通电测试。

引入三相电源，接入电动机，操作相应按钮，合上电源开关 QS，观察交流接触器的动作情况。

正转连续运行：按下 SB2，KM 的线圈通电，衔铁吸合，KM 的主触点闭合，电动机接通电源直接启动运转；当松开 SB2 时，KM 的线圈仍可通过 KM 的辅助常开自锁触点继续通电，保持电动机的连续运行。按下 SB1，KM 的线圈失电，衔铁释放，KM 的主触点断开，电动机停止运转。

点动运行：按下 SB3，KM 的线圈通电，衔铁吸合，KM 的主触点闭合，电动机接通电源直接启动运转；当松开 SB3 时，KM 的线圈失电，电动机停止运转。将通电测试结果填入三相异步电动机连续与点动控制电路通电测试记录表（见表 2-2-3）。

表 2-2-3　三相异步电动机连续与点动控制电路通电测试记录表

操作步骤	合上 QS	按下 SB2	松开 SB2	按下 SB1	按下 SB3	松开 SB3
电动机的运转情况						
交流接触器 KM 的吸合情况						

（3）故障排除。

在故障排除操作过程中，若出现不正常现象，则应立即断开电源，分析故障原因，仔细检查电路，在实训教师认可的情况下才能再次通电试车运行。

5）评一评　安装、接线与调试评分标准

三相异步电动机连续与点动控制电路的安装与调试评分表如表 2-2-4 所示。

表 2-2-4　三相异步电动机连续与点动控制电路的安装与调试评分表

项目内容	考核要求	评分标准	配分	扣分	得分
装前检查	正确选择元器件；对元器件的质量进行检验	（1）元器件漏选或错选，每处扣 2 分； （2）未对元器件质量进行检验，每个扣 1 分	10 分		
安装元器件	按图纸的要求，正确利用工具，熟练地安装元器件；元器件安装要准确、紧固；按钮盒不固定在板上	（1）元器件安装不牢固、漏装，每个扣 2 分； （2）损坏元器件，每个扣 5 分； （3）元器件布置不均匀、不整齐、不合理，每个扣 2 分	15 分		
布线	布线合理规范，横平、竖直，紧贴敷设面，连接紧固，不交叉、不反圈、不压绝缘层、不露铜过长、无毛刺。电源和电动机配线、按钮接线要接到端子排上，进出线要有标号；电动机外壳要接接地线	（1）不按电路图接线，扣 10 分； （2）布线不横平、竖直，转角不呈 90°，有交叉，每处扣 2 分； （3）布线不符合要求（有松动、接头裸露过长、反圈、压绝缘层、标记线号不清楚，有遗漏或误标），每处扣 2 分； （4）损伤导线绝缘或线芯，每处扣 2 分； （5）漏接地线，扣 3 分	30 分		

续表

项目内容	考核要求	评分标准	配分	扣分	得分
通电试车	通电试车成功,且各项功能完好	(1)热继电器的整定值未整定或整定错,扣5分; (2)配错熔体,主电路和控制电路各扣2分; (3)第一次试车不成功,扣10分; (4)第二次试车不成功,扣20分	30分		
操作规范与职业素养	执行"6S"管理:整理、整顿、清扫、安全、清洁、素养,安全文明生产	(1)没有穿戴防护用品,扣5分; (2)在作业过程中,工具、仪表、耗材摆放不规范,每处扣2分; (3)完成任务后不清理工位,每处扣2分; (4)未按安全要求使用工具,每次扣2分; (5)当进行带电或停电检修时,不按安全操作规范进行操作,每次扣2分; (6)在作业过程中,损坏元器件或工具仪表,总成绩扣10分; (7)发生严重违规操作或短路现象,总成绩记0分	15分		
开始时间		结束时间		成绩	
评分人:		核分人:			

6)想一想 巩固与练习

(1)在实训过程中出现了什么问题?你是如何解决的?

(2)在本次实训中,安全问题和文明操作相当重要,你认为要采取哪些措施才能保证安全文明操作?

7)实训报告及测评

三相异步电动机连续与点动控制电路的安装与调试实训报告及测评分别如表 2-2-5 和表 2-2-6 所示。

表 2-2-5 三相异步电动机连续与点动控制电路的安装与调试实训报告

姓名		班级		组别		日期	
工位号		同组人员				实训起止时间	
执行"6S"管理 过程记录							
使用电工工具及 仪表过程记录							
选择与检测 元器件过程记录							
元器件的安装、接线 与调试过程记录							
测试及故障检修 过程记录							
本次实训 思考及总结							

表 2-2-6　三相异步电动机连续与点动控制电路的安装与调试实训测评

序号	评价内容	评价要求	配分	自我评价（20%）	小组评价（30%）	教师评价（50%）	得分
1	执行"6S"管理	"6S"管理执行规范，安全作业，操作规范，团队合作默契	10 分				
2	使用工具及仪表	正确使用工具及仪表，无损坏	5 分				
3	选择与检测元器件	选择与检测元器件正确，记录表填写完整规范；实训元器件配置清单记录表填写完整规范	10 分				
4	安装、接线与调试	参考安装与调试评分表中的评分标准	40 分				
5	测试与故障检修	不通电和通电测试操作规范，记录表填写完整；故障排除方法正确，过程迅速	20 分				
6	巩固与练习	按时完成作业，答案正确	5 分				
7	实训报告	实训报告按时完成，质量好	10 分				
	总分		100 分				

任务 2.3　三相异步电动机接触器互锁正反转控制电路的安装与调试

微课

※知识目标：

（1）熟知互锁的作用与实现方法。

（2）识读三相异步电动机接触器互锁正反转控制电路的电气原理图。

（3）正确理解三相异步电动机接触器互锁正反转控制电路的工作原理。

※技能目标：

（1）按工艺要求完成三相异步电动机接触器互锁正反转控制电路的安装与调试。

（2）能进行三相异步电动机接触器互锁正反转控制电路的检查和故障排除。

※知识平台：

1. 三相异步电动机接触器互锁正反转控制电路的组成

三相异步电动机接触器互锁正反转控制电路的电气原理图如图 2-3-1 所示。电路中采用了两个交流接触器，即正转用的 KM1 和反转用的 KM2，它们分别由正转启动按钮 SB2 和反转启动按钮 SB3 控制。从主电路可以看出，两个交流接触器的主触点接通的电源相序不同，KM1 按 L1-L2-L3 相序接线，KM2 则按 L3-L2-L1 相序接线。相应地，控制电路有两条，一条是由 SB2 和 KM1 线圈等组成的正转控制电路；另一条是由 SB3 和 KM2 线圈等组成的反转控制电路。

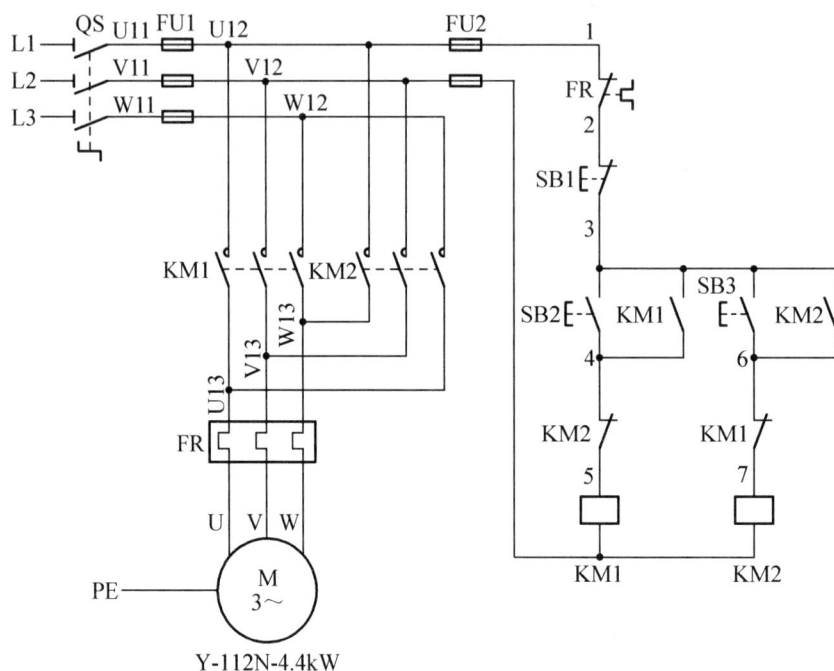

图 2-3-1　三相异步电动机接触器互锁正反转控制电路的电气原理图

2. 三相异步电动机接触器互锁正反转控制电路的工作原理

KM1 和 KM2 的主触点绝不允许同时闭合，否则将造成两相电源（L1 相和 L3 相）短路事故。为了避免 KM1 和 KM2 同时得电动作，在正、反转控制电路中分别串接了对方接触器的一对辅助常闭触点。

首先合上电源开关 QS，然后对电路进行控制。三相异步电动机接触器互锁正反转控制电路的工作原理如下。

1）正转控制

按下SB2 —→ KM1线圈得电 —→
- KM1主触点闭合 —→
- KM1自锁触点闭合 —→ 电动机M启动正转运行
- KM1联锁触点断开，对KM2互锁

2）反转控制

按下SB1 —→ KM1线圈失电 —→
- KM1主触点断开 —→
- KM1自锁触点断开，解除自锁 —→ 电动机M失电停转
- KM1联锁触点恢复闭合，解除对KM2控制电路的互锁

按下SB3 —→ KM2线圈失电 —→
- KM2主触点闭合 —→
- KM2自锁触点闭合 —→ 电动机M启动反转运行
- KM2联锁触点断开，对KM1互锁

当一个接触器得电动作时，通过其辅助常闭触点使另一个接触器不能得电动作。这种接触器之间相互制约的作用称为接触器互锁（或联锁）。实现互锁作用的辅助常闭触点称为互锁触点（或联锁触点）。电路操作须简单，安全可靠。电动机要从正转到反转，需要先停下来，不能直接实现反转。

※任务实施：

1．实训任务

三相异步电动机接触器互锁正反转控制电路的安装与调试。

2．实训要求

（1）按要求着装，带好常用工具及仪表进入实训室。按照接线图纸的要求，进行元器件的安装、接线与调试。

（2）在实训中执行"6S"管理（整理、整顿、清扫、清洁、安全、素养）。

① 整洁的现场，不良品为零。

② 努力降低成本，减少消耗，浪费为零。

③ 工作顺畅，及时完成工作任务。

④ 无泄漏、无危害、安全、整齐，事故为零。

⑤ 提升职业素养，培养工匠精神。

3．实训器材准备

（1）常用工具：钢丝钳、螺丝刀、镊子、剥线钳、尖嘴钳、验电笔等。

（2）常用仪表：兆欧表、万用表。

（3）器材：低压断路器 1 个、熔断器 5 个、交流接触器 2 个、热继电器 1 个、三联按钮 1 个、接线端子 1 个、三相异步电动机 1 台、配电板 1 块和若干导线。

4．实训实施步骤

1）识一识　识读电气原理图

根据图 2-3-1 明确电路中所用的元器件及其作用，熟悉控制电路的工作原理；理解接触器互锁的原理、实现方法和作用。

2）认一认　选择与检测元器件

根据图 2-3-1 选择实训所需的元器件。在不通电的情况下，用万用表或目视检测各元器件触点的通断情况是否良好；检测空气开关是否正常；检测熔断器的熔体是否完好；检测按钮中的螺钉是否完好，螺纹是否失效；检测接触器的触点是否接触良好，线圈额定电压与电源是否相符；检测热继电器是否完好。将检测结果填入实训元器件配置清单表（见表 2-3-1）。

表 2-3-1　实训元器件配置清单表

代号	名称	型号	数量	功能	检测结果是否正常
QS					
FU1					
FU2					

代号	名称	型号	数量	功能	检测结果是否正常
KM1					
KM2					
FR					
SB1					
SB2					
SB3					

3）做一做　安装、接线与调试

（1）绘制元器件布置图并安装元器件。

根据图 2-3-1 绘制三相异步电动机接触器互锁正反转控制电路的元器件布置图。三相异步电动机接触器互锁正反转控制电路的元器件布置参考图如图 2-3-2 所示。

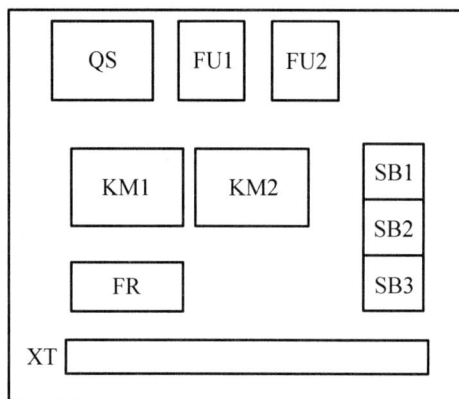

图 2-3-2　三相异步电动机接触器互锁正反转控制电路的元器件布置参考图

在控制板上进行元器件的布置与安装。各元器件的安装位置应整齐、匀称、间距合理，便于元器件的更换。在紧固各元器件时用力要均匀。在紧固熔断器、交流接触器、热继电器等易碎元器件时，应用手按住元器件，一边轻轻摇动，一边用旋具旋紧对角线上的螺钉，感觉摇不动后再适度旋紧一些即可。

在安装时，电源开关和熔断器一般放置在上方，发热元件要预留通风散热空间，需要操作的元器件放在面板边缘，端子排一般放置在面板下方。

（2）接线与工艺要求。

控制板上明线布线的工艺要求与任务 2.1 中布线的工艺要求相同，此处不再重述。

（3）三相异步电动机接触器互锁正反转控制电路的接线参考图如图 2-3-3 所示。

4）查一查　不通电测试、通电测试及故障排除

（1）不通电测试。

① 核对接线。对照图 2-3-1 和图 2-3-3，从电源端开始，逐段核对接线及接线端子处是否正确，有无漏接、错接之处。检查导线接点是否符合要求（裸露是否超过 2mm），压接是否牢固。

② 检查端子接线是否符合要求。用手摇动、拉拨接线端子上的导线，不松脱。

③ 用万用表检查电路的通断。在检查时，应选择挡位适当的电阻挡，以免发生短路故障。

在检查控制电路时，将万用表的红、黑两表笔分别搭在 FU2 的进线端（U12、V12），此

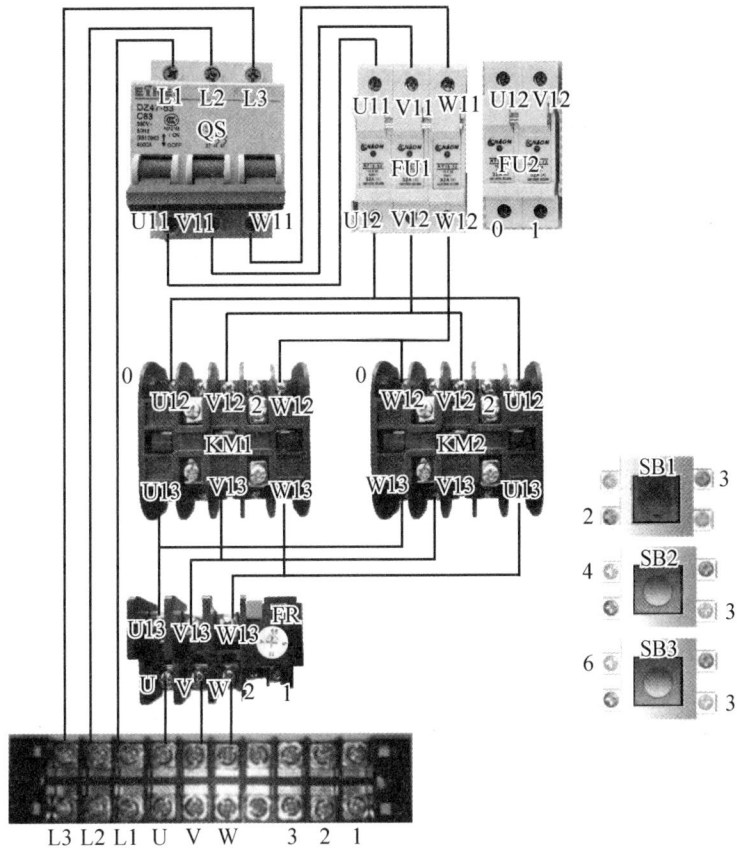

（a）主电路接线参考图

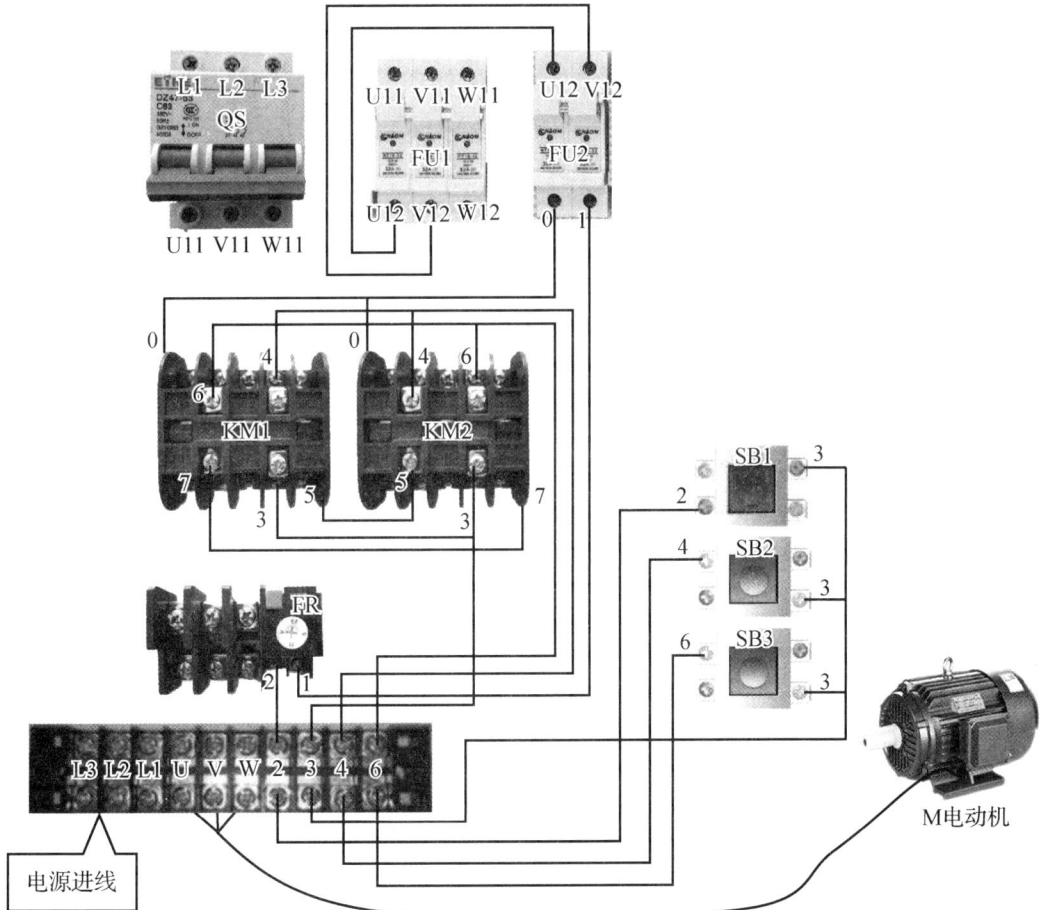

（b）控制电路接线参考图

图 2-3-3　三相异步电动机接触器互锁正反转控制电路接线参考图

时万用表的读数应为"∞"。当按下正转启动按钮 SB2 时，读数应为 KM1 线圈的电阻值，大约为几千欧；当按下反转启动按钮 SB3 时，读数应为 KM2 线圈的电阻值；当压下 KM1 或 KM2 的触点时，读数应为 KM1 或 KM2 线圈的电阻值。

在检查主电路时，可以用手分别压下 KM1 和 KM2 的触点来代替接触器得电吸合时的情况，依次测量从电源端（L1、L2、L3）到电动机出线端子（U、V、W）上的每一相电路的电阻值，检查是否存在开路现象。正常情况下万用表的电阻值读数为"0"，若电阻值的读数为"∞"，则表示电路发生开路现象，此时应查找原因，排除故障。

同样地，用手分别压下 KM1 和 KM2 的触点，依次测量电源端 L1-L2、L2-L3、L3-L1 之间的电阻值，检查是否存在短路现象。正常情况下万用表的电阻值读数为"∞"，若电阻值的读数为"0"，则表示电路发生短路现象，此时应查找原因，排除故障。

④ 不通电测试记录。表 2-3-2 所示为接触器互锁正反转控制电路不通电测试记录表。根据表 2-3-2 中的操作步骤分别测量主电路和控制电路的电阻值，并将测量结果填入表 2-3-2。

表 2-3-2　接触器互锁正反转控制电路不通电测试记录表

操作步骤	主电路电阻值/Ω					
	L1-U	L2-V	L3-W	L1-L2	L2-L3	L3-L1
合上 QS，不压下 KM1 的触点						
合上 QS，不压下 KM2 的触点						
合上 QS，压下 KM1 的触点						
合上 QS，压下 KM2 的触点						

操作步骤	控制电路电阻值（U2-V2）/Ω
未按下 SB2、SB3 及 未压下 KM1 和 KM2 的触点	
按下 SB2	
按下 SB3	
压下 KM1 的触点	
压下 KM2 的触点	

（2）通电测试。

引入三相电源，接入电动机，操作相应按钮，合上电源开关 QS，观察交流接触器的动作情况。

正转运行：按下正转启动按钮 SB2，KM1 的线圈通电，衔铁吸合，KM1 的主触点闭合，电动机接通电源，启动正转；当松开 SB2 时，KM1 的线圈仍可通过 KM1 的辅助常开自锁触点继续通电，从而保持电动机正转的连续运行；按下停止按钮 SB1，KM1 的线圈失电，衔铁释放，KM1 的主触点断开，电动机停止正转。

反转运行：按下反转启动按钮 SB3，KM2 的线圈通电，衔铁吸合，KM2 的主触点闭合，电动机接通电源，启动反转；当松开 SB3 时，KM2 的线圈仍可通过 KM2 的辅助常开自锁触点继续通电，从而保持电动机反转的连续运行；按下停止按钮 SB1，KM2 的线圈失电，衔铁释放，KM2 的主触点断开，电动机停止反转。

具有接触器互锁正反转控制电路的电动机，由正转过渡到反转运行或由反转过渡到正转运行，必须经过停止环节。将通电测试结果填入三相异步电动机接触器互锁正反转控制电路通电测试记录表（见表 2-3-3）。

表 2-3-3　三相异步电动机接触器互锁正反转控制电路通电测试记录表

操作步骤	合上 QS	按下 SB2	松开 SB2	按下 SB1	按下 SB3	松开 SB3	按下 SB1
电动机的运转情况							
交流接触器 KM1 的吸合情况							
交流接触器 KM2 的吸合情况							

（3）故障排除。

在操作过程中，若出现不正常现象，则应立即断开电源，分析故障原因，仔细检查电路，在实训教师认可的情况下才能再次通电试车运行。

5）评一评　安装、接线与调试评分标准

三相异步电动接触器互锁正反转控制电路的安装与调试评分表如表 2-3-4 所示。

表 2-3-4　三相异步电动机接触器互锁正反转控制电路的安装与调试评分表

项目内容	考核要求	评分标准	配分	扣分	得分
装前检查	正确选择元器件；对元器件的质量进行检验	（1）元器件漏选或错选，每处扣 2 分； （2）未对元器件的质量进行检验，每个扣 1 分	10 分		
安装元器件	按图纸的要求，正确利用工具，熟练地安装元器件；元器件安装要准确、紧固；按钮盒不固定在板上	（1）元器件安装不牢固、漏装，每个扣 2 分； （2）损坏元器件，每个扣 5 分； （3）元器件布置不均匀、不整齐、不合理，每个扣 2 分	15 分		
布线	布线合理规范，横平、竖直，紧贴敷设面，连接紧固，不交叉、不反圈、不压绝缘层、不露铜过长、无毛刺。电源和电动机配线、按钮接线要接到端子排上，进出线要有标号；电动机外壳要接接地线	（1）不按电路图接线，扣 10 分； （2）布线不横平、竖直，转角不呈 90°，有交叉，每处扣 2 分； （3）布线不符合要求（有松动、接头裸露过长、反圈、压绝缘层、标记线号不清楚，有遗漏或误标），每处扣 2 分； （4）损伤导线绝缘或线芯，每处扣 2 分； （5）漏接接地线，扣 3 分	30 分		
通电试车	通电试车成功，且各项功能完好	（1）热继电器的整定值未整定或整定错，扣 5 分； （2）配错熔体，主电路和控制电路各扣 2 分； （3）第一次试车不成功，扣 10 分； （4）第二次试车不成功，扣 20 分	30 分		
操作规范与职业素养	执行"6S"管理：整理、整顿、清扫、安全、清洁、素养，安全文明生产	（1）没有穿戴防护用品，扣 5 分； （2）在作业过程中，工具、仪表、耗材摆放不规范，每处扣 2 分； （3）完成任务后不清理工位，每处扣 2 分； （4）未按安全要求使用工具，每次扣 2 分； （5）在进行带电或停电检修时，不按安全操作规范进行操作，每次扣 2 分； （6）在作业过程中，损坏元器件或工具仪表，总成绩扣 10 分； （7）发生严重违规操作或短路现象，总成绩记 0 分	15 分		
开始时间		结束时间		成绩	
评分人：		核分人：			

6）想一想　巩固与练习

（1）用什么方法可以使三相异步电动机改变转向？

（2）什么是电气互锁？它在三相异步电动机电气互锁正反转控制电路中是怎样实现的？为什么要设置电气互锁？

（3）在三相异步电动机电气互锁正反转控制电路中，当由正转到反转时，为什么要先按下停止按钮？

7）实训报告及测评

三相异步电动机接触器互锁正反转控制电路的安装与调试实训报告及测评分别如表 2-3-5 和表 2-3-6 所示。

表 2-3-5　三相异步电动机接触器互锁正反转控制电路的安装与调试实训报告

姓名		班级		组别		日期	
工位号		同组人员				实训起止时间	
执行"6S"管理过程记录							
使用电工工具及仪表过程记录							
选择与检测元器件过程记录							
元器件的安装、接线与调试过程记录							
测试及故障检修过程记录							
本次实训思考及总结							

表 2-3-6　三相异步电动机接触器互锁正反转控制电路的安装与调试实训测评

序号	评价内容	评价要求	配分	自我评价（20%）	小组评价（30%）	教师评价（50%）	得分
1	执行"6S"管理	"6S"管理执行规范，安全作业，操作规范，团队合作默契	10分				
2	使用工具及仪表	正确使用工具及仪表，无损坏	5分				
3	选择与检测元器件	选择与检测元器件正确，记录表填写完整规范；实训元器件配置清单记录表填写完整规范	10分				

序号	评价内容	评价要求	配分	自我评价（20%）	小组评价（30%）	教师评价（50%）	得分
4	安装、接线与调试	参考安装与调试评分表中的评分标准	40 分				
5	测试与故障检修	不通电和通电测试操作规范，记录表填写完整；故障排除方法正确，过程迅速	20 分				
6	巩固与练习	按时完成作业，答案正确	5 分				
7	实训报告	实训报告按时完成，质量好	10 分				
	总分		100 分				

任务 2.4　三相异步电动机双重互锁正反转控制电路的安装与调试

※**知识目标：**

（1）熟知互锁的作用与实现方法。

（2）识读三相异步电动机双重互锁正反转控制电路的电气原理图。

（3）正确理解三相异步电动机双重互锁正反转控制电路的工作原理。

※**技能目标：**

（1）按工艺要求完成三相异步电动机双重互锁正反转控制电路的安装与调试。

（2）能进行三相异步电动机双重互锁正反转控制电路的检查和故障排除。

※**知识平台：**

接触器互锁正反转控制电路的优点是安全可靠，缺点是操作不方便。当电动机从正转变为反转时，必须先按下停止按钮，然后才能按反转启动按钮，否则会由于接触器的互锁作用不能实现反转。为克服接触器互锁正反转控制电路的缺点，可采用按钮、接触器双重互锁的正反转控制电路。该电路兼有两种互锁电路的优点。

1．三相异步电动机双重互锁正反转控制电路的组成

三相异步电动机双重互锁正反转控制电路的电气原理图如图 2-4-1 所示。电路中采用了两个交流接触器，即正转用的交流接触器 KM1 和反转用的交流接触器 KM2，它们分别由正转启动按钮 SB1 和反转启动按钮 SB2 控制。SB3 是停止按钮。从主电路中可以看出，两个交流接触器的主触点所接通的电源相序不同，KM1 按 L1-L2-L3 相序接线，KM2 按 L3-L2-L1 相序接线。相应地，有两条控制电路，一条是由 SB1 和 KM1 的线圈等组成的正转控制电路；

另一条是由 SB2 和 KM2 的线圈等组成的反转控制电路。

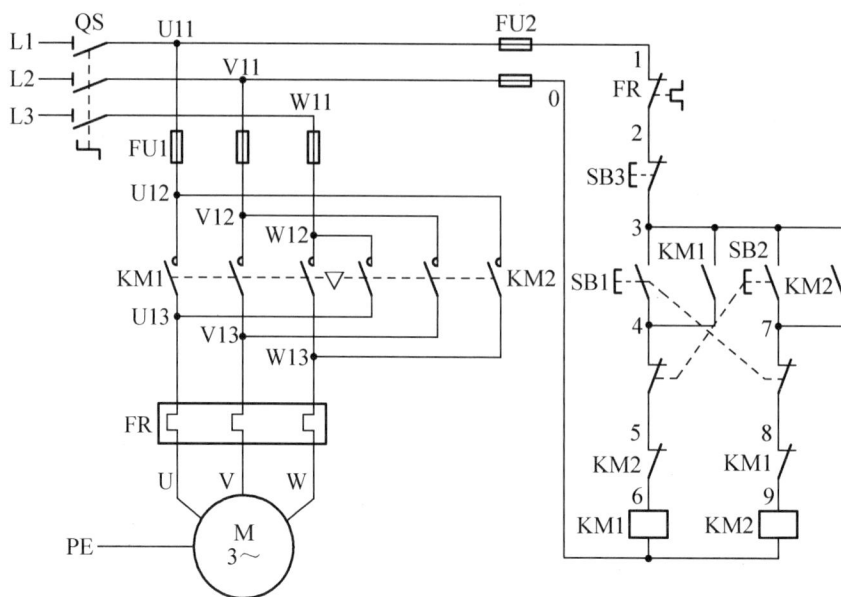

图 2-4-1　三相异步电动机双重互锁正反转控制电路的电气原理图

2. 三相异步电动机双重互锁正反转控制电路的工作原理

为避免电源短路并能迅速切换电路，本电路中的交流接触器 KM1 和 KM2 不能同时得电闭合，因此按钮采用复合式结构，以保证在动作时先断开对方线圈的通路，再接通本线圈的通路。出于同样的安全考虑，把交流接触器 KM1 和 KM2 的常闭触点串入对方线圈的通路中，实现双重互锁，提高电路安全的可靠性。

在实际工作中，通常要求实现电动机正反转操作的直接切换，并且要求电动机在正向运转时操作正向启动按钮，若此时要求电动机反向运转，则直接操作反向启动按钮，无须先按下停止按钮。因此在控制电路中引入按钮互锁的环节。电路要求交流接触器 KM1 和 KM2 的线圈不能同时通电，否则它们的主触点同时闭合将造成 L1、L3 两相电源短路，为此将正、反转启动按钮的常闭触点串接在反、正转交流接触器的线圈中，以起互锁作用，这种互锁称为按钮互锁，又称机械互锁；同时在 KM1 和 KM2 线圈的各自支路中相互串接对方的一对常闭辅助触点，以保证 KM1 和 KM2 的线圈不会同时通电。KM1 和 KM2 的两对常闭辅助触点在电路中所起的互锁作用称为电气互锁，又称电气联锁。既有电气互锁又有机械互锁的互锁作用称为双重互锁。

首先合上电源开关 QS，然后对电路进行控制。三相异步电动机双重互锁正反转控制电路的工作原理如下。

1）正转控制

按下SB1 ┬──→ SB1常闭触点先断开，对KM2互锁（切断反转控制电路）

　　　　 └──→ SB1常开触点后闭合 ──→ KM1线圈得电 ──→

┬──→ KM1自锁触点闭合自锁 ─┐

├──→ KM1主触点闭合 ────────┼──→ 电动机M启动连续正转

└──→ KM1联锁触点断开，对KM2联锁

2）反转控制

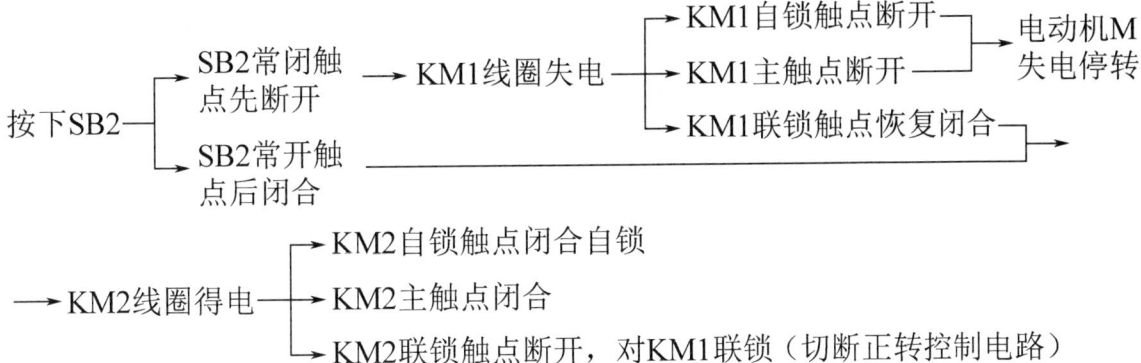

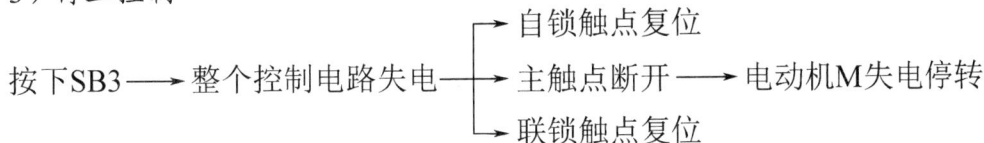

3）停止控制

按下SB3 → 整个控制电路失电 →　自锁触点复位
　　　　　　　　　　　　　　　　　主触点断开 → 电动机M失电停转
　　　　　　　　　　　　　　　　　联锁触点复位

※任务实施：

1．实训任务

三相异步电动机双重互锁正反转控制电路的安装与调试。

2．实训要求

（1）按要求着装，带好常用工具及仪表进入实训室。按照接线图纸的要求，进行元器件的安装、接线与调试。

（2）在实训中执行"6S"管理（整理、整顿、清扫、清洁、安全、素养）。

① 整洁的现场，不良品为零。

② 努力降低成本，减少消耗，浪费为零。

③ 工作顺畅，及时完成工作任务。

④ 无泄漏、无危害、安全、整齐，事故为零。

⑤ 提升职业素养，培养工匠精神。

3．实训器材准备

（1）常用工具：钢丝钳、螺丝刀、镊子、剥线钳、尖嘴钳、验电笔等。

（2）常用仪表：兆欧表、万用表。

（3）器材：低压断路器 1 个、熔断器 5 个、交流接触器 2 个、热继电器 1 个、三联按钮 1 个、接线端子 1 个、三相异步电动机 1 台、配电板 1 块和若干导线。

4．实训实施步骤

1）识一识　识读电气原理图

根据图 2-4-1 明确电路中所用的元器件及其作用，熟悉控制电路的工作原理；理解电气互锁和按钮互锁的原理、实现方法和作用。

2）认一认　选择与检测元器件

根据图 2-4-1 选择实训所需的元器件。在不通电的情况下，用万用表或目视检测各元器件触点的通断情况是否良好；检测空气开关是否正常；检测熔断器的熔体是否完好；检测按钮中的螺钉是否完好，螺纹是否失效；检测接触器的触点是否接触良好，线圈额定电压与电源是否相符；检测热继电器是否完好。将检测结果填入实训元器件配置清单表（见表2-4-1）。

表2-4-1　实训元器件配置清单表

代号	名称	型号	数量	功能	检测结果是否正常
QS					
FU1					
FU2					
KM1					
KM2					
FR					
SB1					
SB2					
SB3					

3）做一做　安装、接线与调试

（1）绘制元器件布置图并安装元器件。

根据图2-4-1绘制三相异步电动机双重互锁正反转控制电路的元器件布置图。三相异步电动机双重互锁正反转控制电路的元器件布置参考图如图2-4-2所示。

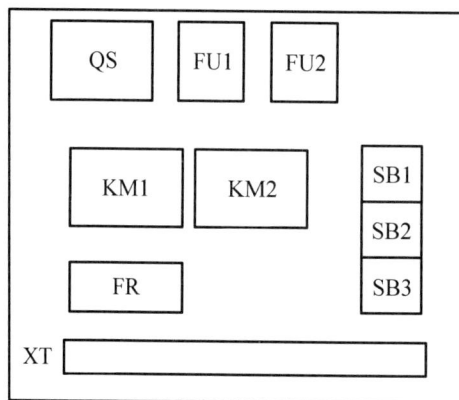

图2-4-2　三相异步电动机双重互锁正反转控制电路的元器件布置参考图

在控制板上进行元器件的布置与安装。各元器件的安装位置应整齐、匀称、间距合理，便于元器件的更换。在紧固各元器件时用力要均匀。在紧固熔断器、交流接触器、热继电器等易碎元器件时，应用手按住元器件，一边轻轻摇动，一边用旋具旋紧对角线上的螺钉，感觉摇不动后再适度旋紧一些即可。

在安装时，电源开关和熔断器一般放置在上方，发热元件要预留通风散热空间，需要操作的元器件放在面板边缘，端子排一般放置在面板下方。

（2）接线与工艺要求。

控制板上明线布线的工艺要求与任务2.1中布线的工艺要求相同，此处不再重述。

（3）三相异步电动机双重互锁正反转控制电路的接线参考图如图2-4-3所示。

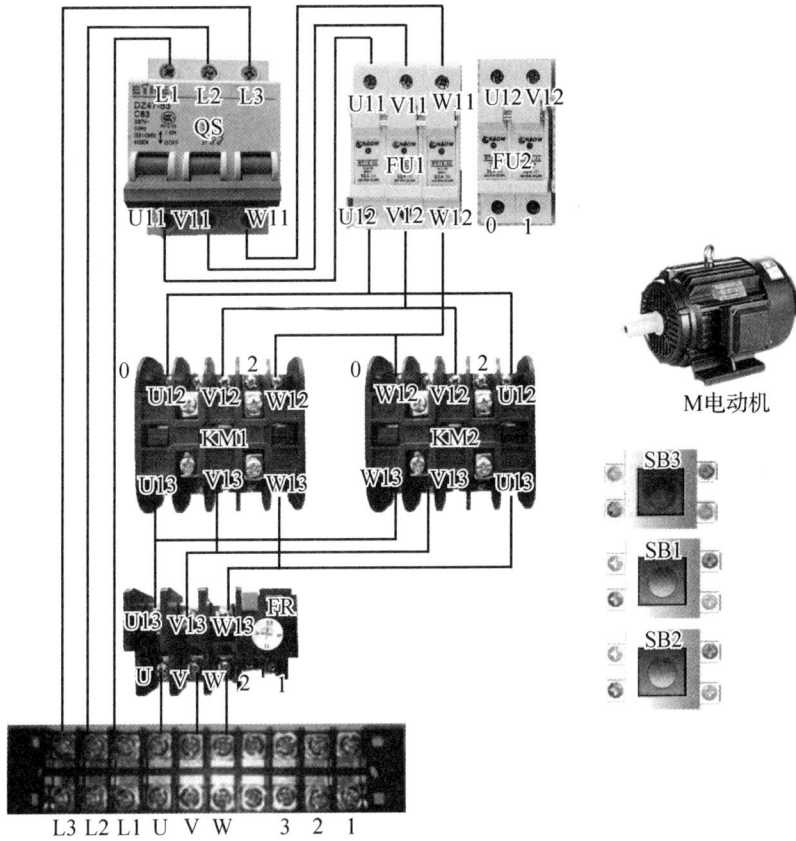

（a）主电路接线参考图

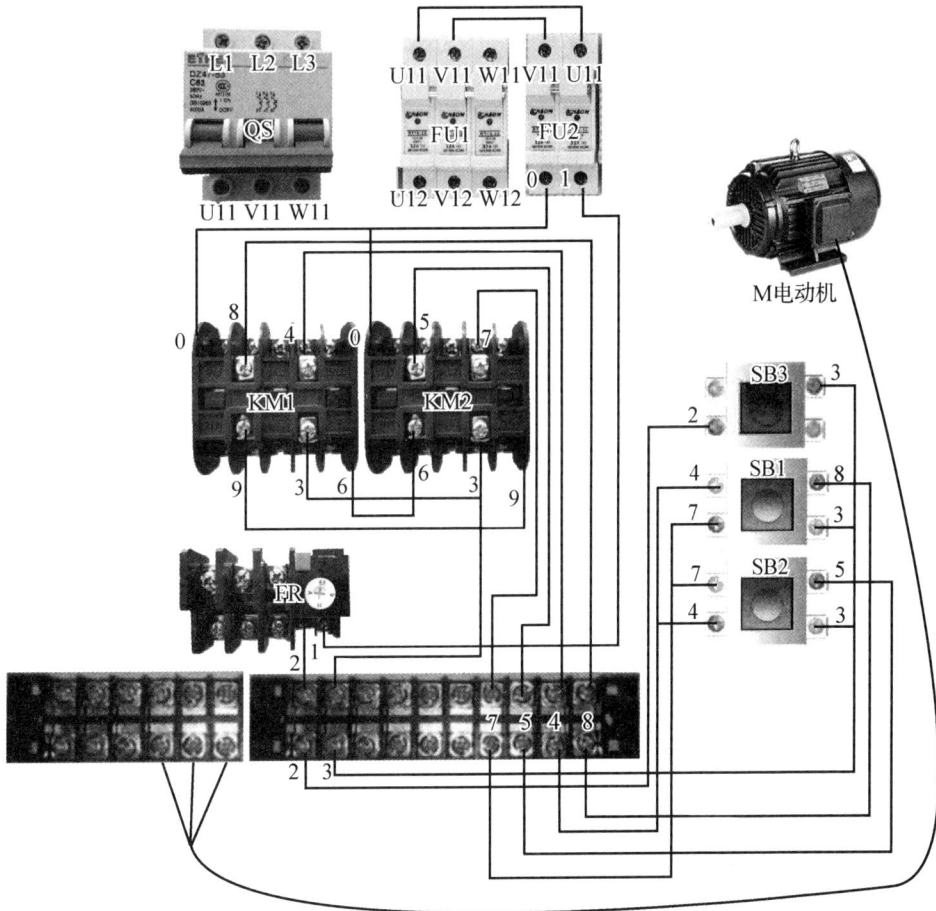

（b）控制电路接线参考图

图 2-4-3 三相异步电动机双重互锁正反转控制电路的接线参考图

4）查一查　不通电测试、通电测试及故障排除

（1）不通电测试。

① 核对接线。对照图 2-4-1 和图 2-4-3，从电源端开始，逐段核对接线及接线端子处是否正确，有无漏接、错接之处。检查导线接点是否符合要求（裸露是否超过 2mm），压接是否牢固。

② 检查端子接线是否符合要求。用手摇动、拉拨接线端子上的导线，不松脱。

③ 用万用表检查电路的通断。在检查时，应选择挡位适当的电阻挡，以免发生短路故障。

在检查控制电路时，将万用表的红、黑两表笔分别搭在 FU2 的出线端（0 和 1），此时万用表的读数应为"∞"。当按下正转启动按钮 SB1 时，读数应为 KM1 线圈的电阻值，大约为几千欧；当按下反转启动按钮 SB2 时，读数应为 KM2 线圈的电阻值；当压下 KM1 或 KM2 的触点时，读数应为 KM1 或 KM2 线圈的电阻值。

在检查主电路时，可以用手分别压下 KM1 和 KM2 的触点来代替交流接触器得电吸合时的情况，依次测量从电源端（L1、L2、L3）到电动机出线端子（U、V、W）上的每一相电路的电阻值，检查是否存在开路现象。正常情况下万用表的电阻值读数为"0"，若电阻值的读数为"∞"，则表示电路发生开路现象，此时应查找原因，排除故障。

同样地，用手分别压下 KM1 和 KM2 的触点，依次测量电源端 L1-L2、L2-L3、L3-L1 之间的电阻值，检查是否存在短路现象。正常情况下万用表的电阻值读数为"∞"，若电阻值的读数为"0"，则表示电路发生短路现象，此时应查找原因，排除故障。

④ 不通电测试记录。表 2-4-2 所示为三相异步电动机双重联锁正反转控制电路不通电测试记录表。根据表 2-4-2 中的操作步骤分别测量主电路和控制电路的电阻值，并将测量结果填入表 2-4-2。

表 2-4-2　三相异步电动机双重联锁正反转控制电路不通电测试记录表

操作步骤	主电路电阻值/Ω					
	L1-U	L2-V	L3-W	L1-L2	L2-L3	L3-L1
合上 QS，不压下 KM1 的触点						
合上 QS，不压下 KM2 的触点						
合上 QS，压下 KM1 的触点						
合上 QS，压下 KM2 的触点						

操作步骤	控制电路电阻值（U2-V2）/Ω
未按下 SB1、SB2 及 未压下 KM1 和 KM2 的触点	
按下 SB1	
按下 SB2	
压下 KM1 的触点	
压下 KM2 的触点	

（2）通电测试。

引入三相电源，接入电动机，操作相应按钮，合上电源开关 QS，观察交流接触器的动作情况。

正转运行：按下正转启动按钮 SB1，KM1 的线圈通电，衔铁吸合，KM1 的主触点闭合，电动机接通电源直接启动运转；当松开 SB1 时，KM1 的线圈仍可通过 KM1 的辅助常开自锁触点继续通电，从而保持电动机正转的连续运行；按下停止按钮 SB3，KM1 的线圈失电，衔铁释放，KM1 的主触点断开，电动机停止正转。

反转运行：在上述操作的基础上，按下反转启动按钮 SB2，KM2 的线圈通电，衔铁吸合，KM2 的主触点闭合，电动机接通电源直接启动运转；当松开 SB2 时，KM2 的线圈仍可通过 KM2 的辅助常开自锁触点继续通电，从而保持电动机反转的连续运行；按下停止按钮 SB3，KM2 的线圈失电，衔铁释放，KM2 的主触点断开，电动机停止反转。

电动机可以由正转直接过渡到反转，不需要经过停止环节。将通电测试结果填入三相异步电动机双重联锁正反转控制电路通电测试记录表（见表 2-4-3）。

表 2-4-3   三相异步电动机双重联锁正反转控制电路通电测试记录表

操作步骤	合上 QS	按下 SB1	松开 SB1	按下 SB3	按下 SB2	松开 SB2	按下 SB3
电动机的运转情况							
交流接触器 KM1 的吸合情况							
交流接触器 KM2 的吸合情况							

（3）故障排除。

在操作过程中，若出现不正常现象，则应立即断开电源，分析故障原因，仔细检查电路，在实训教师认可的情况下才能再次通电试车运行。

5）评一评   安装、接线与调试评分标准

三相异步电动双重联锁正反转控制电路的安装与调试评分表如表 2-4-4 所示。

表 2-4-4   三相异步电动机接双重联锁正反转控制电路的安装与调试评分表

项目内容	考核要求	评分标准	配分	扣分	得分
装前检查	正确选择元器件；对元器件的质量进行检验	（1）元器件漏选或错选，每处扣 2 分； （2）未对元器件的质量进行检验，每个扣 1 分	10 分		
安装元器件	按图纸的要求，正确利用工具，熟练地安装元器件；元器件安装要准确、紧固；按钮盒不固定在板上	（1）元器件安装不牢固、漏装，每个扣 2 分； （2）损坏元器件，每个扣 5 分； （3）元器件布置不均匀、不整齐、不合理，每个扣 2 分	15 分		
布线	布线合理规范，横平、竖直，紧贴敷设面，连接紧固，不交叉、不反圈、不压绝缘层、不露铜过长、无毛刺。电源和电动机配线、按钮接线要接到端子排上，进出线有标号；电动机外壳要接接地线	（1）不按电路图接线，扣 10 分； （2）布线不横平、竖直，转角不呈 90°，有交叉，每处扣 2 分； （3）接点不符合要求（有松动、接头裸露过长、反圈、压绝缘层、标记线号不清楚，有遗漏或误标），每处扣 2 分； （4）损伤导线绝缘或线芯，每处扣 2 分； （5）漏接接地线，扣 3 分	30 分		
通电试车	通电试车成功，且各项功能完好	（1）热继电器的整定值未整定或整定错，扣 5 分； （2）配错熔体，主电路和控制电路各扣 2 分； （3）第一次试车不成功，扣 10 分； （4）第二次试车不成功，扣 20 分	30 分		

续表

项目内容	考核要求	评分标准	配分	扣分	得分
操作规范与职业素养	执行"6S"管理：整理、整顿、清扫、安全、清洁、素养，安全文明生产	（1）没有穿戴防护用品，扣5分； （2）在作业过程中，工具、仪表、耗材摆放不规范，每处扣2分； （3）完成任务后不清理工位，每处扣2分； （4）未按安全要求使用工具，每次扣2分； （5）在进行带电或停电检修时，不按安全操作规范进行操作，每次扣2分； （6）在作业过程中，损坏元器件或工具仪表，总成绩扣10分； （7）发生严重违规操作或短路现象，总成绩记0分	15分		
开始时间		结束时间		成绩	
评分人：		核分人：			

6）想一想　巩固与练习

（1）在实训过程中出现了什么问题，你是怎样解决的？

（2）什么是互锁控制？在电动机正反转控制电路中为什么必须有电气互锁？设置按钮互锁的目的是什么？

7）实训报告及测评

三相异步电动机双重联锁正反转控制电路的安装与调试实训报告及测评分别如表 2-4-5 和表 2-4-6 所示。

表 2-4-5　三相异步电动机双重联锁正反转控制电路的安装与调试实训报告

姓名		班级		组别		日期	
工位号		同组人员				实训起止时间	
执行"6S"管理过程记录							
使用电工工具及仪表过程记录							
选择与检测元器件过程记录							
元器件的安装、接线与调试过程记录							
测试及故障检修过程记录							
本次实训思考及总结							

表 2-4-6　三相异步电动机双重联锁正反转控制电路的安装与调试实训测评

序号	评价内容	评价要求	配分	自我评价（20%）	小组评价（30%）	教师评价（50%）	得分
1	执行"6S"管理	"6S"管理执行规范，安全作业，操作规范，团队合作默契	10 分				
2	使用工具及仪表	正确使用工具及仪表，无损坏	5 分				
3	选择与检测元器件	选择与检测元器件正确，记录表填写完整规范；实训元器件配置清单记录表填写完整规范	10 分				
4	安装、接线与调试	参考安装与调试评分表中的评分标准	40 分				
5	测试与故障检修	不通电和通电测试操作规范，记录表填写完整；故障排除方法正确，过程迅速	20 分				
6	巩固与练习	按时完成作业，答案正确	5 分				
7	实训报告	实训报告按时完成，质量好	10 分				
	总分		100 分				

任务 2.5　三相异步电动机自动往返控制电路的安装与调试

※知识目标：

（1）熟知行程开关的作用与自动往返的实现方法。
（2）识读三相异步电动机自动往返控制电路的电气原理图。
（3）正确理解三相异步电动机自动往返控制电路的工作原理。

微课

※技能目标：

（1）按工艺要求完成三相异步电动机自动往返控制电路的安装与调试。
（2）能进行三相异步电动机自动往返控制电路的检查和故障排除。

※知识平台：

利用电气设备运动部件上的挡铁与行程开关进行碰撞，使行程开关的触点动作，从而接通或断开电路，以实现对电气设备运动部件的位置或行程的自动控制的过程称为位置控制，又称行程控制或限位控制。实现这种控制所依靠的主要电器是行程开关或接近开关。

在生产实际中，如刨床工作台要求在一定行程内自动往返循环运动，以便实现对工件的连续加工，提高生产效率。这就需要电气控制电路能对电动机实现自动换接正反转控制。而这种利用机械运动触碰行程开关来实现电动机自动换接正反转控制的电路，就是电动机自动循环控制电路。

1. 三相异步电动机自动往返控制电路的组成

三相异步电动机自动往返控制电路的电气原理图如图 2-5-1 所示。电动机的自动往返控制电路由两个交流接触器 KM1、KM2 进行电动机换相，从而实现电动机的正转和反转；在控制电路中设置了四个行程开关 SQ1、SQ2、SQ3 和 SQ4，并把它们安装在工作台需限位的地方。其中，SQ1、SQ2 被用来自动换接电动机正反转控制电路，实现工作台的自动往返行程控制；SQ3 和 SQ4 被用作终端保护，以防止 SQ1、SQ2 失灵，使工作台越过限定位置而造成事故。

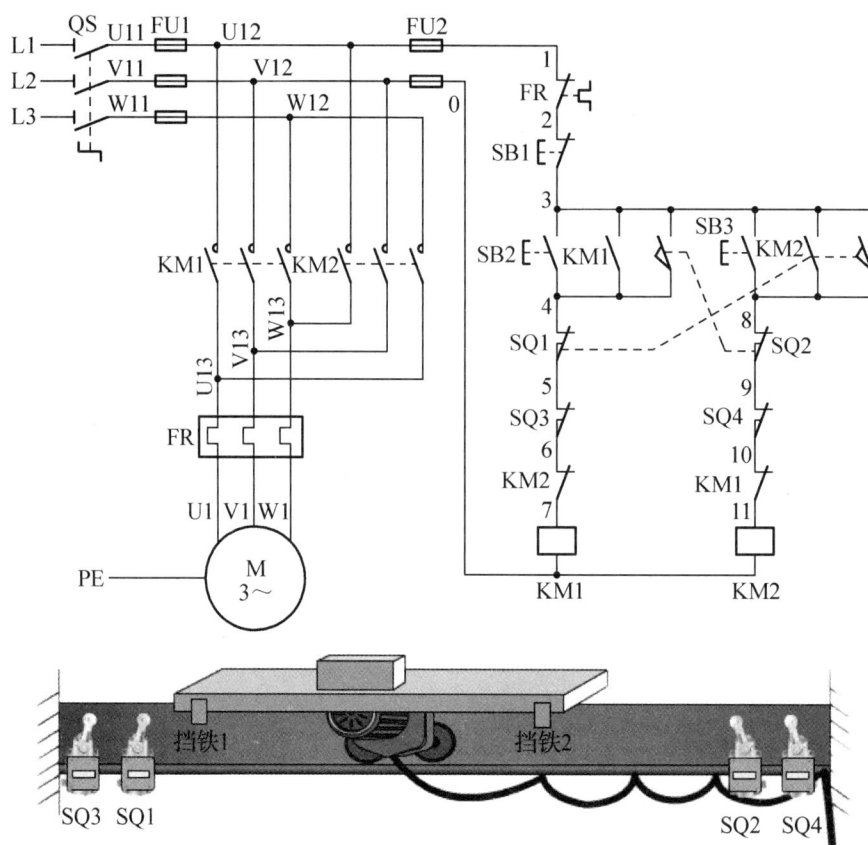

图 2-5-1 三相异步电动机自动往返控制电路的电气原理图

2. 三相异步电动机自动往返控制电路的工作原理

首先合上电源开关 QS，然后进行电路控制。三相异步电动机自动往返控制电路的工作原理如下。

1）自动往返运动

按下 SB2 ⟶ KM1 线圈得电 ⟶ KM1 自锁触点闭合自锁 ⟶
⟶ KM1 主触点闭合 ⟶
⟶ KM1 联锁触点断开，对 KM2 联锁

⟶ 电动机 M 正转 ⟶ 工作台左移 ⟶ 当移至限定位置时挡铁 1 撞击 SQ1 ⟶

SQ1常闭触点先断开 → KM1线圈失电 →
- → KM1自锁触点断开，解除自锁
- → KM1主触点断开 → 电动机M停止正转，工作台停止左移
- → KM1联锁触点恢复闭合

SQ1常开触点后闭合 →

→ KM2线圈得电 →
- → KM2自锁触点闭合自锁
- → KM2主触点闭合 → 电动机M反转 →
- → KM2联锁触点断开，对KM1联锁

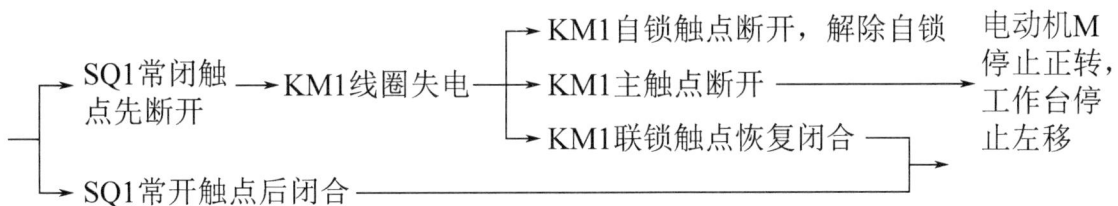

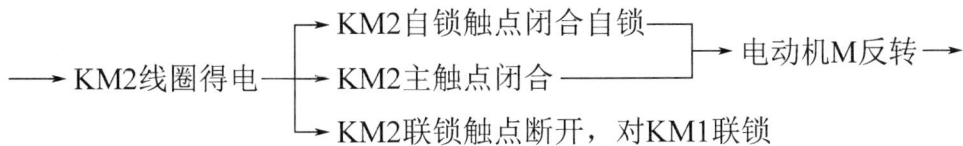

→ 工作台右移 → SQ1触点复位 → 当工作台移至限定位置时挡铁2撞击SQ2 →

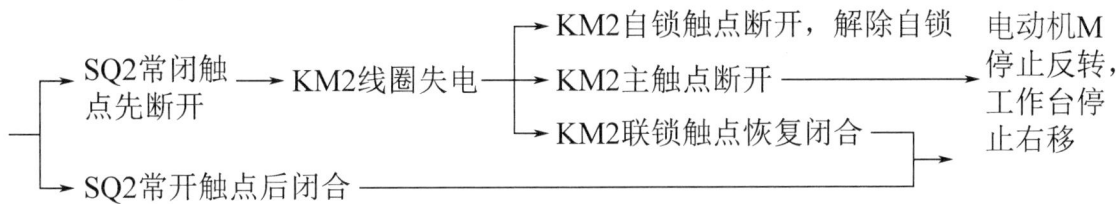

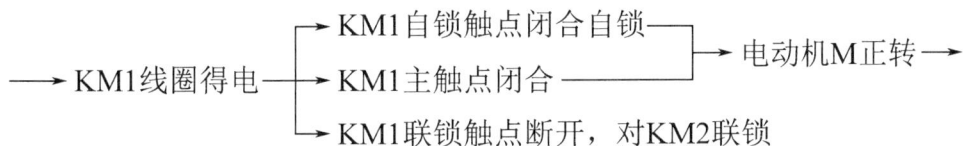

SQ2常闭触点先断开 → KM2线圈失电 →
- → KM2自锁触点断开，解除自锁
- → KM2主触点断开 → 电动机M停止反转，工作台停止右移
- → KM2联锁触点恢复闭合

SQ2常开触点后闭合 →

→ KM1线圈得电 →
- → KM1自锁触点闭合自锁
- → KM1主触点闭合 → 电动机M正转 →
- → KM1联锁触点断开，对KM2联锁

→ 工作台又左移 → SQ2触点复位 → 以后重复上述过程，工作台在限定行程内自动往返运动

2）停止

按下 SB1，整个控制电路失电，KM1 或 KM2 的主触点断开，电动机 M 失电停转。

※任务实施：

1．实训任务

三相异步电动机自动往返控制电路的安装与调试。

2．实训要求

（1）按要求着装，带好常用工具及仪表进入实训室。按照接线图纸的要求，进行元器件的安装、接线与调试。

（2）在实训中执行"6S"管理（整理、整顿、清扫、清洁、安全、素养）。

① 整洁的现场，不良品为零。

② 努力降低成本，减少消耗，浪费为零。

③ 工作顺畅，及时完成工作任务。

④ 无泄漏、无危害、安全、整齐，事故为零。

⑤ 提升职业素养，培养工匠精神。

3．实训器材准备

（1）常用工具：钢丝钳、螺丝刀、镊子、剥线钳、尖嘴钳、验电笔等。

（2）常用仪表：兆欧表、万用表。

（3）器材：低压断路器 1 个、熔断器 5 个、交流接触器 2 个、热继电器 1 个、三联按钮 1 个、行程开关 4 个、接线端子 1 个、三相异步电动机 1 台、配电板 1 块和若干导线。

4．实训实施步骤

1）识一识　识读电气原理图

根据图 2-5-1 明确电路中所用的元器件及其作用，熟悉控制电路的工作原理；理解行程开关的动作原理、实现方法和作用。

2）认一认　选择与检测元器件

根据图 2-5-1 选择实训所需的元器件。在不通电的情况下，用万用表或目视检测各元器件触点的通断情况是否良好；检测空气开关是否正常；检测熔断器的熔体是否完好；检测按钮中的螺钉是否完好，螺纹是否失效；检测行程开关是否正常；检测接触器的触点是否接触良好，线圈额定电压与电源是否相符；检测热继电器是否完好。将检测结果填写在实训元器件配置清单表（见表 2-5-1）中。

表 2-5-1　实训元器件配置清单表

代号	名称	型号	数量	功能	检测结果是否正常
QS					
FU1					
FU2					
KM1					
KM2					
FR					
SB1					
SB2					
SB3					
SQ1					
SQ2					
SQ3					
SQ4					

3）做一做　安装、接线与调试

（1）绘制元器件布置图并安装元器件。

根据图 2-5-1 绘制三相异步电动机自动往返控制电路的元器件布置图。三相异步电动机自动往返控制电路的元器件布置参考图如图 2-5-2 所示。

在控制板上进行元器件的布置与安装。各元器件的安装位置应整齐、匀称、间距合理，便于元器件的更换。在紧固各元器件时用力要均匀。在紧固熔断器、交流接触器、热继电器等易碎元器件时，应用手按住元器件，一边轻轻摇动，一边用旋具旋紧对角线上的螺钉，感觉摇不动后再适度旋紧一些即可。

在安装时，电源开关和熔断器一般放置在上方，发热元件要预留通风散热空间，需要操作的元器件放在面板边缘，端子排一般放置在面板下方。

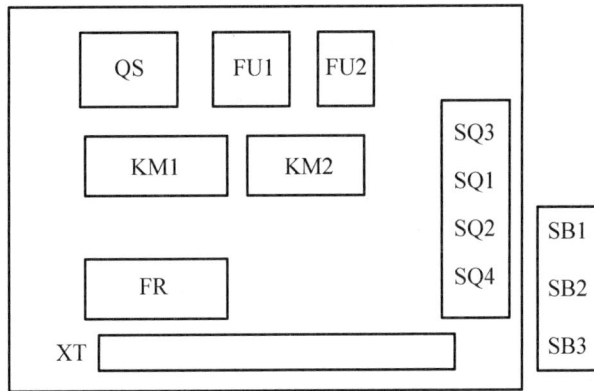

图 2-5-2　三相异步电动机自动往返控制电路的元器件布置参考图

（2）接线与工艺要求。

控制板上明线布线的工艺要求与任务 2.1 中布线的工艺要求相同，此处不再重述。

（3）三相异步电动机自动往返控制电路的接线参考图如图 2-5-3 所示。

4）查一查　不通电测试、通电测试及故障排除

（1）不通电测试。

① 核对接线。对照图 2-5-1 和图 2-5-3，从电源端开始，逐段核对接线及接线端子处是否正确，有无漏接、错接之处。检查导线接点是否符合要求（裸露是否超过 2mm），压接是否牢固。

② 检查端子接线是否符合要求。用手摇动、拉拨接线端子上的导线，不松脱。

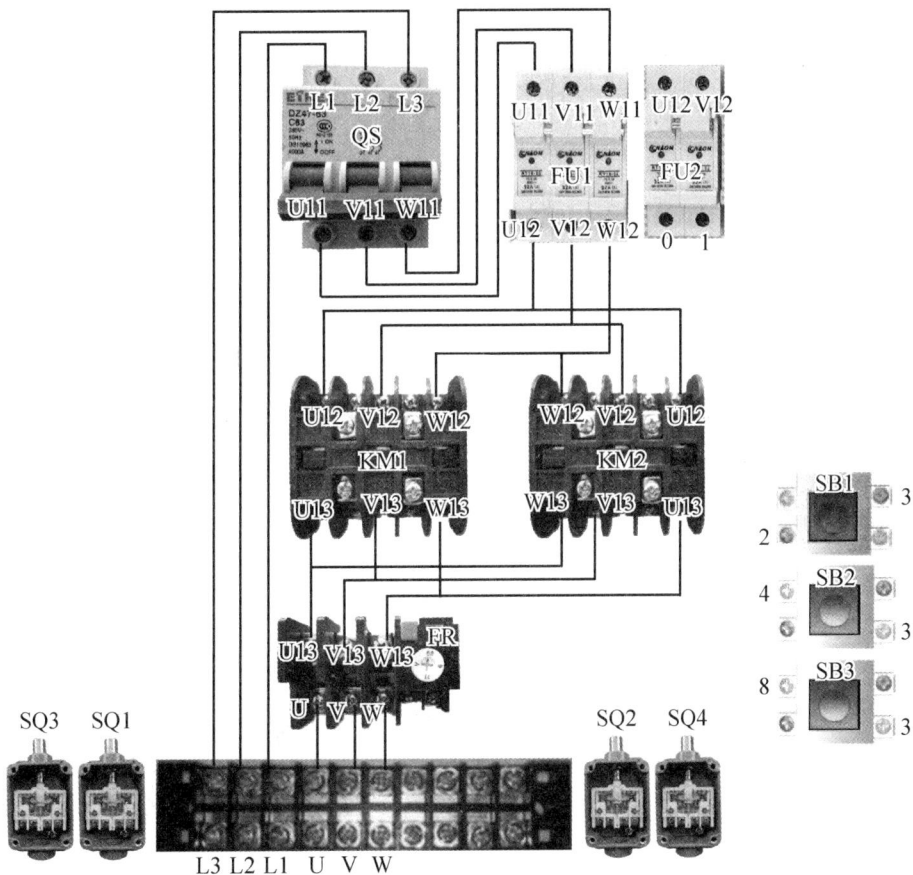

（a）主电路接线参考图

图 2-5-3　三相异步电动机自动往返控制电路的接线参考图

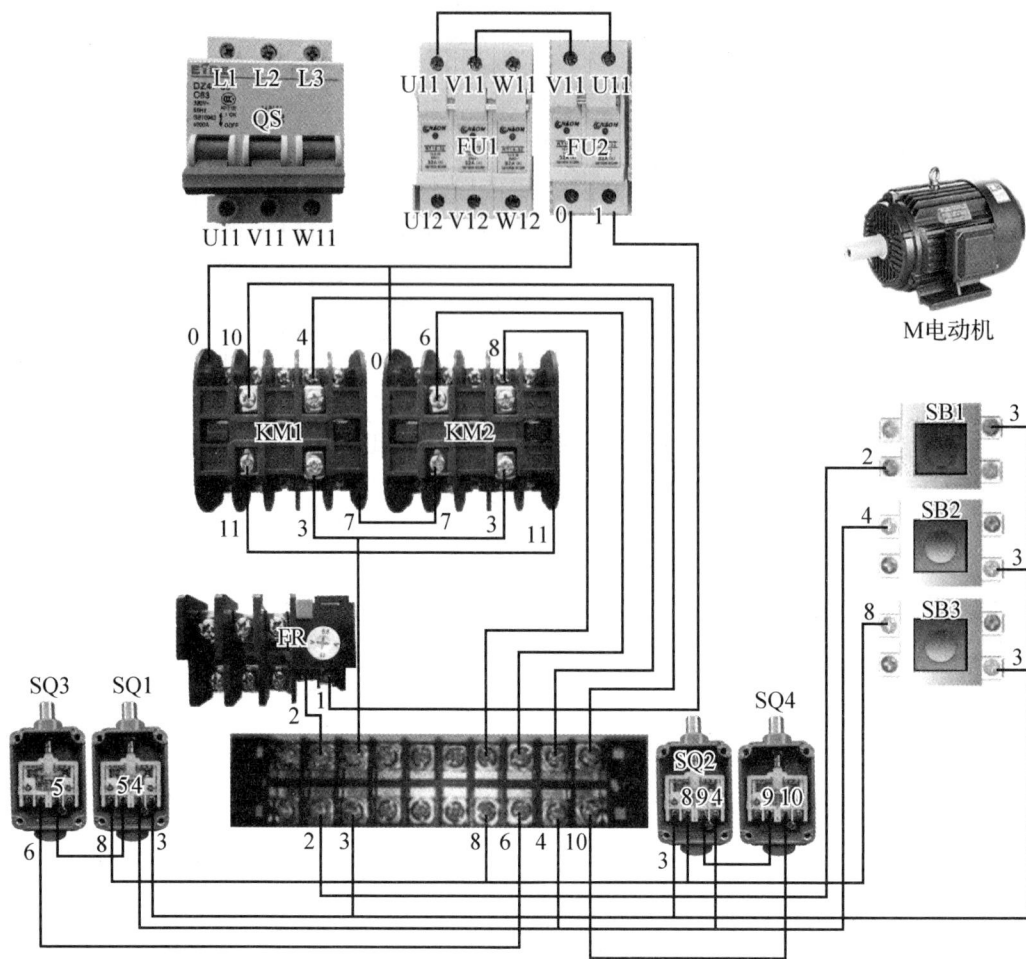

（b）控制电路接线参考图

图 2-5-3　三相异步电动机自动往返控制电路的接线参考图（续）

③ 用万用表检查电路的通断。在检查时，应选择挡位合适的电阻挡，以免发生短路故障。

在检查控制电路时，将万用表的红、黑两表笔分别搭在 FU2 的进线端（U11、V11），此时万用表的读数应为"∞"。当按下启动按钮 SB2 时，读数应为 KM1 线圈的电阻值，大约为几千欧；当按下启动按钮 SB3 时，读数为 KM2 线圈的电阻值，大约为几千欧；当压下 KM1 或 KM2 的触点时，读数应为 KM1 或 KM2 线圈的电阻值，大约为几千欧。

在检查主电路时，可以用手分别压下 KM1 或 KM2 的触点来代替交流接触器得电吸合时的情况，依次测量从电源端（L1、L2、L3）到电动机出线端子（U、V、W）上的每一相电路的电阻值，检查是否存在开路现象。正常情况下万用表的电阻值读数为"0"，若电阻值的读数为"∞"，则表示电路发生开路现象，此时应查找原因，排除故障。

同样地，用手分别压下 KM1 和 KM2 的触点，依次测量电源端 L1-L2、L2-L3、L3-L1 之间的电阻值，检查是否存在短路现象。正常情况下万用表的电阻值读数为"∞"，若电阻值的读数为"0"，则表示电路发生短路现象，此时应查找原因，排除故障。

④ 不通电测试记录。表 2-5-2 所示为三相异步电动机自动往返控制电路不通电测试记录表。根据表 2-5-2 中的操作步骤分别测量主电路和控制电路的电阻值，并将测量结果填入表 2-5-2。

表 2-5-2　三相异步电动机自动往返控制电路不通电测试记录表

操作步骤	主电路电阻值/Ω					
	L1-U	L2-V	L3-W	L1-L2	L2-L3	L3-L1
合上 QS，不压下 KM1 的触点						
合上 QS，不压下 KM2 的触点						
合上 QS，压下 KM1 的触点						
合上 QS，压下 KM2 的触点						

操作步骤	控制电路电阻值（U2-V2）/Ω
未按下 SB2、SB3 及未压下 KM1 和 KM2 的触点	
按下 SB2	
按下 SB3	
按下 SQ1	
按下 SQ2	
压下 KM1 的触点	
压下 KM2 的触点	

（2）通电测试。

引入三相电源，接入电动机，操作相应按钮，合上电源开关 QS，观察交流接触器的动作情况。

将通电测试结果填入三相异步电动机自动往返控制电路通电测试记录表（见表 2-5-3）。

表 2-5-3　三相异步电动机自动往返控制电路通电测试记录表

操作步骤	合上 QS	按下 SB2	松开 SB2	按下 SB3	松开 SB3	按下 SQ1	松开 SQ1	按下 SQ2	松开 SQ2	按下 SB1	松开 SB1
电动机的运转情况											
交流接触器 KM1 的吸合情况											
交流接触器 KM2 的吸合情况											

（3）故障排除。

在操作过程中，若出现不正常现象，则应立即断开电源，分析故障原因，仔细检查电路，在实训教师认可的情况下才能再次通电试车运行。

5）评一评　安装、接线与调试评分标准

三相异步电动机自动往返控制电路的安装与调试评分表如表 2-5-4 所示。

表 2-5-4　三相异步电动机自动往返控制电路的安装与调试评分表

项目内容	考核要求	评分标准	配分	扣分	得分
装前检查	正确选择元器件；对元器件的质量进行检验	（1）元器件漏选或错选，每处扣 2 分； （2）未对元器件的质量进行检验，每个扣 1 分	10 分		

续表

项目内容	考核要求	评分标准	配分	扣分	得分
安装元器件	按图纸的要求，正确利用工具，熟练地安装元器件；元器件安装要准确、紧固；按钮盒不固定在板上	（1）元器件安装不牢固、漏装，每个扣2分； （2）损坏元器件，每个扣5分； （3）元器件布置不均匀、不整齐、不合理，每个扣2分	15分		
布线	布线合理规范，横平、竖直，紧贴敷设面，连接紧固，不交叉、不反圈、不压绝缘层、不露铜过长、无毛刺。电源和电动机配线、按钮接线要接到端子排上，进出线要有标号；电动机外壳要接接地线	（1）不按电路图接线，扣10分； （2）布线不横平、竖直，转角不呈90°，有交叉，每处扣2分； （3）接点不符合要求（有松动、接头裸露过长、反圈、压绝缘层、标记线号不清楚，有遗漏或误标），每处扣2分； （4）损伤导线绝缘或线芯，每处扣2分； （5）漏接接地线，扣3分	30分		
通电试车	通电试车成功，且各项功能完好	（1）热继电器的整定值未整定或整定错，扣5分； （2）配错熔体，主电路和控制电路各扣2分； （3）第一次试车不成功，扣10分； （4）第二次试车不成功，扣20分	30分		
操作规范与职业素养	执行"6S"管理：整理、整顿、清扫、安全、清洁、素养，安全文明生产	（1）没有穿戴防护用品，扣5分； （2）在作业过程中，工具、仪表、耗材摆放不规范，每处扣2分； （3）完成任务后不清理工位，每处扣2分； （4）未按安全要求使用工具，每次扣2分； （5）在进行带电或停电检修时，不按安全操作规范进行操作，每次扣2分； （6）在作业过程中，损坏元器件或工具仪表，总成绩扣10分； （7）发生严重违规操作或短路现象，总成绩记0分	15分		
开始时间		结束时间	成绩		
评分人：		核分人：			

6）想一想　巩固与练习

（1）在实训过程中出现了什么问题，你是怎样解决的？

（2）什么是位置控制？自动往返控制电路与正反转双重联锁电路有什么异同？

7）实训报告及测评

三相异步电动机自动往返控制电路的安装与调试实训报告及测评分别如表 2-5-5 和表 2-5-6 所示。

表 2-5-5　三相异步电动机自动往返控制电路的安装与调试实训报告

姓名		班级		组别		日期	
工位号		同组人员				实训起止时间	
执行"6S"管理过程记录							
使用电工工具及仪表过程记录							

续表

选择与检测 元器件过程记录	
元器件的安装、接线 与调试过程记录	
测试及故障检修 过程记录	
本次实训 思考及总结	

表 2-5-6　三相异步电动机自动往返控制电路的安装与调试实训测评

序号	评价内容	评价要求	配分	自我评价 （20%）	小组评价 （30%）	教师评价 （50%）	得分
1	执行"6S"管理	"6S"管理执行规范，安全作业，操作规范，团队合作默契	10 分				
2	使用工具及仪表	正确使用工具及仪表，无损坏	5 分				
3	选择与检测元器件	选择与检测元器件正确，记录表填写完整规范；实训元器件配置清单记录表填写完整规范	10 分				
4	安装、接线与调试	参考安装与调试评分表中的评分标准	40 分				
5	测试与故障检修	不通电和通电测试操作规范，记录表填写完整；故障排除方法正确，过程迅速	20 分				
6	巩固与练习	按时完成作业，答案正确	5 分				
7	实训报告	实训报告按时完成，质量好	10 分				
	总分		100 分				

任务 2.6　三相异步电动机多地控制电路的安装与调试

※知识目标：

（1）熟知多地控制的实现方法。

（2）识读三相异步电动机多地控制电路的电气原理图。

微课

（3）正确理解三相异步电动机多地控制电路的工作原理。

※技能目标：

（1）按工艺要求完成三相异步电动机多地控制电路的安装与调试。

（2）能进行三相异步电动机多地控制电路的检查和故障排除。

※知识平台：

在实际生产中，有些电气设备为了操作控制方便，会对一台电动机两个或两个以上的地点进行控制。如对 X62W 型铣床的主抽电动机 M1 的控制，为了方便操作，采用两地控制方式，一组控制电路安装在工作台上，另一组控制电路安装在床身上。

在两个或两个以上的地点控制一台电动机的控制方式称为电动机的多地控制。下面以一个两地控制的具有过载保护的接触器自锁正转控制电路为例来分析。

1．三相异步电动机两地控制电路的组成

三相异步电动机两地控制电路的电气原理图如图 2-6-1 所示。主电路由断路器、熔断器 FU1、交流接触器 KM 的主触点、热继电器 FR 的热元件和电动机组成。控制电路由热继电器 FR 的常闭触点、停止按钮 SB1 和 SB3、启动按钮 SB2 和 SB4、交流接触器 KM 的常开触点及它的线圈组成。其中，SB1、SB2 分别为甲地控制的停止按钮和启动按钮；SB3、SB4 分别为乙地控制的停止按钮和启动按钮。电路的特点是：两地的启动按钮 SB2 和 SB4 要并联在一起；停止按钮 SB1 和 SB3 要串联在一起。这样可以分别在甲、乙两地启动和停止同一台电动机，达到操作方便的目的。

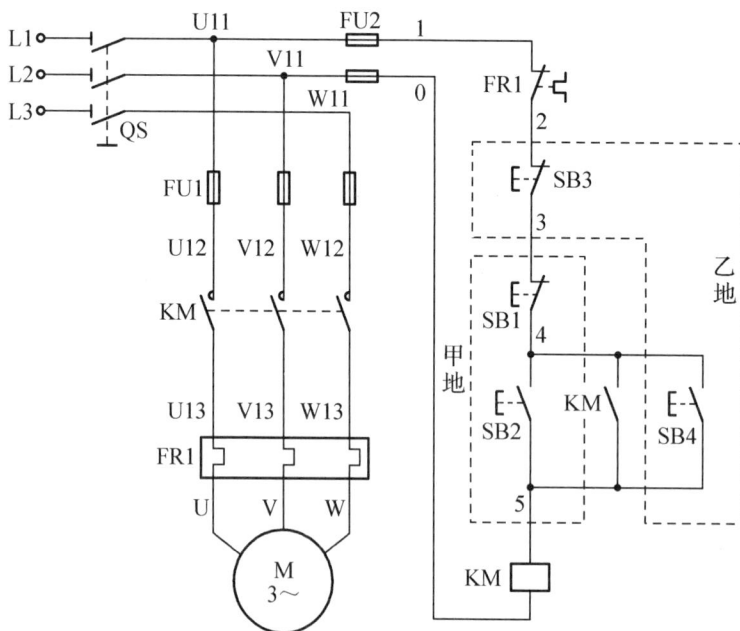

图 2-6-1　三相异步电动机两地控制电路的电气原理图

2．三相异步电动机两地控制电路的工作原理

首先合上电源开关 QS，然后对电路进行控制。三相异步电动机两地控制电路的工作原理如下。

1）甲地控制

启动：按下SB2 → KM线圈得电 → KM主触点闭合 → 电动机M启动连续运行 / KM自锁触点闭合自锁

停止：按下SB1 → KM线圈失电 → KM主触点断开 → 电动机M停止运行 / KM自锁触点解除自锁断开

2）乙地控制

启动：按下SB4 → KM线圈得电 → KM主触点闭合 → 电动机M启动连续运行 / KM自锁触点闭合自锁

停止：按下SB3 → KM线圈失电 → KM主触点断开 → 电动机M停止运行 / KM自锁触点解除自锁断开

※任务实施：

1．实训任务

三相异步电动机两地控制电路的安装与调试。

2．实训要求

（1）按要求着装，带好常用工具及仪表进入实训室。按照接线图纸的要求，进行元器件的安装、接线与调试。

（2）在实训中执行"6S"管理（整理、整顿、清扫、清洁、安全、素养）。

① 整洁的现场，不良品为零。

② 努力降低成本，减少消耗，浪费为零。

③ 工作顺畅，及时完成工作任务。

④ 无泄漏、无危害、安全、整齐，事故为零。

⑤ 提升职业素养，培养工匠精神。

3．实训器材准备

（1）常用工具：钢丝钳、螺丝刀、镊子、剥线钳、尖嘴钳、验电笔等。

（2）常用仪表：兆欧表、万用表。

（3）器材：低压断路器 1 个、熔断器 5 个、交流接触器 1 个、热继电器 1 个、三联按钮 2 个、接线端子 1 个、三相异步电动机 1 台、配电板 1 块和若干导线。

4．实训实施步骤

1）识一识　识读电气原理图

根据图 2-6-1 明确电路中所用的元器件及其作用，熟悉控制电路的工作原理；理解三相异步电动机两地控制电路的接线方式。

2）认一认　选择与检测元器件

根据图 2-6-1 配齐所需的元器件，并进行必要的检测。

在不通电的情况下，用万用表或目视检测各元器件触点的通断情况是否良好；检测空气开关是否正常；检测熔断器的熔体是否完好；检测按钮中的螺钉是否完好，螺纹是否失效；检测接触器的触点是否接触良好，线圈额定电压与电源是否相符；检测热继电器是否完好。将检测结果填写在实训元器件配置清单表（见表 2-6-1）中。

表 2-6-1　实训元器件配置清单表

代号	名称	型号	数量	功能	检测结果是否正常
QS					
FU1					
FU2					
KM					
FR					
SB1					
SB2					
SB3					
SB4					

3）做一做　安装、接线与调试

（1）绘制元器件布置图并安装元器件。

根据图 2-6-1 绘制三相异步电动机两地控制电路的元器件布置图。三相异步电动机两地控制电路的元器件布置参考图如图 2-6-2 所示。

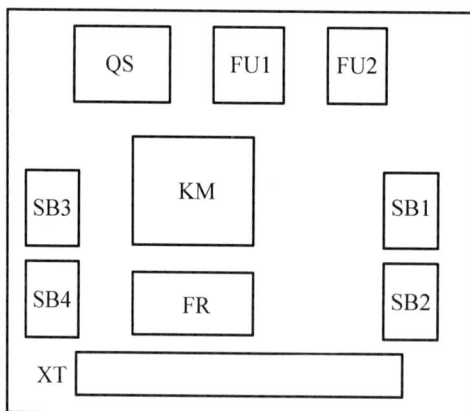

图 2-6-2　三相异步电动机两地控制电路的元器件布置参考图

在控制板上进行元器件的布置与安装。各元器件的安装位置应整齐、匀称、间距合理，便于元器件的更换。在紧固各元器件时用力要均匀。在紧固熔断器、交流接触器、热继电器等易碎元器件时，应用手按住元器件，一边轻轻摇动，一边用旋具旋紧对角线上的螺钉，感觉摇不动后再适度旋紧一些即可。

在安装时，电源开关和熔断器一般放置在上方，发热元件要预留通风散热空间，需要操作的元器件放在面板边缘，端子排一般放置在面板下方。

（2）接线与工艺要求。

控制板上明线布线的工艺要求与任务 2.1 中布线的工艺要求相同，此处不再重述。

（3）三相异步电动机两地控制电路的接线参考图如图 2-6-3 所示。

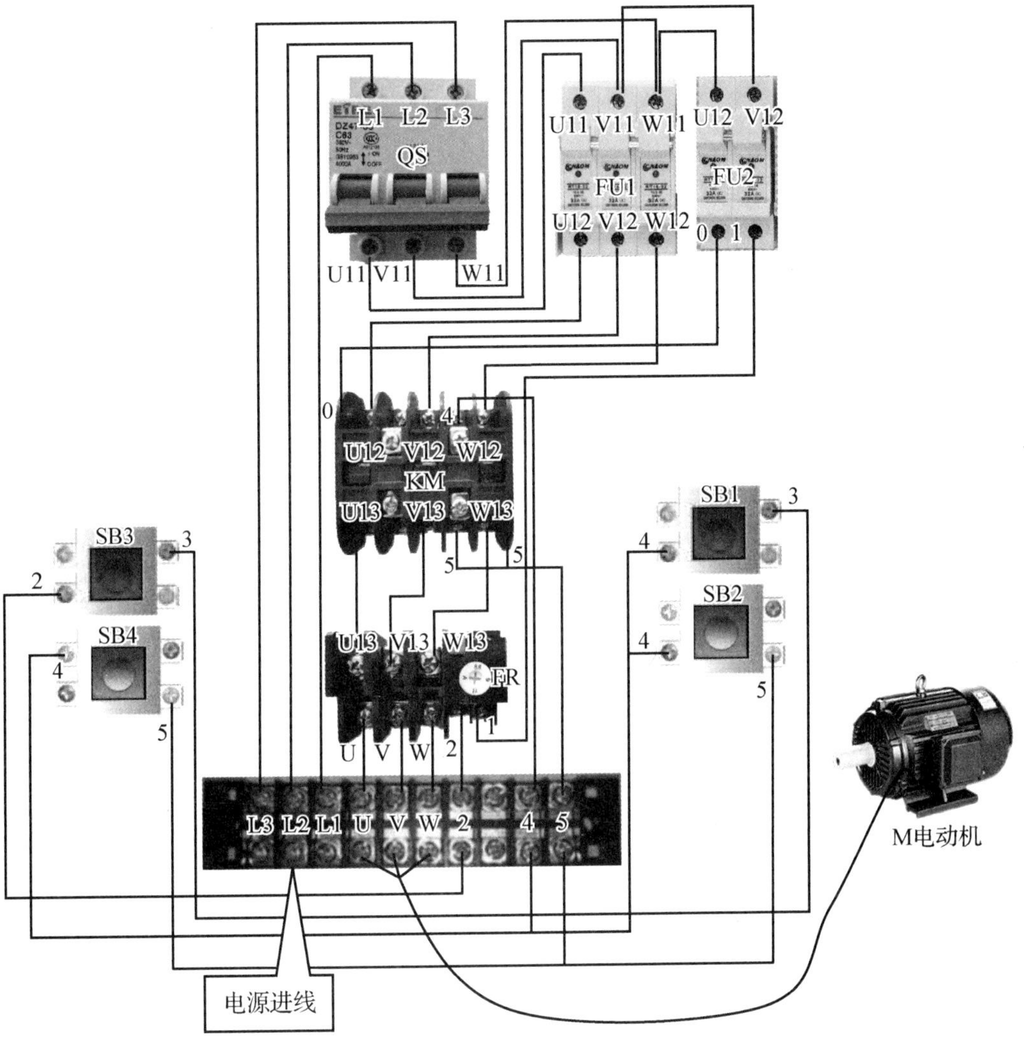

图 2-6-3　三相异步电动机两地控制电路的接线参考图

4）查一查　不通电测试、通电测试及故障排除

（1）不通电测试。

① 核对接线。对照图 2-6-1 和图 2-6-3，从电源端开始，逐段核对接线及接线端子处是否正确，有无漏接、错接之处；检查导线接点是否符合要求（裸露是否超过 2mm），压接是否牢固。

② 检查端子接线是否符合要求。用手摇动、拉拨接线端子上的导线，不松脱。

③ 用万用表检查电路的通断。在检查时，应选择挡位合适的电阻挡，以免发生短路故障。

在检查控制电路时，将万用表的红、黑两表笔分别搭在 FU2 的进线端（U12、V12），此时万用表的读数应为"∞"。当按下启动按钮 SB2 或 SB4 时，读数应为 KM 线圈的电阻值，大约为几千欧；用手压下 KM 的衔铁，使 KM 的常开触点闭合，读数为 KM 线圈的电阻值。

在检查主电路时，合上开关 QS，用手压下 KM 的触点来代替交流接触器得电吸合时的情况，依次测量从电源端（L1、L2、L3）到电动机 M 出线端子（U、V、W）上的每一相电路的电阻值，检查是否存在开路现象。正常情况下万用表的电阻值读数为"0"，若电阻值的读数为"∞"，则表示电路发生开路现象，此时应查找原因，排除故障。

用兆欧表检查电路的绝缘电阻，电阻值不得小于 0.5MΩ。

④ 不通电测试记录。表 2-6-2 所示为三相异步电动机两地控制电路不通电测试记录表。根据表 2-6-2 中的操作步骤分别测量主电路和控制电路的电阻值，并将测量结果填入表 2-6-2。

表 2-6-2　三相异步电动机两地控制电路不通电测试记录表

操作步骤	主电路电阻值/Ω					
	L1-U	L2-V	L3-W	L1-L2	L2-L3	L3-L1
合上 QS，压下 KM 的触点						

操作步骤	控制电路电阻值（W12-V12）/Ω
未按下 SB2 和 SB4 及未压下 KM 的触点	
单独按下 SB2	
单独按下 SB4	
压下 KM 的触点	

（2）通电测试。

引入三相电源，接入电动机，合上电源开关 QS，先按下启动按钮 SB2，观察交流接触器的动作情况，再按下启动按钮 SB4，观察交流接触器的动作情况。

按下停止按钮 SB1 或 SB3，交流接触器 KM 的线圈断电释放，电动机停止工作。

将通电测试结果填入三相异步电动机两地控制电路通电测试记录表（见表 2-6-3）。

表 2-6-3　三相异步电动机两地控制电路通电测试记录表

操作步骤	合上 QS	按下 SB2	松开 SB2	按下 SB3	按下 SB4	松开 SB4	按下 SB1
电动机 M 的运转情况							
交流接触器 KM 的吸合情况							

（3）故障排除。

在操作过程中，若出现不正常现象，则应立即断开电源，分析故障原因，仔细检查电路，在实训教师认可的情况下才能再次通电试车运行。

5）评一评　安装、接线与调试评分标准

三相异步电动机两地控制电路的安装与调试评分表如表 2-6-4 所示。

表 2-6-4　三相异步电动机两地控制电路的安装与调试评分表

项目内容	考核要求	评分标准	配分	扣分	得分
装前检查	正确选择元器件；对元器件的质量进行检验	（1）元器件漏选或错选，每处扣 2 分；（2）未对元器件的质量进行检验，每个扣 1 分	10 分		

项目内容	考核要求	评分标准	配分	扣分	得分
安装元器件	按图纸的要求，正确利用工具，熟练地安装元器件；元器件安装要准确、紧固；按钮盒不固定在板上	（1）元器件安装不牢固、漏装，每个扣 2 分； （2）损坏元器件，每个扣 5 分； （3）元器件布置不均匀、不整齐、不合理，每个扣 2 分	15 分		
布线	布线合理规范、横平、竖直，紧贴敷设面，连接紧固，不交叉、不反圈、不压绝缘层、不露铜过长、无毛刺。电源和电动机配线、按钮接线要接到端子排上，进出线要有标号；电动机外壳要接接地线	（1）不按电路图接线，扣 10 分； （2）布线不横平、竖直，转角不呈 90°，有交叉，每处扣 2 分； （3）接点不符合要求（有松动、接头裸露过长、反圈、压绝缘层、标记线号不清楚，有遗漏或误标），每处扣 2 分； （4）损伤导线绝缘或线芯，每处扣 2 分； （5）漏接接地线，扣 3 分	30 分		
通电试车	通电试车成功，且各项功能完好	（1）热继电器的整定值未整定或整定错，扣 5 分； （2）配错熔体，主电路和控制电路各扣 2 分； （3）第一次试车不成功，扣 10 分； （4）第二次试车不成功，扣 20 分	30 分		
操作规范与职业素养	执行"6S"管理：整理、整顿、清扫、安全、清洁、素养，安全文明生产	（1）没有穿戴防护用品，扣 5 分； （2）在作业过程中，工具、仪表、耗材摆放不规范，每处扣 2 分； （3）完成任务后不清理工位，每处扣 2 分； （4）未按安全要求使用工具，每次扣 2 分； （5）在进行带电或停电检修时，不按安全操作规范进行操作，每次扣 2 分； （6）在作业过程中，损坏元器件或工具仪表，总成绩扣 10 分； （7）发生严重违规操作或短路现象，总成绩记 0 分	15 分		
开始时间		结束时间		成绩	
评分人：		核分人：			

6）想一想　巩固与练习

（1）如何实现三地三相异步电动机单向运行控制？请画出控制电路图。

（2）两地或多地控制电路的特点是什么？

7）实训报告及测评

三相异步电动机两地控制电路的安装与调试实训报告及测评分别如表 2-6-5 和表 2-6-6 所示。

表 2-6-5　三相异步电动机两地控制电路的安装与调试实训报告

姓名		班级		组别		日期	
工位号		同组人员				实训起止时间	
执行"6S"管理 过程记录							
使用电工工具及 仪表过程记录							

续表

选择与检测 元器件过程记录	
元器件的安装、接线 与调试过程记录	
测试及故障检修 过程记录	
本次实训 思考及总结	

表 2-6-6　三相异步电动机两地控制电路的安装与调试实训测评

序号	评价内容	评价要求	配分	自我评价 （20%）	小组评价 （30%）	教师评价 （50%）	得分
1	执行"6S"管理	"6S"管理执行规范，安全作业，操作规范，团队合作默契	10分				
2	使用工具及仪表	正确使用工具及仪表，无损坏	5分				
3	选择与检测元器件	选择与检测元器件正确，记录表填写完整规范；实训元器件配置清单记录表填写完整规范	10分				
4	安装、接线与调试	参考安装与调试评分表中的评分标准	40分				
5	测试与故障检修	不通电和通电测试操作规范，记录表填写完整；故障排除方法正确，过程迅速	20分				
6	巩固与练习	按时完成作业，答案正确	5分				
7	实训报告	实训报告按时完成，质量好	10分				
	总分		100分				

微课

任务 2.7　三相异步电动机顺序控制电路的安装与调试

※知识目标：

（1）熟知顺序控制的实现方法。

（2）识读三相异步电动机顺序控制电路的电气原理图。

（3）正确理解三相异步电动机顺序控制电路的工作原理。

※技能目标：

（1）按工艺要求完成三相异步电动机顺序控制电路的安装与调试。

（2）能进行三相异步电动机顺序控制电路的检查和故障排除。

※知识平台：

在生产实际中，有些电气设备上会有多台电动机，而每台电动机的工作任务又是不同的，有时需要按一定的顺序启动或停止这些电动机，才能保证操作过程的合理和工作的安全可靠。如 X62W 型万能铣床的主轴电动机和冷却泵电动机采用的就是顺序控制，即只有在主轴电动机启动后冷却泵电动机才能启动。

这种要求几台电动机的启动和停止必须按一定的先后顺序来完成的控制方式称为电动机的顺序控制。

能实现顺序控制的方法有很多，常见的主要有两大类：一类通过主电路来实现，另一类通过控制电路来实现。下面以通过控制电路来实现顺序控制的方式为例进行分析。

1. 三相异步电动机顺序控制电路的组成

三相异步电动机顺序控制电路的电气原理图如图 2-7-1 所示。主电路由断路器、熔断器 FU1、交流接触器 KM1 和 KM2 的主触点、热继电器 FR1 和 FR2 的热元件及电动机 M1 和 M2 组成。控制电路由热继电器 FR1 和 FR2 的常闭触点、停止按钮 SB1、启动按钮 SB2 和 SB3、交流接触器 KM1 和 KM2 的常开触点及它们的线圈组成。

控制电路的特点是电动机 M2 的启动在 M1 的启动之后。只要 M1 不启动，即使按下 SB3，由于 KM1 的辅助常开触点未闭合，因此 KM2 的线圈也不能得电。这保证了 M1 启动后，M2 才能启动的控制要求。在电路中，停止按钮 SB1 控制两台电动机同时停止，不能控制 M2 的单独停止或逆序停止。

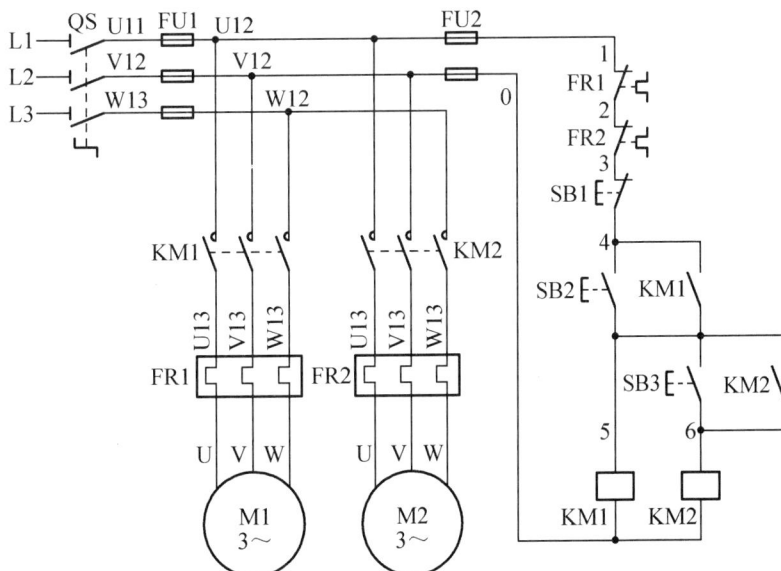

图 2-7-1　三相异步电动机顺序控制电路的电气原理图

2. 三相异步电动机顺序控制电路的工作原理

首先合上电源开关 QS，然后进行电路的控制。三相异步电动机顺序控制电路的工作原理如下。

1）M1、M2 的顺序启动

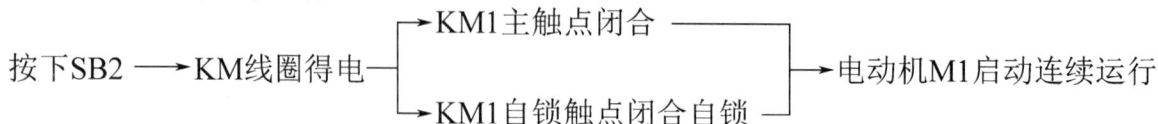

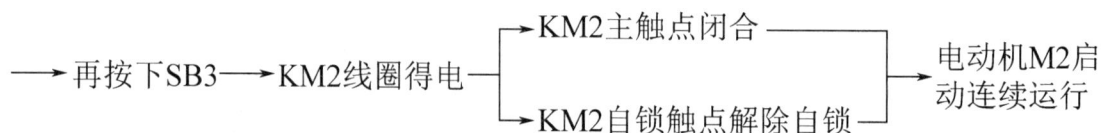

按下SB2 → KM线圈得电 → KM1主触点闭合 → 电动机M1启动连续运行
　　　　　　　　　　　　 KM1自锁触点闭合自锁

→ 再按下SB3 → KM2线圈得电 → KM2主触点闭合 → 电动机M2启动连续运行
　　　　　　　　　　　　　 KM2自锁触点解除自锁

2）M1、M2 的同时停止

按下SB1 → 控制电路失电 → KM1、KM2主触点断开 → 电动机M1、M2同时停止

※任务实施：

1. 实训任务

三相异步电动机顺序控制电路的安装与调试。

2. 实训要求

（1）按要求着装，带好常用工具及仪表进入实训室。按照接线图纸的要求，进行元器件的安装、接线与调试。

（2）在实训中执行"6S"管理（整理、整顿、清扫、清洁、安全、素养）。

① 整洁的现场，不良品为零。

② 努力降低成本，减少消耗，浪费为零。

③ 工作顺畅，及时完成工作任务。

④ 无泄漏、无危害、安全、整齐，事故为零。

⑤ 提升职业素养，培养工匠精神。

3. 实训器材准备

（1）常用工具：钢丝钳、螺丝刀、镊子、剥线钳、尖嘴钳、验电笔等。

（2）常用仪表：兆欧表、万用表。

（3）器材：低压断路器 1 个、熔断器 5 个、交流接触器 2 个、热继电器 1 个、三联按钮 1 个、接线端子 1 个、三相异步电动机 1 台、配电板 1 块和若干导线。

4. 实训实施步骤

1）识一识　识读电气原理图

根据图 2-7-1 明确电路中所用的元器件及其作用，熟悉控制电路的工作原理；理解三相异步电动机顺序控制电路的接线方式；理解三相异步电动机顺序控制电路的工作原理。

2）认一认　选择与检测元器件

根据图 2-7-1 配齐所需的元器件，并进行必要的检测。

在不通电的情况下，用万用表或目视检测各元器件触点的通断情况是否良好；检测空气开关是否正常；检测熔断器的熔体是否完好；检测按钮中的螺钉是否完好，螺纹是否失效；检测接触器的触点是否接触良好，线圈额定电压与电源是否相符；检测热继电器是否完好。将检测结果填写在实训元器件配置清单表（见表 2-7-1）中。

表 2-7-1　实训元器件配置清单表

代号	名称	型号	数量	功能	检测结果是否正常
QS					
FU1					
FU2					
KM1					
KM2					
FR1					
FR2					
SB1					
SB2					
SB3					

3）做一做　安装、接线与调试

（1）绘制元器件布置图并安装元器件。

根据图 2-7-1 绘制三相异步电动机顺序控制电路的元器件布置图。三相异步电动机顺序控制电路的元器件布置参考图如图 2-7-2 所示。

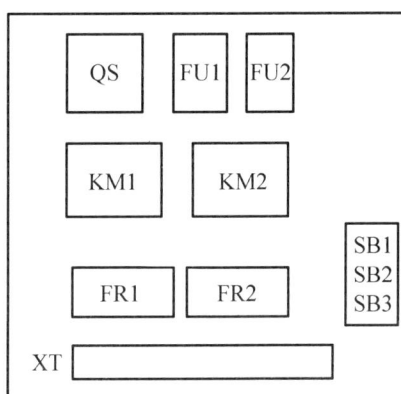

图 2-7-2　三相异步电动机顺序控制电路的元器件布置参考图

在控制板上进行元器件的布置与安装。各元器件的安装位置应整齐、匀称、间距合理，便于元器件的更换。在紧固各元器件时用力要均匀。在紧固熔断器、交流接触器、热继电器等易碎元器件时，应用手按住元器件，一边轻轻摇动，一边用旋具旋紧对角线上的螺钉，感觉摇不动后再适度旋紧一些即可。

在安装时，电源开关和熔断器一般放置在上方，发热元件要预留通风散热空间，需要操作的元器件放在面板边缘，端子排一般放置在面板下方。

（2）接线与工艺要求。

控制板上明线布线的工艺要求与任务 2.1 中布线的工艺要求相同，此处不再重述。

（3）三相异步电动机顺序控制电路的接线参考图如图 2-7-3 所示。

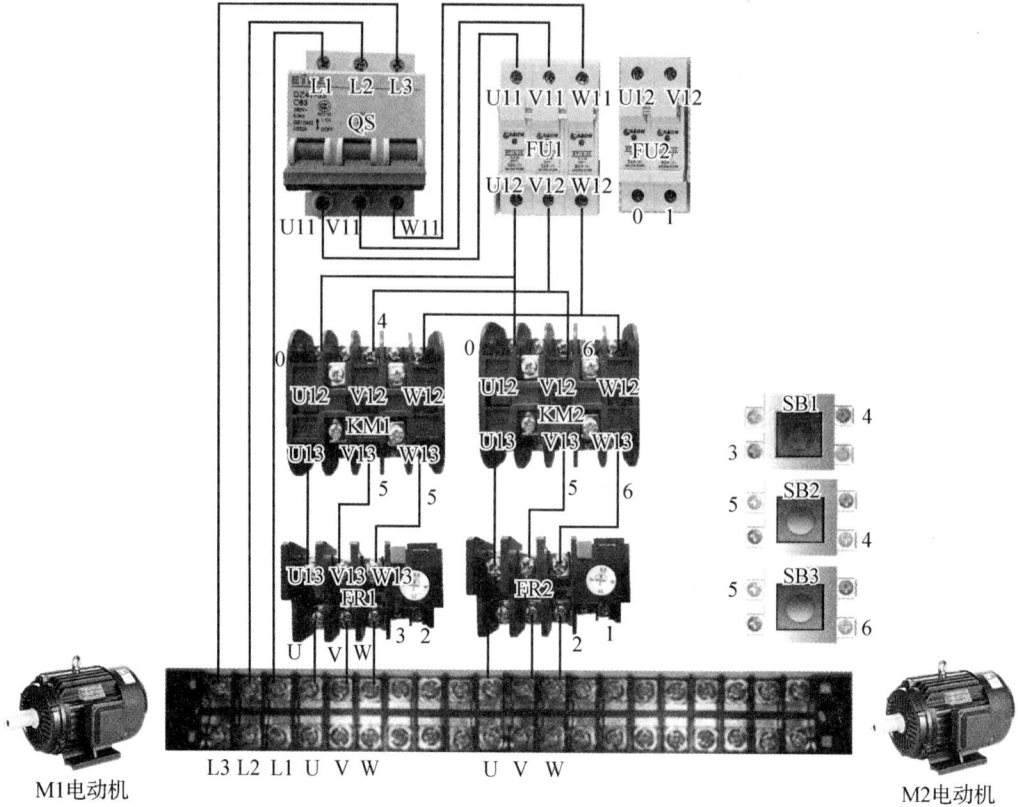

（a）主电路接线参考图

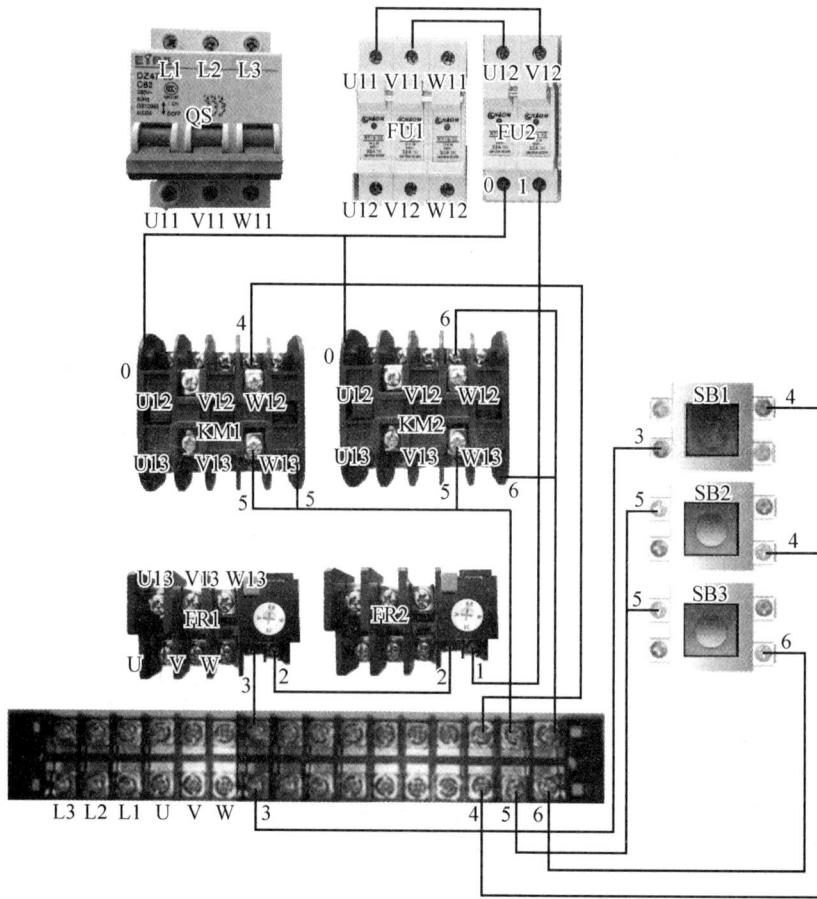

（b）控制电路接线参考图

图 2-7-3　三相异步电动机顺序控制电路的接线参考图

4）查一查   不通电测试、通电测试及故障排除

（1）不通电测试。

① 核对接线。对照图 2-7-1 和图 2-7-3，从电源端开始，逐段核对接线及接线端子处是否正确，有无漏接、错接之处。检查导线接点是否符合要求（裸露是否超过 2mm），压接是否牢固。

② 检查端子接线是否符合要求。用手摇动、拉拨接线端子上的导线，不松脱。

③ 用万用表检查电路的通断。在检查时，应选择挡位合适的电阻挡，以免发生短路故障。

在检查控制电路时，将万用表的红、黑两表笔分别搭在 FU2 的进线端（U12、V12），此时万用表的读数应为"∞"。当按下启动按钮 SB2 时，读数应为 KM1 线圈的电阻值，大约为几千欧；用手压下 KM1 的衔铁，使 KM1 的常开触点闭合，读数为 KM1 线圈的电阻值；当同时按下 SB2 和 SB3 时，读数应为 KM1 和 KM2 线圈电阻的并联值；用手压下 KM1 和 KM2 的衔铁，使 KM1 和 KM2 的常开触点闭合，读数为 KM1 和 KM2 线圈电阻的并联值。

在检查主电路时，合上开关 QS，用手压下 KM1 的触点来代替交流接触器得电吸合时的情况，依次测量从电源端（L1、L2、L3）到电动机 M1 出线端子（U、V、W）上的每一相电路的电阻值，检查是否存在开路现象。正常情况下万用表的电阻值读数为"0"，若电阻值的读数为"∞"，则表示电路发生开路现象，此时应查找原因，排除故障。

用手压下 KM2 的触点来代替交流接触器得电吸合时的情况，依次测量从电源端（L1、L2、L3）到电动机 M2 出线端子（U、V、W）上的每一相电路的电阻值，检查是否存在开路现象。正常情况下万用表的电阻值读数为"0"，若电阻值的读数为"∞"，则表示电路发生开路现象，此时应查找原因，排除故障。

用兆欧表检查电路的绝缘电阻，电阻值不得小于 0.5MΩ。

④ 不通电测试记录。表 2-7-2 所示为三相异步电动机顺序控制电路不通电测试记录表。根据表 2-7-2 中的操作步骤分别测量主电路和控制电路的电阻值，并将测量结果填入表 2-7-2。

表 2-7-2   三相异步电动机顺序控制电路不通电测试记录表

操作步骤	主电路电阻值/Ω					
	L1-U	L2-V	L3-W	L1-L2	L2-L3	L3-L1
合上 QS，压下 KM1 的触点						
合上 QS，压下 KM2 的触点						

操作步骤	控制电路电阻值（W12-V12）/Ω
未按下 SB2 及未压下 KM1 和 KM2 的触点	
单独按下 SB2	
同时按下 SB2 和 SB3	
压下 KM1 的触点	
同时压下 KM1 和 KM2 的触点	

（2）通电测试。

引入三相电源，接入电动机，合上电源开关 QS，先按下启动按钮 SB2，观察交流接触器的动作情况，再按下启动按钮 SB3，继续观察交流接触器的动作情况。

按下停止按钮 SB1，KM1 和 KM2 的线圈断电释放，电动机停止工作。

将通电测试结果填入三相异步电动机顺序控制电路通电测试记录表（见表 2-7-3）。

表 2-7-3　三相异步电动机顺序控制电路通电测试记录表

操作步骤	合上 QS	按下 SB2	松开 SB2	按下 SB3	松开 SB3	按下 SB1
电动机 M1、M2 的运转情况						
交流接触器 KM1 的吸合情况						
交流接触器 KM2 的吸合情况						

（3）故障排除。

在操作过程中，若出现不正常现象，则应立即断开电源，分析故障原因，仔细检查电路，在实训教师认可的情况下才能再次通电试车运行。

5）评一评　安装、接线与调试评分标准

三相异步电动机顺序控制电路的安装与调试评分表如表 2-7-4 所示。

表 2-7-4　三相异步电动机顺序控制电路的安装与调试评分表

项目内容	考核要求	评分标准	配分	扣分	得分
装前检查	正确选择元器件；对元器件的质量进行检验	（1）元器件漏选或错选，每处扣 2 分； （2）未对元器件的质量进行检验，每个扣 1 分	10 分		
安装元器件	按图纸的要求，正确利用工具，熟练地安装元器件；元器件安装要准确、紧固；按钮盒不固定在板上	（1）元器件安装不牢固、漏装，每个扣 2 分； （2）损坏元器件，每个扣 5 分； （3）元器件布置不均匀、不整齐、不合理，每个扣 2 分	15 分		
布线	布线合理规范，横平、竖直，紧贴敷设面，连接紧固，不交叉、不反圈、不压绝缘层、不露铜过长、无毛刺。 电源和电动机配线、按钮接线要接到端子排上，进出线要有标号；电动机外壳要接接地线	（1）不按电路图接线，扣 10 分； （2）布线不横平、竖直，转角不呈 90°，有交叉，每处扣 2 分。 （3）接点不符合要求（有松动、接头裸露过长、反圈、压绝缘层、标记线号不清楚，有遗漏或误标），每处扣 2 分。 （4）损伤导线绝缘或线芯，每处扣 2 分； （5）漏接接地线，扣 3 分	30 分		
通电试车	通电试车成功，且各项功能完好	（1）热继电器的整定值未整定或整定错，扣 5 分； （2）配错熔体，主电路和控制电路各扣 2 分； （3）第一次试车不成功，扣 10 分； （4）第二次试车不成功，扣 20 分	30 分		
操作规范与职业素养	执行"6S"管理：整理、整顿、清扫、安全、清洁、素养，安全文明生产	（1）没有穿戴防护用品，扣 5 分； （2）在作业过程中，工具、仪表、耗材摆放不规范，每处扣 2 分； （3）完成任务后不清理工位，每处扣 2 分； （4）未按安全要求使用工具，每次扣 2 分； （5）在进行带电或停电检修时，不按安全操作规范进行操作，每次扣 2 分； （6）在作业过程中，损坏元器件或工具仪表，总成绩扣 10 分； （7）发生严重违规操作或短路现象，总成绩记 0 分	15 分		
开始时间		结束时间		成绩	
评分人：		核分人：			

6）想一想　巩固与练习

（1）通过本次实训，你得到了什么重要结论或收获？

（2）在实训过程中出现了什么问题？你是怎样解决的？

（3）如何实现两台三相异步电动机先后启动，并在停止时使先启动的电动机先停止？

7）实训报告及测评

三相异步电动机顺序控制电路的安装与调试实训报告及测评分别如表2-7-5和表2-7-6所示。

表 2-7-5　三相异步电动机顺序控制电路的安装与调试实训报告

姓名		班级		组别		日期	
工位号		同组人员				实训起止时间	
执行"6S"管理过程记录							
使用电工工具及仪表过程记录							
选择与检测元器件过程记录							
元器件的安装、接线与调试过程记录							
测试及故障检修过程记录							
本次实训思考及总结							

表 2-7-6　三相异步电动机顺序控制电路的安装与调试实训测评

序号	评价内容	评价要求	配分	自我评价（20%）	小组评价（30%）	教师评价（50%）	得分
1	执行"6S"管理	"6S"管理执行规范，安全作业，操作规范，团队合作默契	10 分				
2	使用工具及仪表	正确使用工具及仪表，无损坏	5 分				
3	选择与检测元器件	选择与检测元器件正确，记录表填写完整规范；实训元器件配置清单记录表填写完整规范	10 分				
4	安装、接线与调试	参考安装与调试评分表中的评分标准	40 分				

续表

序号	评价内容	评价要求	配分	自我评价（20%）	小组评价（30%）	教师评价（50%）	得分
5	测试与故障检修	不通电和通电测试操作规范，记录表填写完整；故障排除方法正确，过程迅速	20分				
6	巩固与练习	按时完成作业，答案正确	5分				
7	实训报告	实训报告按时完成，质量好	10分				
总分			100分				

任务 2.8　时间继电器 Y-△降压启动控制电路的安装与调试

※知识目标：

（1）熟知电动机降压启动的原理及电动机定子绕组的 Y 形和△形连接方式。

（2）识读时间继电器 Y-△降压启动控制电路的电气原理图。

（3）正确理解时间继电器 Y-△降压启动控制电路的工作原理。

※技能目标：

（1）按工艺要求完成时间继电器 Y-△降压启动控制电路的安装与调试。

（2）能进行时间继电器 Y-△降压启动控制电路的检查和故障排除。

※知识平台：

电动机全压启动控制电路的启动电流较大，是电动机额定电流的 4～7 倍。当容量较大的电动机采取直接启动方式时，会使电网电压严重下降，这不仅导致同一电网上的其他电动机启动困难，而且影响其他用电设备的正常运行。因此，额定功率大于 10kW 的三相异步电动机一般都采用降压启动的方式。在启动时降低加在电动机定子绕组上的电压，启动后再将电压恢复到额定电压值，使电动机在正常电压下运行。

常用的降压启动方式有定子绕组串接电阻降压启动、自耦变压器降压启动、Y-△降压启动、延边三角形降压启动等。下面以 Y-△降压启动为例进行分析。

1. 时间继电器 Y-△降压启动控制电路的组成

Y-△降压启动指当电动机启动时，把定子绕组接成 Y 形，以降低启动电压，限制启动电流。待电动机启动后，再将定子绕组改接成△形，使电动机全压运行。

当电动机启动时，定子绕组接成 Y 形，加在每相定子绕组上的启动电压只有△形连接下电压的 $1/\sqrt{3}$，启动电流为△形连接下电流的 1/3，启动转矩也只有△形连接下转矩的 1/3。

所以这种降压启动方法只适用于轻载或空载下的启动。凡是在正常运行时定子绕组为△形连接的异步电动机,均可采用 Y-△降压启动方式。电动机定子绕组的 Y 形和△形连接如图 2-8-1 所示。

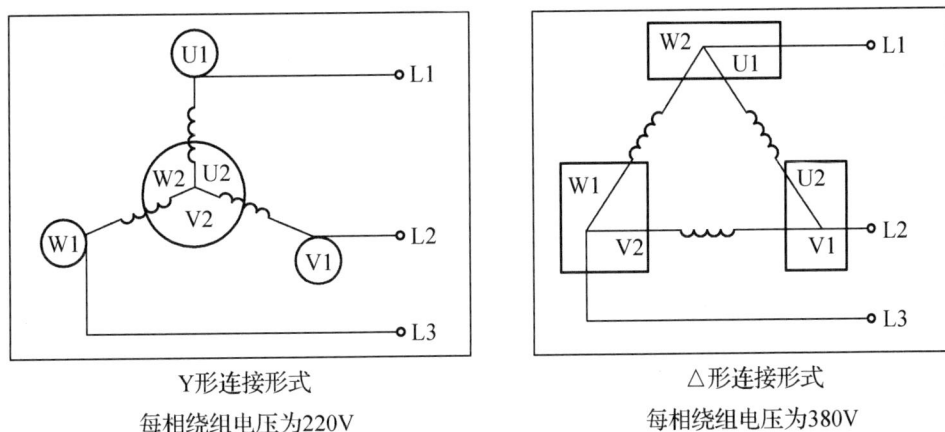

Y形连接形式

每相绕组电压为220V

△形连接形式

每相绕组电压为380V

图 2-8-1　电动机定子绕组的 Y 形和△形连接

　　时间继电器 Y-△降压启动控制电路的电气原理图如图 2-8-2 所示。时间继电器 Y-△降压启动控制电路由 3 个交流接触器、1 个热继电器、1 个时间继电器、5 个熔断器和 2 个按钮组成。交流接触器 KM1 用来引入电源,交流接触器 KM2 为电动机△形连接运行,交流接触器 KM3 为电动机 Y 形连接运行,SB1 为停止按钮,SB2 为启动按钮,KT 为时间继电器用来控制 Y 形降压启动时间和完成 Y-△自动切换,QS 为电源总开关,熔断器 FU1、FU2 作为短路保护电器,热继电器 FR 作为过载保护电器。

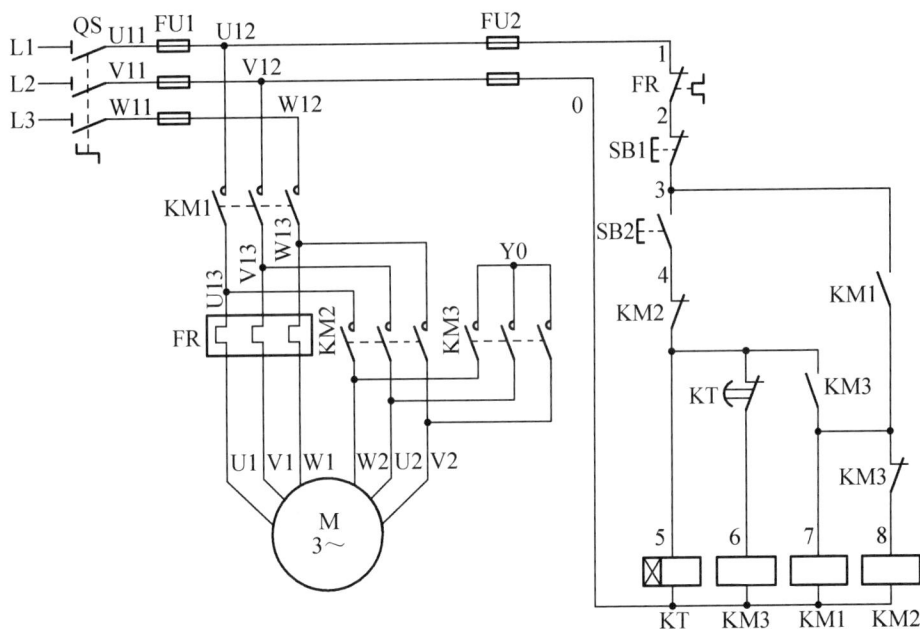

图 2-8-2　时间继电器 Y-△降压启动控制电路的电气原理图

2. 时间继电器 Y-△降压启动控制电路的工作原理

　　首先合上电源开关 QS,然后对电路进行分析。时间继电器 Y-△降压启动控制电路的工作原理如下。

1）启动运行

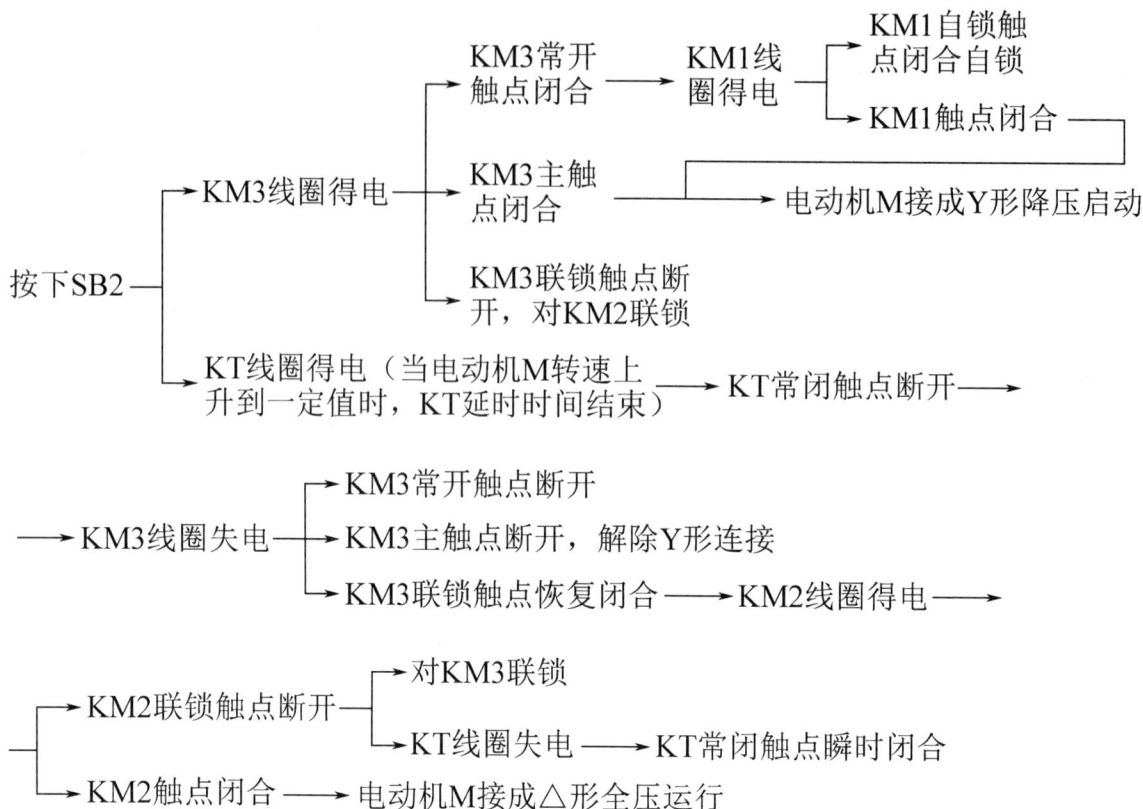

2）停止

按下SB1 ⟶ 控制电路失电 ⟶ KM1、KM2、KM3主触点断开 ⟶ 电动机M停止

※任务实施：

1. 实训任务

时间继电器 Y-△降压启动控制电路的安装与调试。

2. 实训要求

（1）按要求着装，带好常用工具及仪表进入实训室。按照接线图纸的要求，进行元器件的安装、接线与调试。

（2）在实训中执行"6S"管理（整理、整顿、清扫、清洁、安全、素养）。

① 整洁的现场，不良品为零。

② 努力降低成本，减少消耗，浪费为零。

③ 工作顺畅，及时完成工作任务。

④ 无泄漏、无危害、安全、整齐，事故为零。

⑤ 提升职业素养，培养工匠精神。

3. 实训器材准备

（1）常用工具：钢丝钳、螺丝刀、镊子、剥线钳、尖嘴钳、验电笔等。

（2）常用仪表：兆欧表、万用表。

（3）器材：低压断路器 1 个、熔断器 5 个、交流接触器 3 个、热继电器 1 个、三联按钮 1 个、时间继电器 1 个、接线端子 1 个、三相异步电动机 1 台、配电板 1 块和若干导线。

4．实训实施步骤

1）识一识　识读电气原理图

根据图 2-8-2 明确电路中所用的元器件及其作用，熟悉控制电路的工作原理；理解电动机定子绕组的 Y 形和△形连接方式；理解时间继电器 Y-△降压启动控制电路的工作原理。

2）认一认　选择与检测元器件

根据图 2-8-2 选择实训所需的元器件。在不通电的情况下，用万用表或目视检测各元器件触点的通断情况是否良好；检测空气开关是否正常；检测熔断器的熔体是否完好；检测按钮中的螺钉是否完好，螺纹是否失效；检测接触器的触点是否接触良好，线圈额定电压与电源是否相符；检测时间继电器的常开、常闭延时触点是否动作正常；检测热继电器是否完好。将检测结果填写在实训元器件配置清单表（见表 2-8-1）中。

表 2-8-1　实训元器件配置清单表

代号	名称	型号	数量	功能	检测结果是否正常
QS					
FU1					
FU2					
KM1					
KM2					
KM3					
FR					
SB1					
SB2					
KT					

3）做一做　安装、接线与调试

（1）绘制元器件布置图并安装元器件。

根据图 2-8-2 绘制时间继电器 Y-△降压启动控制电路的元器件布置图。时间继电器 Y-△降压启动控制电路的元器件布置参考图如图 2-8-3 所示。

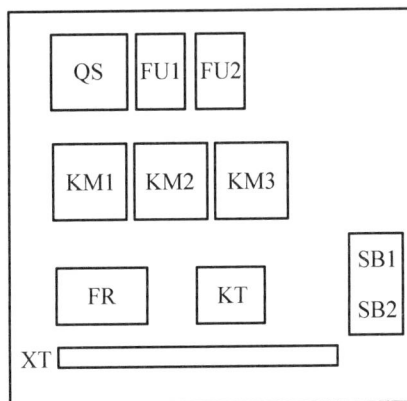

图 2-8-3　时间继电器 Y-△降压启动控制电路的元器件布置参考图

在控制板上进行元器件的布置与安装。各元器件的安装位置应整齐、匀称、间距合理，便于元器件的更换。在紧固各元器件时用力要均匀。在紧固熔断器、交流接触器、热继电器等易碎元器件时，应用手按住元器件，一边轻轻摇动，一边用旋具旋紧对角线上的螺钉，感觉摇不动后再适度旋紧一些即可。

在安装时，电源开关和熔断器一般放置在上方，发热元件要预留通风散热空间，需要操作的元器件放在面板边缘，端子排一般放置在面板下方。

（2）接线与工艺要求。

控制板上明线布线的工艺要求与任务 2.1 中布线的工艺要求相同，此处不再重述。

（3）时间继电器 Y-△降压启动控制电路的接线参考图如图 2-8-4 所示。

4）查一查　不通电测试、通电测试及故障排除

（1）不通电测试。

① 核对接线。对照图 2-8-2 和图 2-8-4，从电源端开始，逐段核对接线及接线端子处是否正确，有无漏接、错接之处。检查导线接点是否符合要求（裸露是否超过 2mm），压接是否牢固。

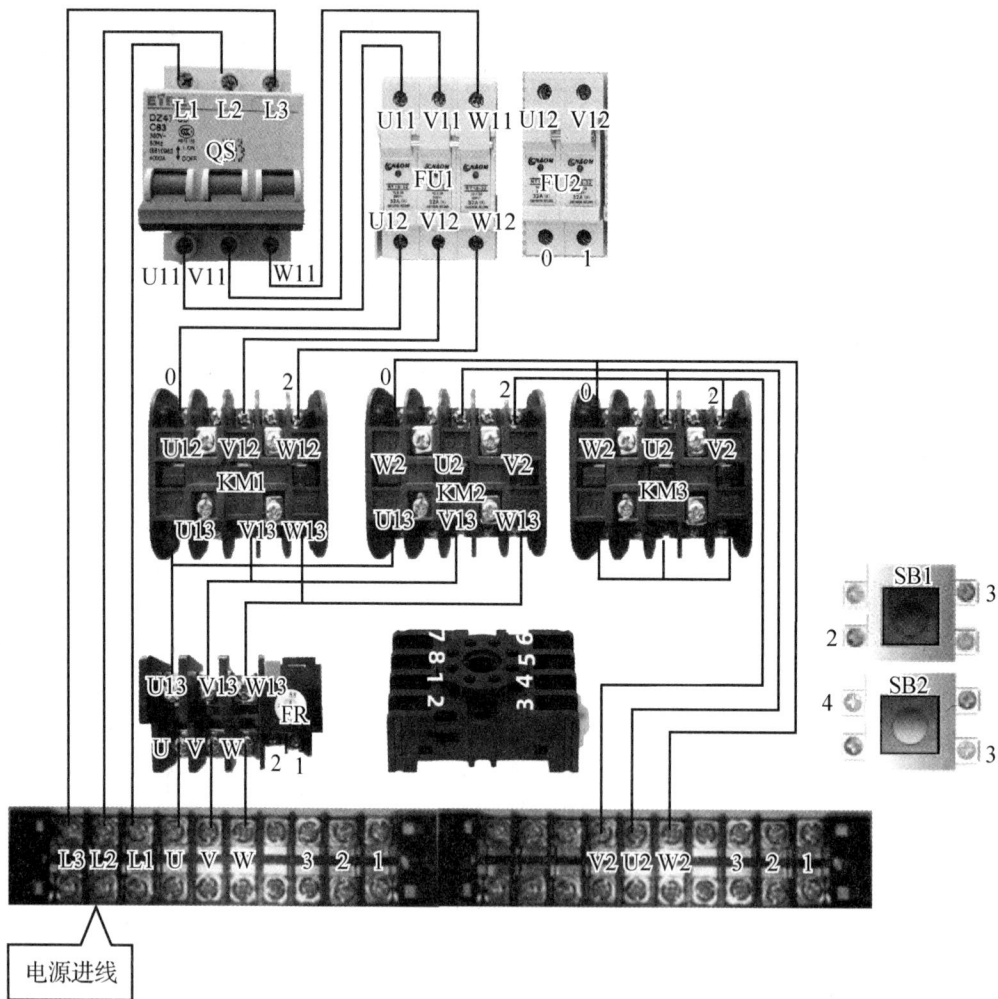

（a）主电路接线参考图

图 2-8-4　时间继电器 Y-△降压启动控制电路的接线参考图

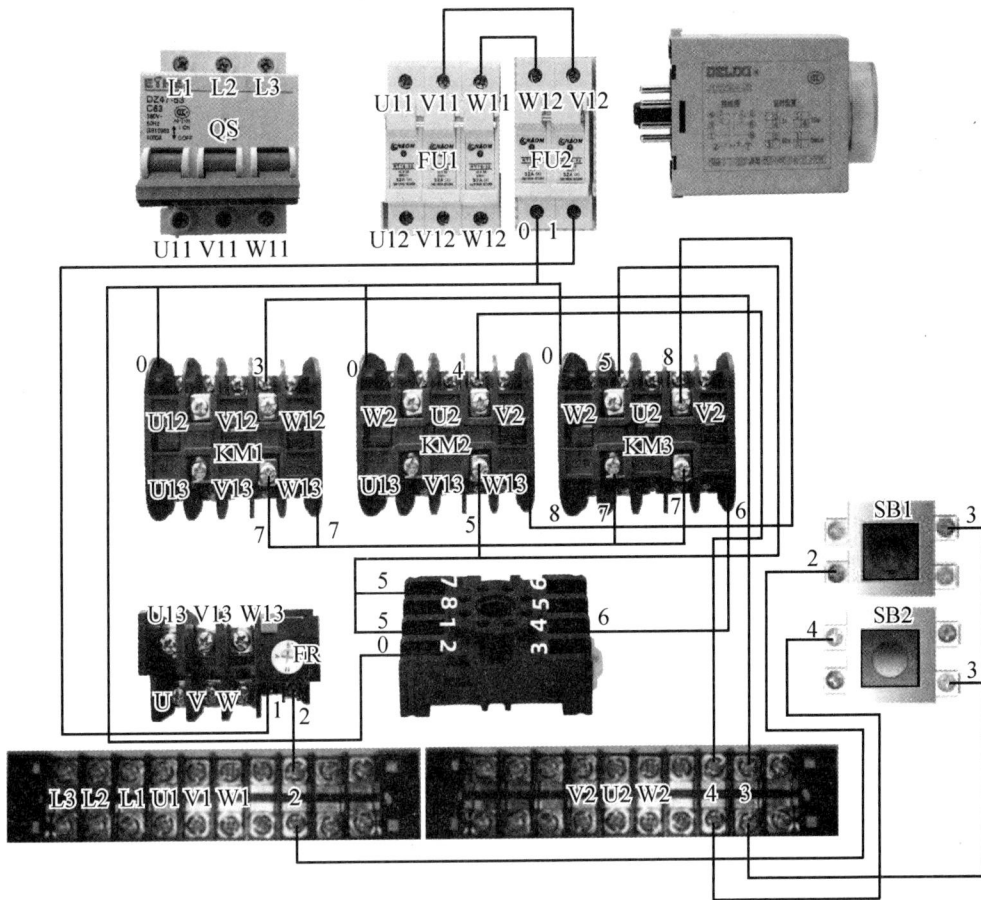

（b）控制电路接线参考图

图 2-8-4　时间继电器 Y-△降压启动控制电路的接线参考图（续）

② 检查端子接线是否符合要求。用手摇动、拉拨接线端子上的导线，不松脱。

③ 用万用表检查电路的通断。在检查时，应选择挡位合适的电阻挡，以免发生短路故障。

在检查控制电路时，将万用表的红、黑两表笔分别搭在 FU2 的进线端（W12、V12），此时万用表的读数应为"∞"。当按下启动按钮 SB2 时，读数应为 KM3 和 KT 线圈电阻的并联值，大约为几千欧；用手压下 KM1 的衔铁，使 KM1 的常开触点闭合，读数为 KM1 和 KM3 线圈电阻的并联值；用手压下 KM1 和 KM3 的衔铁，使 KM1 和 KM3 的常开触点闭合，读数为 KM1、KM3 和 KT 线圈电阻的并联值；用手压下 KM1 和 KM2 的衔铁，使 KM1 和 KM2 的常开触点闭合，读数为 KM1 和 KM2 线圈电阻的并联值。

在检查主电路时，用手压下 KM1 的触点来代替交流接触器得电吸合时的情况，依次测量从电源端（L1、L2、L3）到电动机出线端子（U、V、W）上的每一相电路的电阻值，检查是否存在开路现象。正常情况下万用表的电阻值读数为"0"，若电阻值的读数为"∞"，则表示电路发生开路现象，此时应查找原因，排除故障。

用兆欧表检查电路的绝缘电阻，电阻值不得小于 0.5MΩ。

④ 不通电测试记录。表 2-8-2 所示为时间继电器 Y-△降压启动控制电路不通电测试记录表。根据表 2-8-2 中的操作步骤分别测量主电路和控制电路的电阻值，并将测量结果填入表 2-8-2。

表 2-8-2 时间继电器 Y-△降压启动控制电路不通电测试记录表

操作步骤	主电路电阻值/Ω					
	L1-U	L2-V	L3-W	L1-L2	L2-L3	L3-L1
合上 QS，压下 KM1 的触点						
合上 QS，压下 KM2 的触点						
合上 QS，压下 KM3 的触点						

操作步骤	控制电路电阻值（W12-V12）/Ω
未按下 SB2 及 未压下 KM1 和 KM2 的触点	
压下 KM1 的触点	
压下 KM1 和 KM2 的触点	

（2）通电测试。

引入三相电源，接入电动机，合上电源开关 QS，按下启动按钮 SB2，观察交流接触器的动作情况。

将通电测试结果填入时间继电器 Y-△降压启动控制电路通电测试记录表（见表 2-8-3）。

表 2-8-3 时间继电器 Y-△降压启动控制电路通电测试记录表

操作步骤	合上 QS	按下 SB2	松开 SB2	按下 SB1
电动机 的运转情况				
交流接触器 KM1 的吸合情况				
交流接触器 KM2 的吸合情况				
交流接触器 KM3 的吸合情况				
时间继电器 KT 的工作情况				

（3）故障排除。

在操作过程中，若出现不正常现象，则应立即断开电源，分析故障原因，仔细检查电路，在实训教师认可的情况下才能再次通电试车运行。

5）评一评　安装、接线与调试评分标准

时间继电器 Y-△降压启动控制电路的安装与调试评分表如表 2-8-4 所示。

表 2-8-4 时间继电器 Y-△降压启动控制电路的安装与调试评分表

项目内容	考核要求	评分标准	配分	扣分	得分
装前检查	正确选择元器件；对元器件的质量进行检验	（1）元器件漏选或错选，每处扣 2 分； （2）未对元器件的质量进行检验，每个扣 1 分	10 分		
安装元器件	按图纸的要求，正确利用工具，熟练地安装元器件；元器件安装要准确、紧固；按钮盒不固定在板上	（1）元器件安装不牢固、漏装，每个扣 2 分； （2）损坏元器件，每个扣 5 分； （3）元器件布置不均匀、不整齐、不合理，每个扣 2 分	15 分		

项目内容	考核要求	评分标准	配分	扣分	得分
布线	布线合理规范，横平、竖直，紧贴敷设面，连接紧固，不交叉、不反圈、不压绝缘层、不露铜过长、无毛刺。 电源和电动机配线、按钮接线要接到端子排上，进出线要有标号；电动机外壳要接接地线	（1）不按电路图接线，扣10分； （2）布线不横平、竖直，转角不呈90°，有交叉，每处扣2分； （3）接点不符合要求（有松动、接头裸露过长、反圈、压绝缘层、标记线号不清楚，有遗漏或误标），每处扣2分； （4）损伤导线绝缘或线芯，每处扣2分； （5）漏接接地线，扣3分	30分		
通电试车	通电试车成功，且各项功能完好	（1）热继电器的整定值未整定或整定错，扣5分； （2）配错熔体，主电路或控制电路各扣2分； （3）第一次试车不成功，扣10分； （4）第二次试车不成功，扣20分	30分		
操作规范与职业素养	执行"6S"管理：整理、整顿、清扫、安全、清洁、素养，安全文明生产	（1）没有穿戴防护用品，扣5分； （2）在作业过程中，工具、仪表、耗材摆放不规范，每处扣2分； （3）完成任务后不清理工位，每处扣2分； （4）未按安全要求使用工具，每次扣2分； （5）在进行带电或停电检修时，不按安全操作规范进行操作，每次扣2分； （6）在作业过程中，损坏元器件或工具仪表，总成绩扣10分； （7）发生严重违规操作或短路现象，总成绩记0分	15分		
开始时间		结束时间		成绩	
评分人：		核分人：			

6）想一想　巩固与练习

（1）通过本次实训，你得到了什么重要结论或收获？

（2）在实训过程中出现了什么问题？你是怎样解决的？

（3）什么是降压启动？Y-△降压启动适用于什么场合？

7）实训报告及测评

时间继电器 Y-△降压启动控制电路的安装与调试实训报告及测评分别如表2-8-5和表2-8-6所示。

表 2-8-5　时间继电器 Y-△降压启动控制电路的安装与调试实训报告

姓名		班级		组别		日期	
工位号		同组人员				实训起止时间	
执行"6S"管理过程记录							
使用电工工具及仪表过程记录							
选择与检测元器件过程记录							

续表

元器件的安装、接线与调试过程记录	
测试及故障检修过程记录	
本次实训思考及总结	

表 2-8-6　时间继电器 Y-△降压启动控制电路的安装与调试实训测评

序号	评价内容	评价要求	配分	自我评价（20%）	小组评价（30%）	教师评价（50%）	得分
1	执行"6S"管理	"6S"管理执行规范，安全作业，操作规范，团队合作默契	10分				
2	使用工具及仪表	正确使用工具及仪表，无损坏	5分				
3	选择与检测元器件	选择与检测元器件正确，记录表填写完整规范；实训元器件配置清单记录表填写完整规范	10分				
4	安装、接线与调试	参考安装与调试评分表中的评分标准	40分				
5	测试与故障检修	不通电和通电测试操作规范，记录表填写完整；故障排除方法正确，过程迅速	20分				
6	巩固与练习	按时完成作业，答案正确	5分				
7	实训报告	实训报告按时完成，质量好	10分				
总分			100分				

任务 2.9　三相异步电动机反接制动控制电路的安装与调试

微课

※知识目标：

（1）熟知速度继电器的工作原理和反接制动控制的实现方法。

（2）识读三相异步电动机反接制动控制电路的电气原理图。

（3）正确理解三相异步电动机反接制动控制电路的工作原理。

※技能目标：

（1）按工艺要求完成三相异步电动机反接制动控制电路的安装与调试。

（2）能进行三相异步电动机反接制动控制电路的检查和故障排除。

※知识平台：

电气设备在电动机的拖动下运转。当电动机失电后，由于惯性作用电动机不可能立即停止，而会继续转动一段时间才会完全停下来。这种现象不仅会使电气设备的工作效率变低，而且对于某些电气设备也是不适宜的。为了能使电动机迅速停转，就需要对电动机进行制动。

所谓制动，就是给电动机一个与转动方向相反的转矩使它迅速停转（或限制其转速）。制动的方法一般有两种：机械制动和电力制动。

电动机断开电源后，利用机械装置产生的反作用力矩使其迅速停转的方法称为机械制动。机械制动常用的方法有电磁抱闸制动器制动和电磁离合器制动。

使电动机在切断电源停转的过程中，产生一个和电动机实际旋转方向相反的电磁力矩（制动力矩），迫使电动机迅速停转的方法称为电力制动。电力制动常用的方法有反接制动、能耗制动、电容制动和再生发电制动等。下面以反接制动为例进行分析。

1．三相异步电动机反接制动控制电路的组成

通过改变电动机定子绕组的电源相序来产生制动力矩，迫使电动机迅速停转的方法称为反接制动。反接制动的原理图如图 2-9-1 所示。当电动机正常运行时，电动机定子绕组的电源相序为 L1-L2-L3，电动机将沿旋转磁场方向以 $n < n_1$ 的速度正常运转。当电动机需要停转时，可拉开开关 QS，使电动机先脱离电源（此时转子仍按原方向旋转），当将开关迅速向下按合时，电动机三相电源的相序发生改变，旋转磁场反转，此时转子将以 $n_1 + n$ 的相对速度沿原转动方向切割旋转磁场，在转子绕组中产生感应电流，其方向可由左手定则判断出来。此转矩方向与电动机的转向相反，从而使电动机受制动迅速停转。

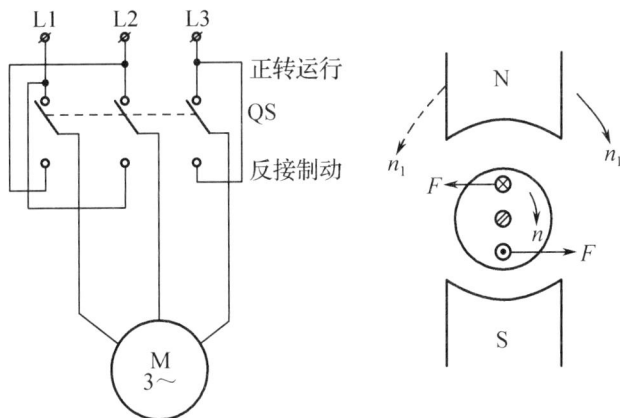

图 2-9-1　反接制动的原理图

反接制动应注意的是：当电动机转速接近零时，应立即切断电动机的电源，否则电动机将反转。在反接制动设备中，为保证电动机的转速被制动到接近零时能迅速切断电源，防止反向启动，常利用速度继电器自动并及时切断电源。

三相异步电动机反接制动控制电路的电气原理图如图 2-9-2 所示。该电路由 2 个交流接触器、1 个热继电器、3 个限流电阻、5 个熔断器、1 个速度继电器和 2 个按钮等组成。交流接触器 KM1 用于正转运行，交流接触器 KM2 用于反接制动，BV 为速度继电器，其轴与电动机轴相连，SB1 为停止按钮，SB2 为启动按钮，QS 为电源总开关，熔断器 FU1、FU2 作为短路保护电器，热继电器 FR 作为过载保护电器。

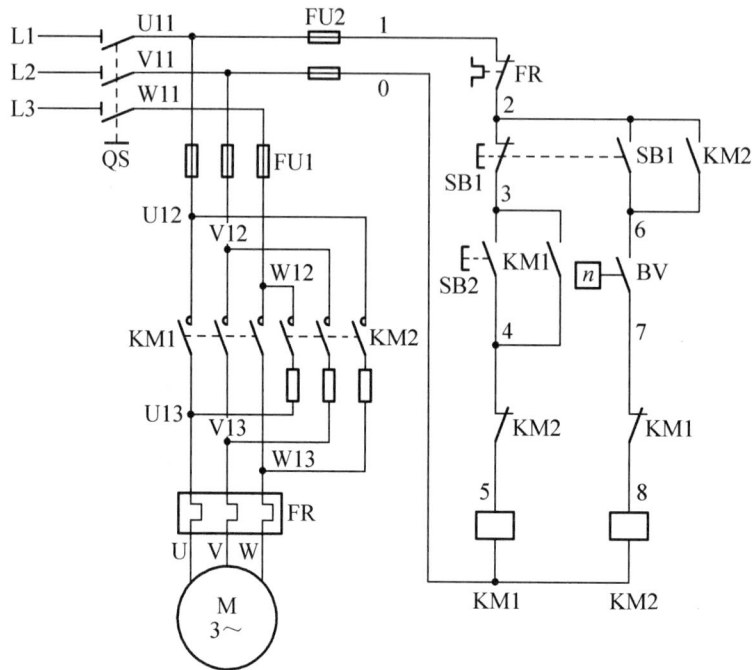

图 2-9-2　三相异步电动机反接制动控制电路的电气原理图

2. 三相异步电动机反接制动控制电路的工作原理

首先合上电源开关 QS，然后对电路进行控制。三相异步电动机反接制动控制电路的工作原理如下。

1）单向启动

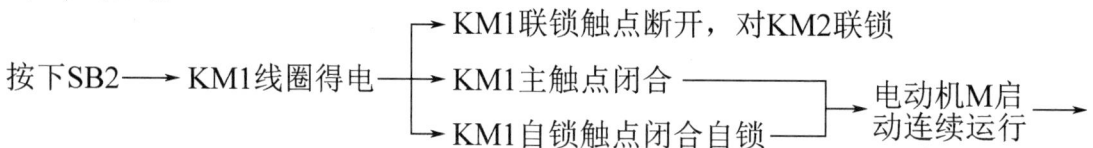

2）反接制动

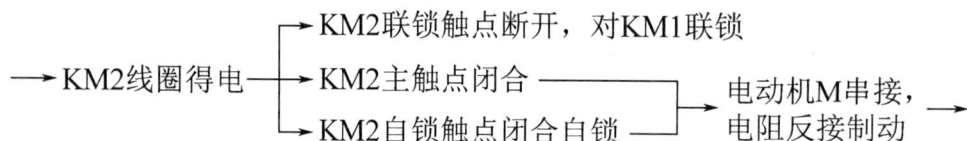

⟶ 当电动机转速下降到一定值（100r/min 左右）时 ⟶ BV 常开触点断开 ⟶

⟶ KM2 线圈失电 ⟶ KM2 联锁触点闭合，解除对 KM1 联锁
⟶ KM2 主触点断开
⟶ KM2 自锁触点断开，解除自锁 ⟶ 电动机 M 脱离电源停转，反接制动结束

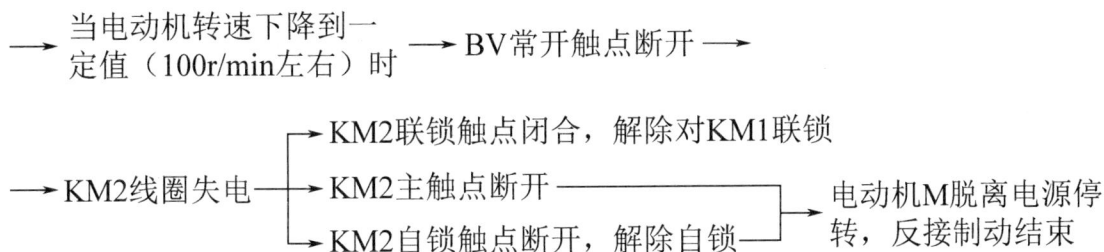

当电动机反接制动时，由于选择磁场与转子的相对转速（n_1+n）很高，故转子绕组中感应电流很大，使定子绕组中的电流很大，一般约为电动机额定电流的 10 倍。因此，反接制动适用于 10kW 以下的小容量电动机的制动。并且在对电动机功率为 4.5kW 以上的电动机进行反接制动时，需要在定子绕组回路中串入限流电阻，以限制反接制动电流。限流电阻的大小可参考下面的经验计算公式进行估算。

当电源电压为 380V 时，若要使反接制动电流等于电动机直接启动电流的 1/2，即 $1/2 I_{st}$，则在三相电路中每相应串入的电阻值为

$$R=\frac{1.5\times220}{I_{st}}$$

若要使反接制动电流等于电动机直接启动电流 I_{st}，则每相应串入的电阻值为

$$R=\frac{1.3\times220}{I_{st}}$$

反接制动的优点是制动力强，制动迅速；缺点是制动准确性差，在制动过程中冲击强烈，易损坏传动零件，制动能量消耗大，不宜经常制动。因此，反接制动一般适用于制动要求迅速、系统惯性较大、不经常启动与制动的场合，如铣床、镗床、中型车床等主轴的制动控制。

※任务实施：

1．实训任务

三相异步电动机反接制动控制电路的安装与调试。

2．实训要求

（1）按要求着装，带好常用工具及仪表进入实训室。按照接线图纸的要求，进行元器件的安装、接线与调试。

（2）在实训中执行"6S"管理（整理、整顿、清扫、清洁、安全、素养）。

① 整洁的现场，不良品为零。

② 努力降低成本，减少消耗，浪费为零。

③ 工作顺畅，及时完成工作任务。

④ 无泄漏、无危害、安全、整齐，事故为零。

⑤ 提升职业素养，培养工匠精神。

3．实训器材准备

（1）常用工具：钢丝钳、螺丝刀、镊子、剥线钳、尖嘴钳、验电笔等。

（2）常用仪表：兆欧表、万用表。

（3）器材：低压断路器 1 个、熔断器 5 个、交流接触器 2 个、热继电器 1 个、三联按钮

2 个、接线端子 1 个、速度继电器 1 个、限流电阻 3 个、三相异步电动机 1 台、配电板 1 块和若干导线。

4．实训实施步骤

1）识一识　识读电气原理图

根据图 2-9-2 明确电路中所用的元器件及其作用，熟悉控制电路的工作原理；理解三相异步电动机反接制动控制电路的连接方式。

2）认一认　选择与检测元器件

根据图 2-9-2 配齐所需的元器件，并进行必要的检测。

在不通电的情况下，用万用表或目视检测各元器件触点的通断情况是否良好；检测空气开关是否正常；检测熔断器的熔体是否完好；检测按钮中的螺钉是否完好，螺纹是否失效；检测接触器的触点是否接触良好，线圈额定电压与电源是否相符；检测热继电器是否完好。将检测结果填写在实训元器件配置清单表（见表 2-9-1）中。

表 2-9-1　实训元器件配置清单表

代号	名称	型号	数量	功能	检测结果是否正常
QS					
FU1					
FU2					
KM1					
KM2					
FR					
SB1					
SB2					
BV					
R					

3）做一做　安装、接线与调试

（1）绘制元器件布置图并安装元器件。

根据图 2-9-2 绘制三相异步电动机反接制动控制电路的元器件布置图。三相异步电动机反接制动控制电路的元器件布置参考图如图 2-9-3 所示。

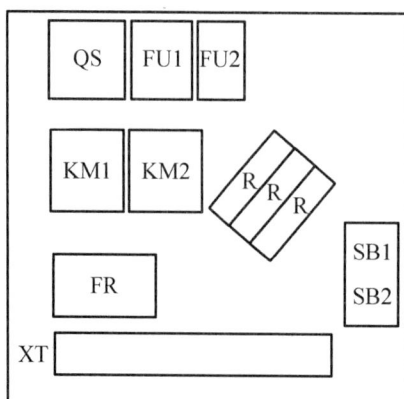

图 2-9-3　三相异步电动机反接制动控制电路的元器件布置参考图

在控制板上进行元器件的布置与安装。各元器件的安装位置应整齐、匀称、间距合理，便于元器件的更换。在紧固各元器件时用力要均匀。在紧固熔断器、交流接触器、热继电器等易碎元器件时，应用手按住元器件，一边轻轻摇动，一边用旋具旋紧对角线上的螺钉，感觉摇不动后再适度旋紧一些即可。

在安装时，电源开关和熔断器一般放置在上方，发热元件要预留通风散热空间，需要操作的元器件放在面板边缘，端子排一般放置在面板下方。

（2）接线与工艺要求。

控制板上明线布线的工艺要求与任务 2.1 中布线的工艺要求相同，此处不再重述。

（3）三相异步电动机反接制动控制电路的接线参考图如图 2-9-4 所示。

4）查一查　不通电测试、通电测试及故障排除

（1）不通电测试。

① 核对接线。对照图 2-9-2 和图 2-9-4，从电源端开始，逐段核对接线及接线端子处是否正确，有无漏接、错接之处。检查导线接点是否符合要求（裸露是否超过 2mm），压接是否牢固。

② 检查端子接线是否符合要求。用手摇动、拉拨接线端子上的导线，不松脱。

③ 用万用表检查电路的通断。在检查时，应选择挡位合适的电阻挡，以免发生短路故障。

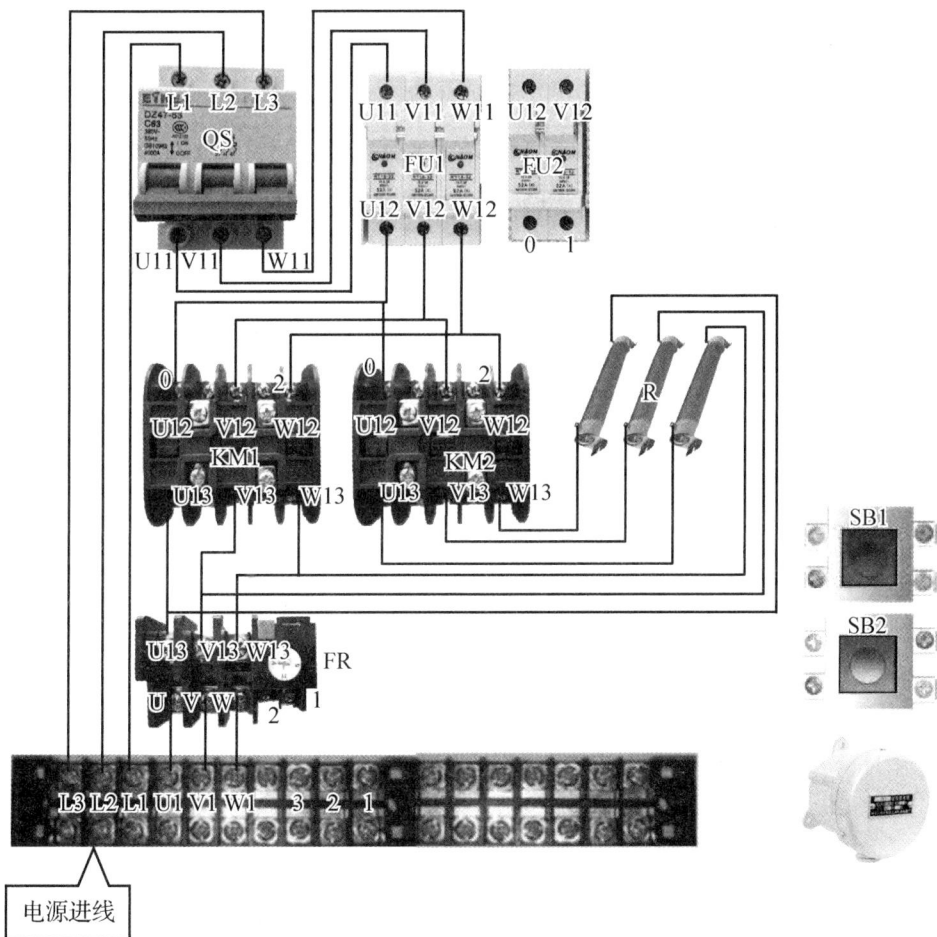

（a）主电路接线参考图

图 2-9-4　三相异步电动机反接制动控制电路的接线参考图

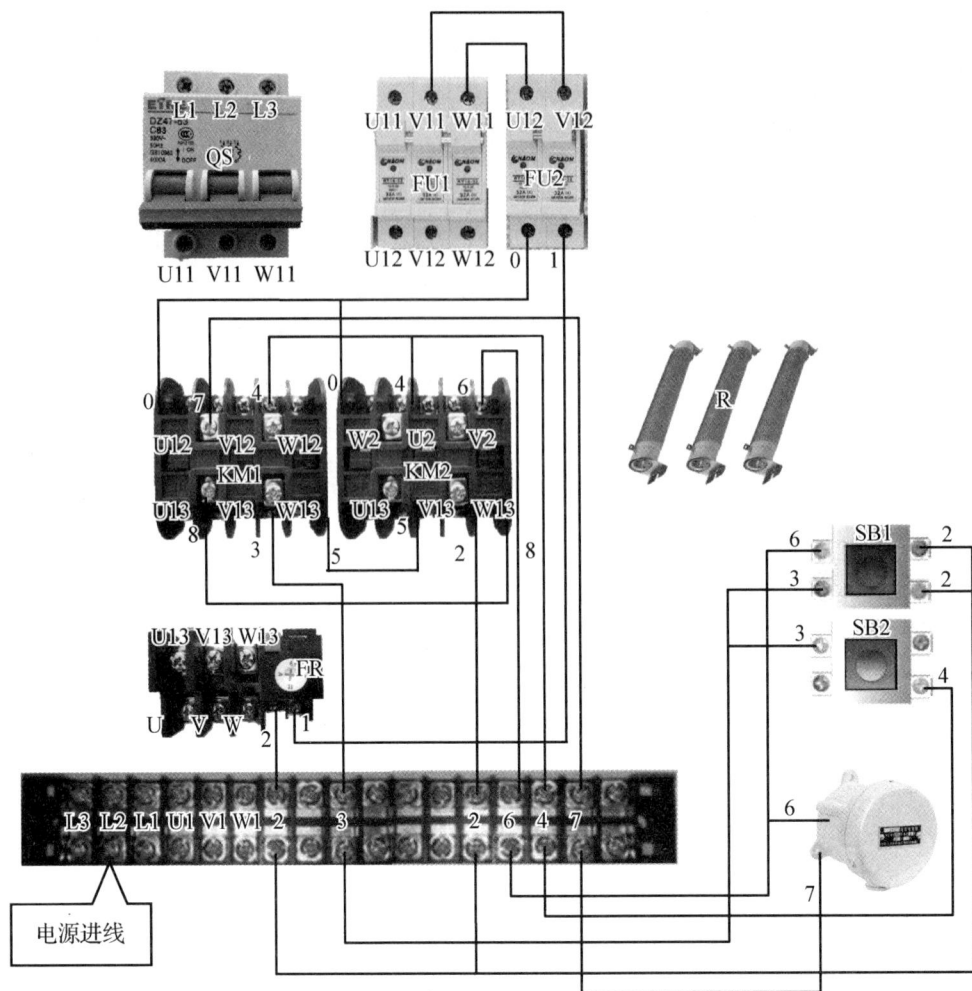

（b）控制电路接线参考图

图 2-9-4　三相异步电动机反接制动控制电路的接线参考图（续）

在检查控制电路时，将万用表的红、黑两表笔分别搭在 FU2 的进线端（U12、V12），此时万用表的读数应为"∞"。当按下启动按钮 SB2 时，读数应为 KM1 线圈的电阻值，大约为几千欧；用手压下 KM1 的衔铁，使 KM1 的常开触点闭合，读数为 KM1 线圈的电阻值。

在检查主电路时，合上开关 QS，用手压下 KM1 的触点来代替交流接触器得电吸合时的情况，依次测量从电源端（L1、L2、L3）到电动机出线端子（U、V、W）上的每一相电路的电阻值，检查是否存在开路现象。正常情况下万用表的电阻值读数为"0"，若电阻值的读数为"∞"，则表示电路发生开路现象，此时应查找原因，排除故障。

用兆欧表检查电路的绝缘电阻，电阻值不得小于 0.5MΩ。

④ 不通电测试记录。表 2-9-2 所示为三相异步电动机反接制动控制电路不通电测试记录表。根据表 2-9-2 中的操作步骤分别测量主电路和控制电路的电阻值，并将测量结果填入表 2-9-2。

表 2-9-2　三相异步电动机反接制动控制电路不通电测试记录表

操作步骤	主电路电阻值/Ω					
	L1-U	L2-V	L3-W	L1-L2	L2-L3	L3-L1
合上 QS，压下 KM1 的触点						

续表

操作步骤	控制电路电阻值（W12-V12）/Ω
未按下 SB2 及 未压下 KM1 的触点	
单独按下 SB2	
压下 KM1 的触点	

（2）通电测试。

引入三相电源，接入电动机，合上电源开关 QS，按下启动按钮 SB2，先观察交流接触器的动作情况，再观察速度继电器的动作情况。

按下停止按钮 SB1，KM1 的线圈断电释放，KM2 的线圈得电，电动机反接制动工作。

将通电测试结果填入三相异步电动机反接制动控制电路通电测试记录表（见表 2-9-3）。

表 2-9-3　三相异步电动机反接制动控制电路通电测试记录表

操作步骤	合上 QS	按下 SB2	松开 SB2	按下 SB1	松开 SB1
电动机 M 的运转情况					
交流接触器 KM1 的吸合情况					
交流接触器 KM2 的吸合情况					

（3）故障排除。

在操作过程中，若出现不正常现象，则应立即断开电源，分析故障原因，仔细检查电路，在实训教师认可的情况下才能再次通电试车运行。

5）评一评　安装、接线与调试评分标准

三相异步电动机反接制动控制电路的安装与调试评分表如表 2-9-4 所示。

表 2-9-4　三相异步电动机反接制动控制电路的安装与调试评分表

项目内容	考核要求	评分标准	配分	扣分	得分
装前检查	正确选择元器件；对元器件的质量进行检验	（1）元器件漏选或错选，每处扣 2 分； （2）未对元器件的质量进行检验，每个扣 1 分	10 分		
安装元器件	按图纸的要求，正确利用工具，熟练地安装元器件；元器件安装要准确、紧固；按钮盒不固定在板上	（1）元器件安装不牢固、漏装，每个扣 2 分； （2）损坏元器件，每个扣 5 分； （3）元器件布置不均匀、不整齐、不合理，每个扣 2 分	15 分		
布线	布线合理规范，横平、竖直，紧贴敷设面，连接紧固，不交叉、不反圈、不压绝缘层、不露铜过长、无毛刺。 电源和电动机配线、按钮接线要接到端子排上，进出线要有标号；电动机外壳要接接地线	（1）不按电路图接线，扣 10 分； （2）布线不横平、竖直，转角不呈 90°，有交叉，每处扣 2 分； （3）接点不符合要求（有松动、接头裸露过长、反圈、压绝缘层、标记线号不清楚，有遗漏或误标），每处扣 2 分； （4）损伤导线绝缘或线芯，每处扣 2 分； （5）漏接接地线，扣 3 分	30 分		

续表

项目内容	考核要求	评分标准	配分	扣分	得分
通电试车	通电试车成功,且各项功能完好	(1)热继电器的整定值未整定或整定错,扣5分; (2)配错熔体,主电路和控制电路各扣2分; (3)第一次试车不成功,扣10分; (4)第二次试车不成功,扣20分	30分		
操作规范与职业素养	执行"6S"管理:整理、整顿、清扫、安全、清洁、素养,安全文明生产	(1)没有穿戴防护用品,扣5分; (2)在作业过程中,工具、仪表、耗材摆放不规范,每处扣2分; (3)在完成任务后不清理工位,每处扣2分; (4)未按安全要求使用工具,每次扣2分; (5)在进行带电或停电检修时,不按安全操作规范进行操作,每次扣2分; (6)在作业过程中,损坏元器件或工具仪表,总成绩扣10分; (7)发生严重违规操作或短路现象,总成绩记0分	15分		
开始时间		结束时间		成绩	
评分人:		核分人:			

6)想一想　巩固与练习

(1)如何实现三相异步电动机反接制动控制?请画出控制电路的工作原理图。

(2)制动的方法有哪些?反接制动适用于什么场合?

7)实训报告及测评

三相异步电动机反接制动控制电路的安装与调试实训报告及测评分别如表2-9-5和表2-9-6所示。

表2-9-5　三相异步电动机反接制动控制电路的安装与调试实训报告

姓名		班级		组别		日期	
工位号		同组人员				实训起止时间	
执行"6S"管理过程记录							
使用电工工具及仪表过程记录							
选择与检测元器件过程记录							
元器件的安装、接线与调试过程记录							
测试及故障检修过程记录							
本次实训思考及总结							

表 2-9-6　三相异步电动机反接制动控制电路的安装与调试实训测评

序号	评价内容	评价要求	配分	自我评价（20%）	小组评价（30%）	教师评价（50%）	得分
1	执行"6S"管理	"6S"管理执行规范，安全作业，操作规范，团队合作默契	10分				
2	使用工具及仪表	正确使用工具及仪表，无损坏	5分				
3	选择与检测元器件	选择与检测元器件正确，记录表填写完整规范；实训元器件配置清单记录表填写完整规范	10分				
4	安装、接线与调试	参考安装与调试评分表中的评分标准	40分				
5	测试与故障检修	不通电和通电测试操作规范，记录表填写完整；故障排除方法正确，过程迅速	20分				
6	巩固与练习	按时完成作业，答案正确	5分				
7	实训报告	实训报告按时完成，质量好	10分				
	总分		100分				

任务 2.10　时间继电器双速电动机控制电路的安装与调试

微课

※知识目标：

（1）识读时间继电器双速电动机控制电路的电气原理图。

（2）理解变极调速的原理和电动机在高低速运行时绕组的联结方式。

（3）正确理解时间继电器双速电动机控制电路的工作原理。

※技能目标：

（1）按工艺要求完成时间继电器双速电动机控制电路的安装与调试。

（2）能根据故障现象检修双速电动机控制电路并排除故障。

※知识平台：

在实际的机械加工生产中，许多电气设备为了适应各种工件加工工艺的要求，其电动机需要有较大的调速范围。

由三相异步电动机的转速公式 $n=(1-S)60f_1/P$ 可知，改变电动机的转速有三种方法：一是改变电源频率 f_1；二是改变转差率；三是改变磁极对数 P。

改变电动机磁极对数的调速称为变极调速。变极调速是通过改变定子绕组的连接方式来实现的，它是有级调速，且只适用于笼型异步电动机。磁极对数可改变的电动机称为多速电动机。常见的多速电动机有双速、三速、四速等几种类型。下面以时间继电器双速电动机控制电路的安装与调试为例进行分析。

1. 时间继电器双速电动机控制电路的组成

双速电动机三相定子绕组的△-YY 接线图如图 2-10-1 所示。三相定子绕组接成△形，三个连接点分别接三个出线端 U1、V1、W1，每相绕组的中点各接一个出线端 U2、V2、W2，这样定子绕组共有 6 个出线端。通过改变这 6 个出线端与电源的连接方式，就可以得到两种不同的转速。

当电动机为低速△形工作时，三相电源分别接在出线端 U1、V1、W1 上，另外三个出线端 U2、V2、W2 空着不接，如图 2-10-1（a）所示，此时电动机定子绕组接成△形，磁极为 4 极，同步转速为 1500r/min。

当电动机为高速 YY 形工作时，三个出线端 U1、V1、W1 并接在一起，三相电源分别接到另外三个出线端 U2、V2、W2 上，如图 2-10-1（b）所示，这时电动机定子绕组接成 YY 形，磁极为 2 极，同步转速为 3000r/min。可见，双速电动机在高速运转时的转速是在低速运转时转速的两倍。

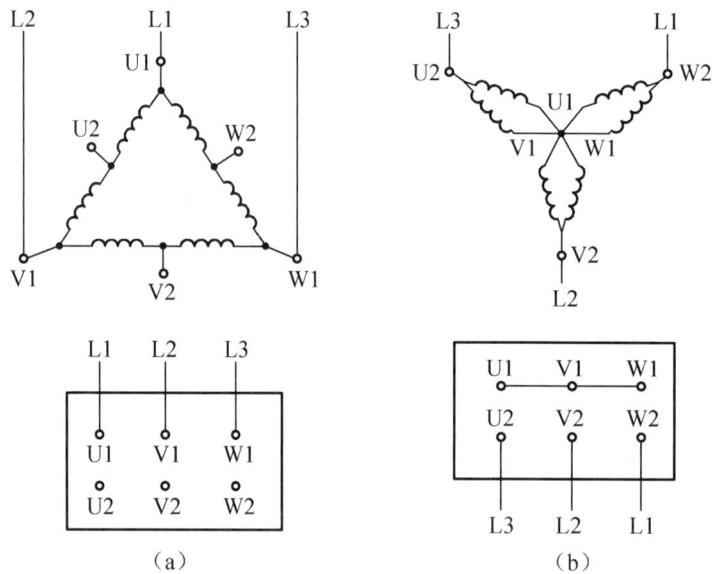

图 2-10-1 双速电动机三相定子绕组的△-YY 接线图

值得注意的是，当双速电动机定子绕组从一种接法改变成另一种接法时，必须把电源相序反接，以保证电动机的旋转方向不变。

时间继电器双速电动机控制电路的电气原理图如图 2-10-2 所示。电路由两个交流接触器 KM1 和 KM2、时间继电器 KT、停止按钮 SB1、启动按钮 SB2、两个热继电器 FR1 和 FR2，以及中间继电器 KA 组成。当 KM1 的主触点闭合、KM2 的主触点和辅助常开触点断开时，三相电源从接线端 U1、V1、W1 进入双速电动机定子绕组，双速电动机定子绕组接成△形，以 4 极低速运行；当 KM1 的主触点断开、KM2 的主触点和辅助常开触点闭合时，三相电源从接线端 U2、V2、W2 进入双速电动机定子绕组，双速电动机定子绕组接成 YY 形，以 2 极高速运行。

KM1 控制双速电动机低速运行；KM2 控制双速电动机高速运行。

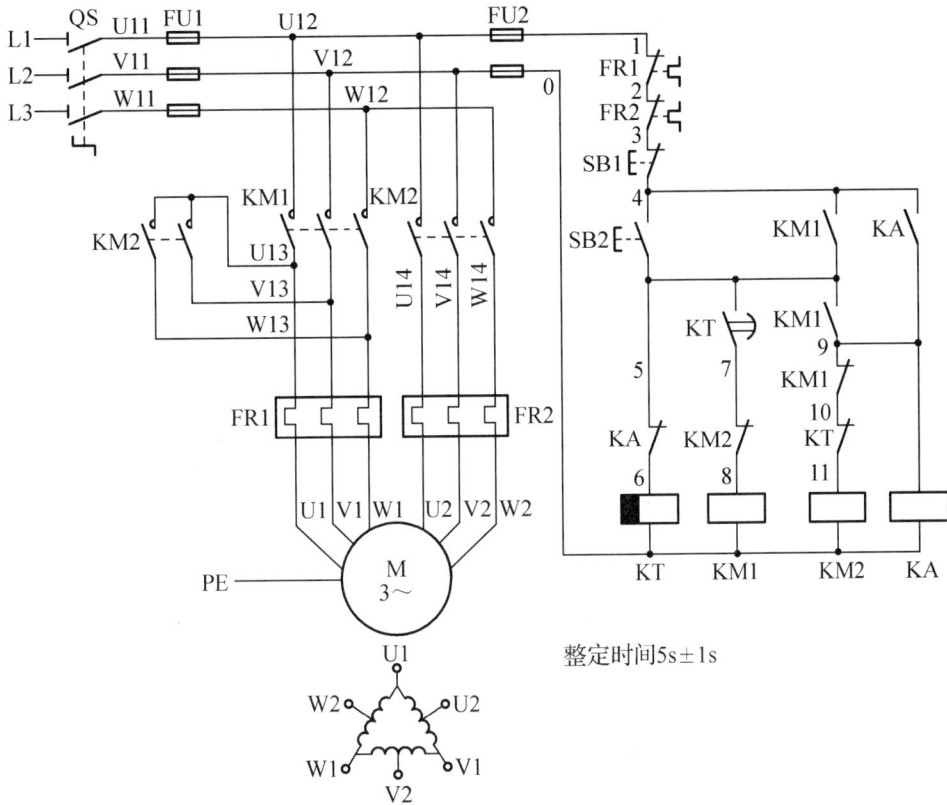

图 2-10-2 时间继电器双速电动机控制电路的电气原理图

2．时间继电器双速电动机控制电路的工作原理

首先合上电源开关 QS，然后对电路进行控制。时间继电器双速电动机控制电路的工作原理如下。

1）△-YY 自动转换运行

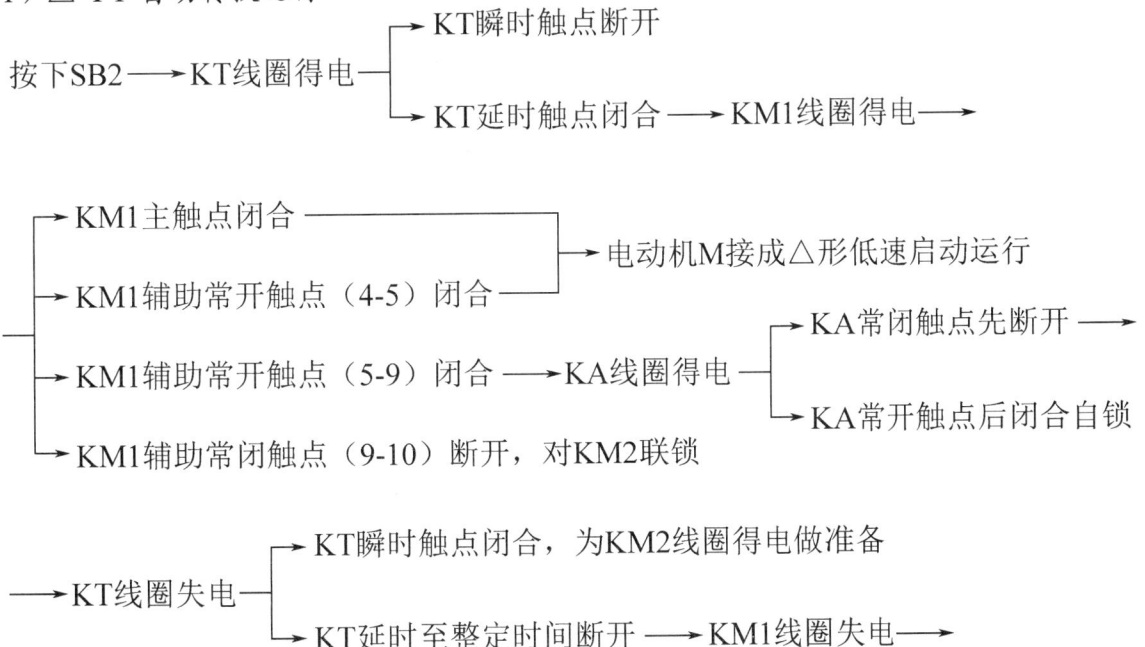

```
      ┌─→ KM1主触点断开 ─────────────┐
      │                            ├─→ 电动机低速运行结束
      ├─→ KM1辅助常开触点（4-5）断开 ─┘
  ────┤
      ├─→ KM1辅助常开触点（5-9）断开                        ┌─→ KM2联锁触点断开
      │                                                  │
      └─→ KM1辅助常闭触点（9-10）闭合 ─→ KM2线圈得电 ──────┼─→ KM2主触点闭合 ──────┐
                                                         └─→ KM2主电路两对辅      │
                                                            助常开触点闭合       │
```

──→ 电动机接成YY形高速运行

2）停止

按下SB1 ──→ 控制电路失电 ──→ KM1、KM2、KM3主触点断开 ──→ 电动机M停止运行

※任务实施：

1. 实训任务

时间继电器双速电动机控制电路的安装与调试。

2. 实训要求

（1）按要求着装，带好常用工具及仪表进入实训室。按照接线图纸的要求，进行元器件的安装、接线与调试。

（2）在实训中执行"6S"管理（整理、整顿、清扫、清洁、安全、素养）。

① 整洁的现场，不良品为零。

② 努力降低成本，减少消耗，浪费为零。

③ 工作顺畅，及时完成工作任务。

④ 无泄漏、无危害、安全、整齐，事故为零。

⑤ 提升职业素养，培养工匠精神。

3. 实训器材准备

（1）常用工具：钢丝钳、螺丝刀、镊子、剥线钳、尖嘴钳、验电笔等。

（2）常用仪表：兆欧表、万用表。

（3）器材：低压断路器1个、熔断器5个、交流接触器2个、中间继电器1个、热继电器2个、三联按钮1个、时间继电器1个、接线端子1个、双速三相异步电动机1台、配电板1块和若干导线。

4. 实训实施步骤

1）识一识　识读电气原理图

根据图2-10-2明确电路中所用的元器件及其作用，熟悉控制电路的工作原理；理解双速三相异步电动机的连接方式。

2）认一认　选择与检测元器件

根据图2-10-2配齐所需的元器件，并进行必要的检测。

在不通电的情况下，用万用表或目视检测各元器件触点的通断情况是否良好；检测空气开关是否正常；检测熔断器的熔体是否完好；检测按钮中的螺钉是否完好，螺纹是否失效；

检测接触器的触点是否接触良好，线圈额定电压与电源是否相符；检测时间继电器的触点是否接触良好，线圈额定电压与电源是否相符；检测热继电器是否完好。将检测结果填写在实训元器件配置清单表（见表 2-10-1）中。

表 2-10-1　实训元器件配置清单表

代号	名称	型号	数量	功能	检测结果是否正常
QS					
FU1					
FU2					
KM1					
KM2					
KA					
KT					
FR1					
FR2					
SB1					
SB2					

3）做一做　安装、接线与调试

（1）绘制元器件布置图并安装元器件。

根据图 2-10-2 绘制时间继电器双速电动机控制电路的元器件布置图。时间继电器双速电动机控制电路的元器件布置参考图如图 2-10-3 所示。

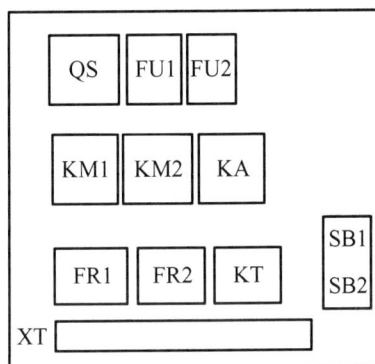

图 2-10-3　时间继电器双速电动机控制电路的元器件布置参考图

在控制板上进行元器件的布置与安装。各元器件的安装位置应整齐、匀称、间距合理，便于元器件的更换。在紧固各元器件时用力要均匀。在紧固熔断器、交流接触器、时间继电器、中间继电器、热继电器等易碎元器件时，应用手按住元器件，一边轻轻摇动，一边用旋具旋紧对角线上的螺钉，感觉摇不动后再适度旋紧一些即可。

在安装时，电源开关和熔断器一般放置在上方，发热元件要预留通风散热空间，需要操作的元器件放在面板边缘，端子排一般放置在面板下方。

（2）接线与工艺要求。

控制板上明线布线的工艺要求与任务 2.1 中布线的工艺要求相同，此处不再重述。

（3）时间继电器双速电动机控制电路的接线参考图如图 2-10-4 所示。

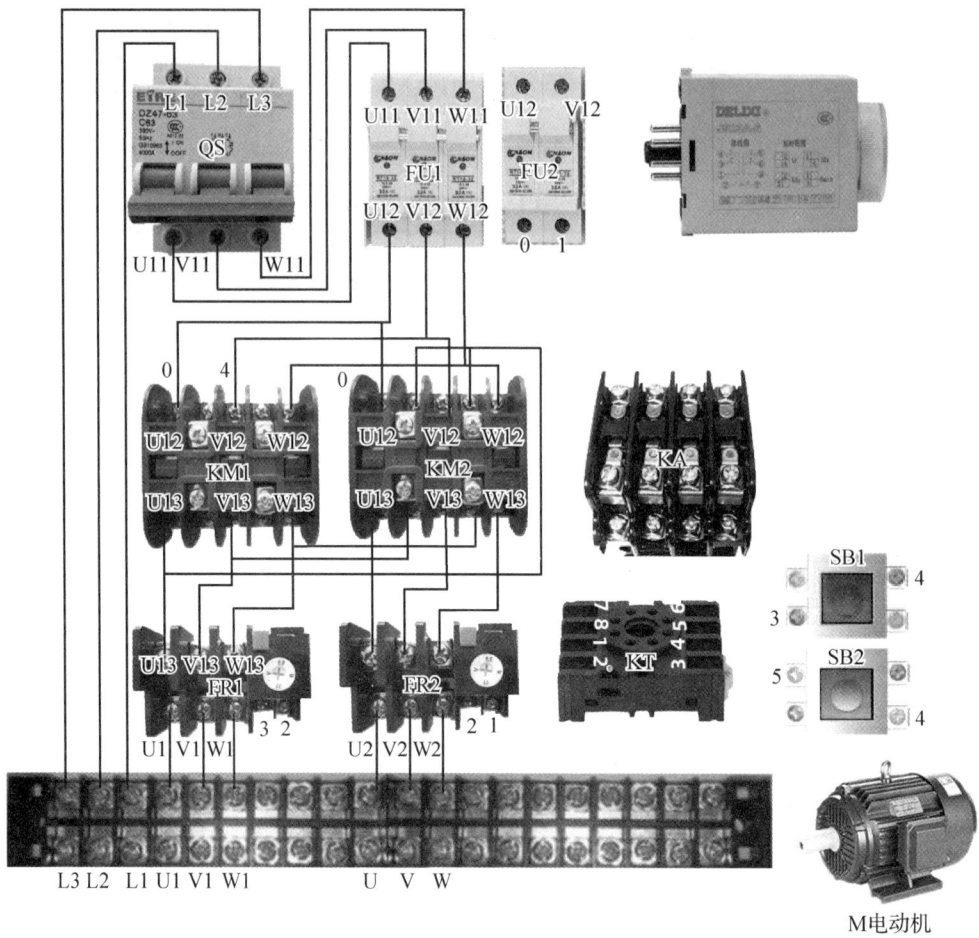

（a）主电路接线参考图

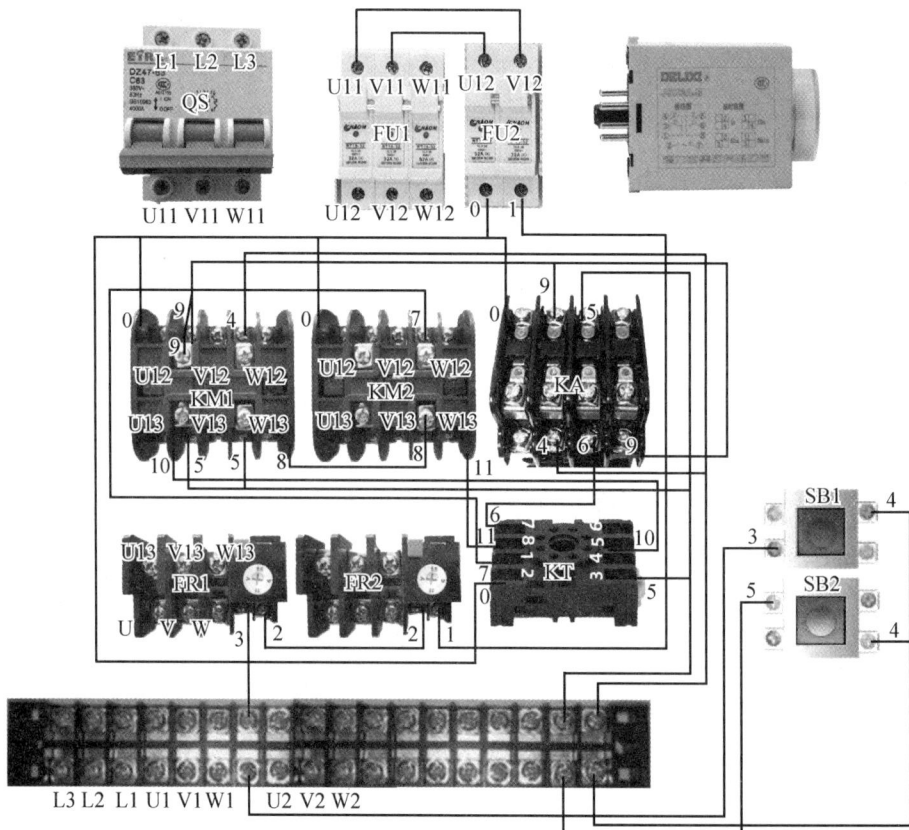

（b）控制电路接线参考图

图 2-10-4　时间继电器双速电动机控制电路的接线参考图

4）查一查 不通电测试、通电测试及故障排除

（1）不通电测试。

① 核对接线。对照图 2-10-2 和图 2-10-4，从电源端开始，逐段核对接线及接线端子处是否正确，有无漏接、错接之处。检查导线接点是否符合要求（裸露是否超过 2mm），压接是否牢固。

② 检查端子接线是否符合要求。用手摇动、拉拨接线端子上的导线，不松脱。

③ 用万用表检查电路的通断。在检查时，应选择挡位合适的电阻挡，以免发生短路故障。

在检查控制电路时，将万用表的红、黑两表笔分别搭在 FU2 的进线端（U12、V12），此时万用表的读数应为"∞"。当按下启动按钮 SB2 时，读数应为 KT 线圈的电阻值，大约为几千欧；用手压下 KM1 的衔铁，使 KM1 的常开触点闭合，读数为 KM2 的线圈与 KT 并联的电阻值；用手压下 KM1 和 KA 的衔铁，使 KM1 和 KA 的常开触点闭合，读数为 KM2、KA 和 KT 线圈电阻的并联值。

在检查主电路时，合上开关 QS，用手压下 KM1 的触点来代替交流接触器得电吸合时的情况，依次测量从电源端（L1、L2、L3）到电动机 M 出线端子（U1、V1、W1）上的每一相电路的电阻值，检查是否存在开路现象。正常情况下万用表的电阻值读数为"0"，若电阻值的读数为"∞"，则表示电路发生开路现象，此时应查找原因，排除故障。

用手压下 KM2 的触点来代替交流接触器得电吸合时的情况，依次测量从电源端（L1、L2、L3）到电动机 M 出线端子（U2、V2、W2）上的每一相电路的电阻值，检查是否存在开路现象。正常情况下万用表的电阻值读数为"0"，若电阻值的读数为"∞"，则表示电路发生开路现象，此时应查找原因，排除故障。

用兆欧表检查电路的绝缘电阻，电阻值不得小于 0.5MΩ。

④ 不通电测试记录。表 2-10-2 所示为时间继电器双速电动机控制电路不通电测试记录表。根据表 2-10-2 中的操作步骤分别测量主电路和控制电路的电阻值，并将测量结果填入表 2-10-2。

表 2-10-2 时间继电器双速电动机控制电路不通电测试记录表

操作步骤	主电路电阻值/Ω					
	L1-U1	L2-V1	L3-W1	L1-L2	L2-L3	L3-L1
合上 QS，压下 KM1 的触点						
	L1-W2	L2-V2	L3-U2	L1-L2	L2-L3	L3-L1
合上 QS，压下 KM2 的触点						

操作步骤	控制电路电阻值（U12-V12）/Ω
未按下 SB2 及 未压下 KM1 和 KM2 的触点	
单独按下 SB2	
压下 KM1 的触点	
同时压下 KM1 和 KA 的触点	

（2）通电测试。

检查三相电源，按电动机额定电流调整热继电器的整定电流，引入三相电源，接入电动

机，合上电源开关 QS，按下启动按钮 SB2，观察时间继电器 KT、交流接触器 KM1、中间继电器 KA 的动作情况。5s 后，观察时间继电器 KT、交流接触器 KM2 和中间继电器 KA 的动作情况。

按下停止按钮 SB1，KM1 和 KM2 的线圈断电释放，KT 的线圈断电释放，KA 的线圈断电释放，电动机停止工作。

将通电测试结果填入时间继电器双速电动机控制电路通电测试记录表（见表 2-10-3）。

表 2-10-3　时间继电器双速电动机控制电路通电测试记录表

操作步骤	合上 QS	按下 SB2	松开 SB2	KT 工作	KT 工作 5s 后	按下 SB1
电动机的运转速度（低速或高速）						
交流接触器 KM1 的吸合情况						
交流接触器 KM2 的吸合情况						
中间继电器 KA 的吸合情况						

（3）故障排除。

在操作过程中，若出现不正常现象，则应立即断开电源，分析故障原因，仔细检查电路，在实训教师认可的情况下才能再次通电试车运行。

5）评一评　安装、接线与调试评分标准

时间继电器双速电动机控制电路的安装与调试评分表如表 2-10-4 所示。

表 2-10-4　时间继电器双速电动机控制电路的安装与调试评分表

项目内容	考核要求	评分标准	配分	扣分	得分
装前检查	正确选择元器件；对元器件的质量进行检验	（1）元器件漏选或错选，每处扣 2 分； （2）未对元器件的质量进行检验，每个扣 1 分	10 分		
安装元器件	按图纸的要求，正确利用工具，熟练地安装元器件；元器件安装要准确、紧固；按钮盒不固定在板上	（1）元器件安装不牢固、漏装，每个扣 2 分； （2）损坏元器件，每个扣 5 分； （3）元器件布置不均匀、不整齐、不合理，每个扣 2 分	15 分		
布线	布线合理规范，横平、竖直，紧贴敷设面，连接紧固，不交叉、不反圈、不压绝缘层、不露铜过长、无毛刺。电源和电动机配线、按钮接线要接到端子排上，进出线要有标号；电动机外壳要接接地线	（1）不按电路图接线，扣 10 分； （2）布线不横平、竖直，转角不呈 90°，有交叉，每处扣 2 分； （3）接点不符合要求（有松动、接头裸露过长、反圈、压绝缘层、标记线号不清楚，有遗漏或误标），每处扣 2 分； （4）损伤导线绝缘或线芯，每处扣 2 分； （5）漏接接地线，扣 3 分	30 分		
通电试车	通电试车成功，且各项功能好	（1）热继电器的整定值未整定或整定错，扣 5 分； （2）配错熔体，主电路和控制电路各扣 2 分； （3）第一次试车不成功，扣 10 分； （4）第二次试车不成功，扣 20 分	30 分		

项目内容	考核要求	评分标准	配分	扣分	得分
操作规范与职业素养	执行"6S"管理：整理、整顿、清扫、安全、清洁、素养，安全文明生产	（1）没有穿戴防护用品，扣 5 分； （2）在作业过程中，工具、仪表、耗材摆放不规范，每处扣 2 分； （3）完成任务后不清理工位，每处扣 2 分； （4）未按安全要求使用工具，每次扣 2 分； （5）在进行带电或停电检修时，不按安全操作规范进行操作，每次扣 2 分； （6）在作业过程中，损坏元器件或工具仪表，总成绩扣 10 分； （7）发生严重违规操作或短路现象，总成绩记 0 分	15 分		
开始时间		结束时间		成绩	
评分人：		核分人：			

6）想一想　巩固与练习

（1）通过本次实训，你得到了什么重要结论或收获？

（2）在实训过程中出现了什么问题？你是怎样解决的？

（3）双速电动机的定子绕组共有几个出线端？分别画出双速电动机在低、高速运转时定子绕组的接线图。

7）实训报告及测评

时间继电器双速电动机控制电路的安装与调试实训报告及测评分别如表 2-10-5 和表 2-10-6 所示。

表 2-10-5　时间继电器双速电动机控制电路的安装与调试实训报告

姓名		班级		组别		日期	
工位号		同组人员				实训起止时间	
执行"6S"管理过程记录							
使用电工工具及仪表过程记录							
选择与检测元器件过程记录							
元器件的安装、接线与调试过程记录							
测试及故障检修过程记录							
本次实训思考及总结							

表 2-10-6　时间继电器双速电动机控制电路的安装与调试实训测评

序号	评价内容	评价要求	配分	自我评价（20%）	小组评价（30%）	教师评价（50%）	得分
1	执行"6S"管理	"6S"管理执行规范，安全作业，操作规范，团队合作默契	10分				
2	使用工具及仪表	正确使用工具及仪表，无损坏	5分				
3	选择与检测元器件	选择与检测元器件正确，记录表填写完整规范；实训元器件配置清单记录表填写完整规范	10分				
4	安装、接线与调试	参考安装与调试评分表中的评分标准	40分				
5	测试与故障检修	不通电和通电测试操作规范，记录表填写完整；故障排除方法正确，过程迅速	20分				
6	巩固与练习	按时完成作业，答案正确	5分				
7	实训报告	实训报告按时完成，质量好	10分				
	总分		100分				

项目3 典型机床电气电路的故障检修

※项目描述：

本项目有针对性地介绍两种常用的机床控制设备，即 CA6140 型车床和 M7120 型平面磨床的电气控制电路、工作原理、典型故障分析及常见故障的处理方法，主要目的是提高学生的识图能力、实践应用能力、综合分析能力及解决问题的能力。

※素质目标：

（1）培养良好的道德修养、乐观向上的人生价值观及工匠精神。
（2）养成安全及按技能操作规程操作的工作习惯。

※知识目标：

（1）理解典型机床电气设备控制电路的工作原理。
（2）熟悉典型机床电气设备控制电路常见故障的检测方法。

※技能目标：

（1）认识并会操作典型机床。
（2）能分析和判断典型机床电气设备的常见故障。
（3）会正确使用电工工具及仪表对典型机床电气设备控制电路的常见故障进行处理。

※项目任务：

任务 3.1 CA6140 型车床的认识与操作
任务 3.2 CA6140 型车床控制电路的原理分析
任务 3.3 CA6140 型车床控制电路的故障分析及排除
任务 3.4 M7120 型平面磨床的认识与操作
任务 3.5 M7120 型平面磨床控制电路的原理分析
任务 3.6 M7120 型平面磨床控制电路的故障分析及排除

任务 3.1 CA6140 型车床的认识与操作

微课

※知识目标：

（1）认识 CA6140 型车床的结构与作用。
（2）正确理解 CA6140 型车床的操作方法。

※技能目标：

（1）会 CA6140 型车床的启动操作。

（2）会 CA6140 型车床主轴箱的变速操作。

（3）会 CA6140 型车床进给箱的变速操作。

（4）会 CA6140 型车床溜板箱的操作。

（5）会 CA6140 型车床尾座的操作。

※知识平台：

1．CA6140 型车床的作用

CA6140 型车床能承担各种车削工作，如车削内外圆柱面、端面及其他旋转面。其既能车削各种常用公制、英制、模数、径节螺纹，又能钻孔、铰孔和拉油槽等。

2．CA6140 型车床的结构

CA6140 型车床由挂轮箱、主轴箱、刀架、溜板箱、床身、前/后床脚、丝杠、光杠、操纵杆、进给箱、尾座、卡盘等组成。CA6140 型车床结构图如图 3-1-1 所示。

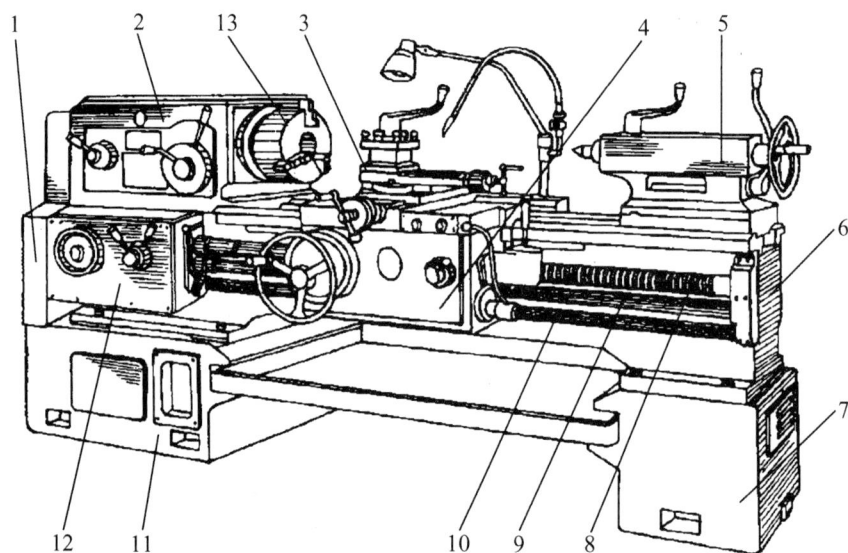

1—挂轮箱；2—主轴箱；3—刀架；4—溜板箱；5—尾座；6—床身；
7—后床脚；8—丝杠；9—光杠；10—操纵杆；11—前床脚；12—进给箱；13—卡盘。

图 3-1-1　CA6140 型车床结构图

（1）主轴箱。主轴箱支撑主轴并带动工件做回转运动。箱内装有齿轮和轴等零件，组成变速传动机构。改变箱外手柄位置，可使主轴得到不同的转速。

（2）进给箱。进给箱是进给传动系统的变速机构。它把进给箱中的交换齿轮箱传递来的运动，经过变速后传递给丝杠，以实现各种螺纹的车削或机动进给。

（3）挂轮箱。挂轮箱将主轴的回转运动传递给进给箱。更换箱内的齿轮，配合进给箱的变速机构，可以得到车削各种螺距螺纹的进给运动；并满足在车削时对不同纵、横向进给量的需求。

（4）溜板箱。溜板箱通过光杠传递的运动，驱动床鞍和中、小滑板及刀架实现车刀的纵、横向进给运动。床鞍带动刀架纵向进给，中滑板带动刀架横向进给，小滑板通过摇动手轮使刀架纵向进给。溜板箱上装有一些微手柄和按钮，可以方便地操纵车床进行机动、手动、车螺纹或快速移动等运动。

（5）床身。床身是车床的大型基础部件，其精度要求很高，用来支撑和连接车床的各个部件。床身上面有两条精确的导轨，床鞍和尾座可沿着导轨移动。前床身内装主轴电动机电气控制电路，后床身内装冷却泵电动机和切削液。

（6）刀架。刀架由床鞍、两层滑板和刀架体共同组成，用于装夹车刀并带动车刀做纵向、横向和斜向运动。

（7）尾座。尾座安装在床身导轨上，并可沿着导轨纵向移动。利用尾座可调整车床加工零件的精度和车刀的工作位置。尾座主要用于安装后顶尖，以支撑较长的工件；也可以安装钻头、铰刀等切削刀具进行孔加工。

（8）卡盘。卡盘用来夹持工件，并带动工件旋转。

（9）光杠。光杠用来带动溜板箱运动，主要实现内外圆、端面、镗孔等的切削加工。

（10）丝杠。丝杠用来带动溜板箱运动，主要实现螺纹加工。

※任务实施：

1．实训任务

CA6140 型车床的操作。

2．实训要求

（1）按要求着装，带好常用工具及仪表进入实训室。

（2）在实训中执行"6S"管理（整理、整顿、清扫、清洁、安全、素养）。

① 整洁的现场，不良品为零。

② 努力降低成本，减少消耗，浪费为零。

③ 工作顺畅，及时完成工作任务。

④ 无泄漏、无危害、安全、整齐，事故为零。

⑤ 提升职业素养，培养工匠精神。

3．实训设备准备

CA6140 型车床 10 台。

4．实训实施步骤

1）车床的启动操作

（1）检查车床各变速手柄是否处于空挡位置，离合器是否处于正确位置，操纵杆是否处于停止状态。确认无误后，合上车床电源总开关。

（2）按下床鞍上的绿色启动按钮，启动主轴电动机。

（3）向上提起溜板箱右侧的操纵杆手柄，主轴正转；操纵杆手柄回到中间位置，主轴停止转动；向下压操纵杆手柄，主轴反转。

（4）主轴正、反转的转换要在主轴停止转动后进行，避免因连续转换操作使瞬间电流过大而发生电气故障。

（5）按下床鞍上的红色停止按钮，主轴电动机停止工作。

（6）车床启动的安全注意事项如下。

① 主轴的工作转速不得高于卡盘的许用转速。

② 不要使用已损坏、变形或变钝的车刀。

③ 定期进行机床的保养、维护。在调整、维护和修理机床时，要断开机床主电源。

④ 床鞍纵向移动前，必须松开床鞍锁紧螺钉。

⑤ 必须定期给各导轨、油杯、三箱等需润滑的部位加注润滑油、润滑脂，确保设备安全、正常运转。

⑥ 用专用工具安装车刀。

⑦ 穿戴个人防护装置：眼保护用护目镜；长发保护用工作帽或头套；全身保护用紧身工作服；脚保护用劳保鞋；耳保护用护耳装置。

2）车床主轴箱的变速操作

通过改变主轴箱正面右侧的两个主轴变速叠套手柄的位置来控制主轴的转速。前面的手柄有 6 个挡位，每个挡位有 4 级转速，并由后面的手柄控制，所以主轴共有 24 级转速。车床主轴箱的变速操作手柄如图 3-1-2 所示。

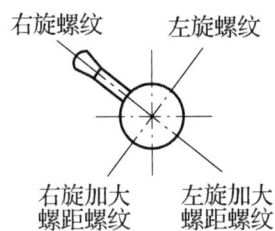

主轴箱正面左侧的手柄为螺纹旋向变换手柄，用于螺纹的左、右旋向变换和加大螺距，其共有 4 个挡位，即右旋螺纹、左旋螺纹、右旋加大螺距螺纹和左旋加大螺距螺纹。螺纹旋向变换手柄如图 3-1-3 所示。

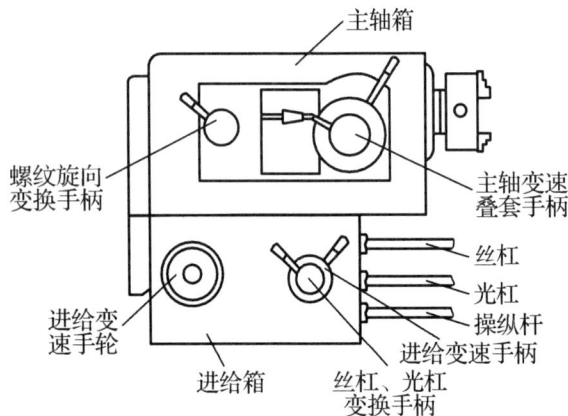

图 3-1-2　车床主轴箱的变速操作手柄　　　　图 3-1-3　螺纹旋向变换手柄

3）车床进给箱的变速操作

CA6140 型车床上进给箱的正面左侧有一个进给变速手轮，手轮有 8 个挡位；右侧有前、后叠装的两个手柄，前面的手柄是丝杠、光杠变换手柄，后面的手柄是进给变速手柄，它有Ⅰ、Ⅱ、Ⅲ、Ⅳ4 个挡位，与进给变速手轮配合，用以调整螺距或进给量。当根据加工要求调整所需螺距或进给量时，可通过查找进给箱油池盖上的调配表来确定进给变速手轮和进给变速手柄的具体位置。

4）车床溜板箱的操作

当溜板部分实现车削时的进给运动：床鞍及溜板箱做纵向移动，中滑板做横向移动，小滑板可做纵向或斜向移动。进给运动有手动进给和机动进给两种方式。

（1）溜板部分的手动进给操作。

① 床鞍及溜板箱的纵向移动由溜板箱正面左侧的大手轮控制。当沿顺时针方向转动大手轮时，床鞍向右移动；当沿逆时针方向转动大手轮时，床鞍向左移动。大手轮轴上的刻度盘在圆周上被等分为 300 格，大手轮每转过 1 格，床鞍纵向移动 1mm。

② 中滑板的横向移动由中滑板手轮控制。当沿顺时针方向转动中滑板手轮时，中滑板向前移动（横向进刀）；当沿逆时针方向转动中滑板手轮时，中滑板向操作者所在的方向移动（横向退刀）。中滑板手轮轴上的刻度盘在圆周上被等分为 100 格，中滑板手轮每转过 1 格，中滑板横向移动 0.05mm。

③ 小滑板在小滑板手轮的控制下可做短距离的纵向移动。当沿顺时针方向转动小滑板手轮时，小滑板向左移动；当沿逆时针方向转动小滑板手轮时，小滑板向右移动。小滑板手轮轴上的刻度盘在圆周上被等分为 100 格，小滑板手轮每转过 1 格，小滑板纵向移动 0.05mm。小滑板的分度盘在刀架需斜向进给车削短圆锥体时，可顺时针或逆时针地在 90°范围内偏转所需角度，在调整时，先松开锁紧螺母，转动小滑板至所需角度的位置后，再拧紧锁紧螺母将小滑板固定。

（2）溜板部分的机动进给操作。

① C6140 型车床的纵、横向机动进给和快速移动采用单手柄操纵。自动进给手柄在溜板箱右侧，可沿十字槽纵、横向扳动，手柄扳动方向与刀架运动方向一致，操作简单、方便。当手柄在十字槽的中央位置时，停止进给运动。在自动进给手柄顶部有一个快进按钮，按下此按钮，快速电动机工作，床鞍或中滑板按手柄扳动方向做纵向或横向快速移动；松开按钮，快速电动机停止转动，快速移动中止。

② 溜板箱正面右侧有一个开合螺母手柄，用于控制溜板箱与丝杠之间的运动联系。当车削非螺纹表面时，开合螺母手柄位于上方；当车削螺纹时，沿顺时针方向扳下开合螺母手柄，使开合螺母闭合并与丝杠啮合，将丝杠的运动传递给溜板箱，使溜板箱、床鞍按预定的螺距做纵向进给运动。车完螺纹，应立即将开合螺母手柄扳回原位。

5）车床尾座的操作

车床尾座如图 3-1-4 所示。

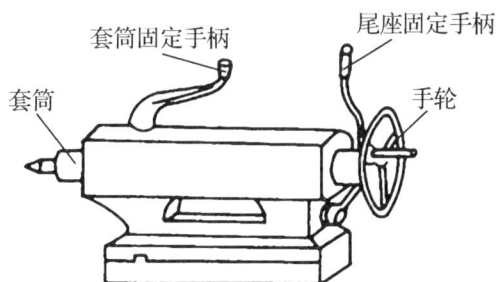

图 3-1-4　车床尾座

（1）手动沿床身导轨纵向移动尾座至合适的位置，沿逆时针方向扳动尾座固定手柄，将尾座固定。注意在移动尾座时用力不要过大。

（2）沿逆时针方向转动套筒固定手柄，摇动手轮，使套筒做进、退移动；沿顺时针方向转动套筒固定手柄，将套筒固定在选定的位置。

6）车床的认识与操作评分表

车床的认识与操作评分表如表 3-1-1 所示。

表 3-1-1 车床的认识与操作评分表

项目内容	考核要求	评分标准	配分	扣分	得分
车床的认识	填写内容详细准确	填写内容不详,敷衍了事,每处扣2分	25分		
车床的操作	规范熟练操作	(1) 规范熟练操作,记25分; (2) 规范完成操作,记15分; (3) 不会操作,记0分	25分		
学习态度	学习态度端正,学习主动积极,工作表现好	(1) 学习态度不积极,扣5分; (2) 任务不明确,扣5分; (3) 实施效果欠缺,扣5分; (4) 工作表现差,扣5分	20分		
操作规范与职业素养	执行"6S"管理(整理、整顿、清扫、安全、清洁、素养),安全文明生产	(1) 完成任务后不清理工位,每处扣5分; (2) 操作不规范,损坏机床,扣10分; (3) 安全意识不强,发生安全危害,扣10分	30分		
开始时间		结束时间	成绩		
评分人:		核分人:			

7)巩固与练习

(1)写出 CA6140 型车床各部位的名称。

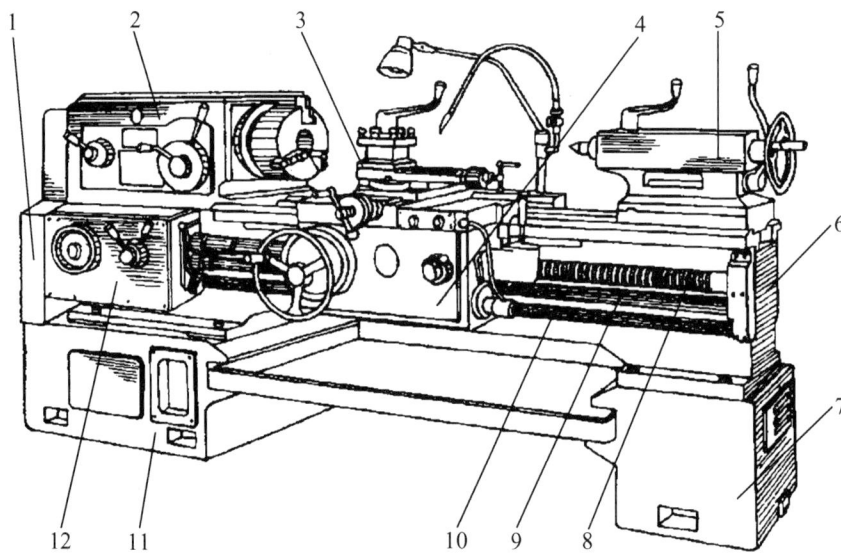

1: _____;   2: _____;   3: _____;   4: _____;

5: _____;   6: _____;   7: _____;   8: _____;

9: _____;   10: _____;   11: _____;   12: _____。

(2)写出 CA6140 型车床型号的含义。

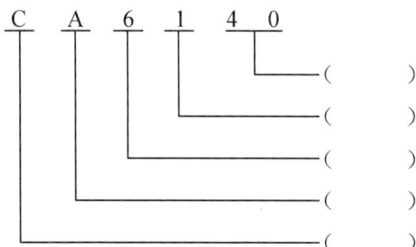

(3)CA6140 型车床的主要结构及运动特点分别是什么?

任务 3.2 CA6140 型车床控制电路的原理分析

※知识目标：

（1）识读 CA6140 型车床的电气原理图。

（2）能分析 CA6140 型车床控制电路的工作原理。

微课

※技能目标：

能独立填写车床元器件配置表。

※知识平台：

1. 识读电路的电气原理图

CA6140 型车床的电气原理图如图 3-2-1 所示。在 CA6140 型车床主电路中共有 3 台电动机，其中，M1 为主轴电动机，用以实现主轴旋转和进给运动；M2 为冷却泵电动机；M3 为刀架快速移动电动机。M1、M2、M3 均为三相异步电动机，容量均小于 10kW，全部采用全压直接启动，皆由交流接触器控制单向旋转。

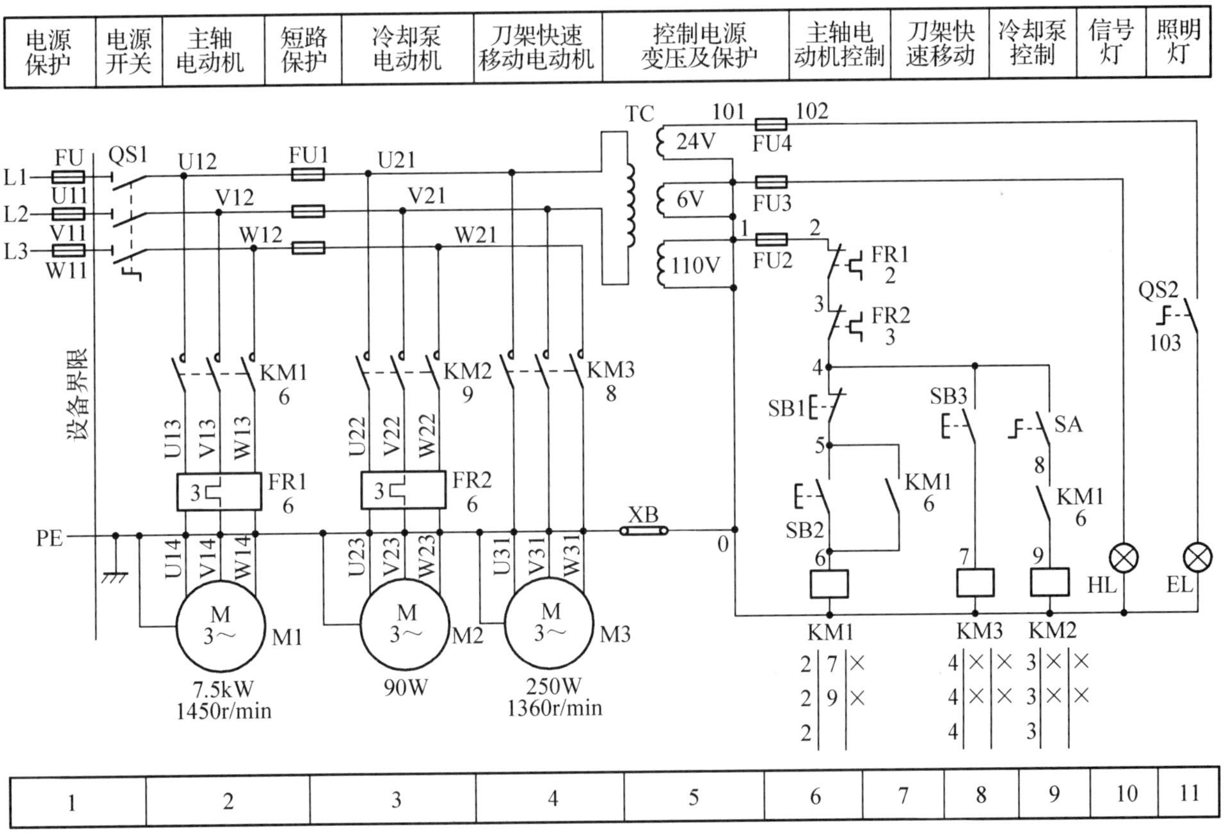

图 3-2-1 CA6140 型车床的电气原理图

启动按钮 SB2、停止按钮 SB1 和交流接触器 KM1 构成主轴电动机 M1 的单向连续运转控制电路。主轴的正、反转通过摩擦离合器改变传动来实现。

冷却泵电动机 M2 在 M1 启动之后，通过扳动冷却泵控制开关 SA 来控制交流接触器 KM2 的通断，从而实现冷却泵电动机的启动与停止。由于 SA 具有定位功能，故不需要自锁。

刀架快速移动电动机 M3 通过快速移动按钮 SB3 来控制交流接触器 KM3，从而实现 M3 的点动。在操作时，先将快速进给手柄扳到所要移动的方向，再按下 SB3，即可实现该方向的快速移动。

三相电源通过转换开关 QS1 被引入，FU1 和 FU 用作短路保护。主轴电动机 M1 由交流接触器 KM1 控制启动，热继电器 FR1 为主轴电动机 M1 的过载保护。冷却泵电动机 M2 由交流接触器 KM2 控制启动，热继电器 FR2 为它的过载保护。刀架快速移动电动机 M3 由交流接触器 KM3 控制启动。

2．车床控制电路的原理分析

控制电路的电源由变压器 TC 副边输出的 110V 电压提供，采用 FU2 作为短路保护。

（1）主轴电动机的控制：首先合上 QS1，然后按下启动按钮 SB2，交流接触器 KM1 的线圈获电动作，其主触点闭合，主轴电动机 M1 启动运行，同时 KM1 的自锁触点和另一副常开触点闭合。按下停止按钮 SB1，主轴电动机 M1 停止。

M1 启动：

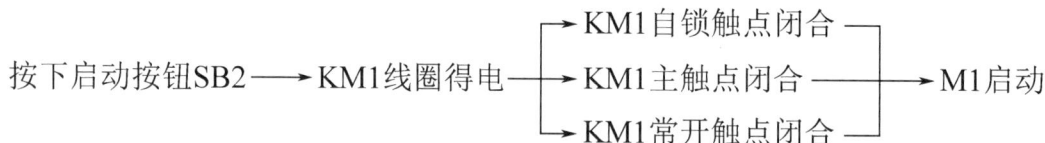

M1 停止：

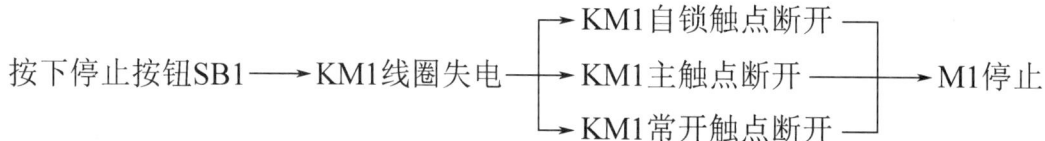

M1 启动后 M2 才能启动，即采用顺序启动同时停止控制。

（2）冷却泵电动机的控制：在车削加工过程中，当工艺需要使用冷却液时，合上 SA，在主轴电动机 M1 运转的情况下，交流接触器 KM1 的线圈获电吸合，其主触点闭合，冷却泵电动机获电运行。由图 3-2-1 可知，只有当主轴电动机 M1 启动后，冷却泵电动机 M2 才有可能启动；当 M1 停止运行时，M2 也就自动停止。

M2 启动：SA闭合 ⟶ KM2线圈得电 ⟶ KM2主触点闭合 ⟶ M2启动

M2 停止：SA断开 ⟶ KM2线圈失电 ⟶ KM2主触点断开 ⟶ M2停止

M1、M2停止：按下SB1 ⟶ KM1线圈失电 ⟶ KM2线圈失电 ⟶ KM1、KM2主触点均断开 ⟶ M1、M2停止

（3）刀架快速移动电动机的控制：刀架快速移动电动机 M3 的启动通过安装在进给操纵手柄顶端的按钮 SB3 来控制，它与交流接触器 KM3 组成点动控制环节。将进给操纵手柄扳到所要移动的方向，按下 SB3，KM3 获电吸合，M3 启动，刀架向指定方向快速移动。

M2启动 ⟶ 按下SB3 ⟶ KM3线圈得电 ⟶ M3启动 ⟶ 松开SB3 ⟶ KM3线圈失电 ⟶ M3停止（点动控制）

3. 车床照明、信号灯电路的原理分析

变压器 TC 的副边分别输出 110V、24V 和 6V 的电压，110V 电压作为控制电路交流接触器的供电电源，24V 电压作为车床低压照明灯的电源，6V 电压作为车床信号灯的电源。EL 为车床的低压照明灯，由开关 QS2 控制，FU4 用作短路保护。HL 为车床的信号灯，FU3 用作短路保护。

※任务实施：

1. 实训任务

CA6140 型车床的电气原理分析。

2. 实训要求

（1）按要求着装，带好常用工具及仪表进入实训室。
（2）在实训中执行"6S"管理（整理、整顿、清扫、清洁、安全、素养）。
① 整洁的现场，不良品为零。
② 努力降低成本，减少消耗，浪费为零。
③ 工作顺畅，及时完成工作任务。
④ 无泄漏、无危害、安全、整齐，事故为零。
⑤ 提升职业素养，培养工匠精神。

3. 实训设备准备

CA6140 型车床的电气原理图。

4. 实训实施步骤

1）写出 CA6140 型车床主轴电动机的控制工作原理
2）写出 CA6140 型车床冷却泵电动机的控制工作原理
3）写出 CA6140 型车床刀架快速移动电动机的控制工作原理
4）完成 CA6140 型车床元器件配置表
CA6140 型车床元器件配置表如表 3-2-1 所示。

表 3-2-1　CA6140 型车床元器件配置表

序号	元器件符号	元器件名称	元器件型号	功能
1	QS1			
2	QS2			
3	FU			
4	FU1			
5	FU2			
6	FU3			
7	FU4			
8	KM1			
9	KM2			

序号	元器件符号	元器件名称	元器件型号	功能
10	KM3			
11	FR1			
12	FR2			
13	TC			
14	SB1			
15	SB2			
16	SB3			
17	SA			
18	EL			
19	HL			

5）完成 CA6140 型车床电气原理分析评分表

CA6140 型车床电气原理分析评分表如表 3-2-2 所示。

表 3-2-2　CA6140 型车床电气原理分析评分表

项目内容	考核要求	评分标准	配分	扣分	得分
元器件配置表	元器件配置表书写规范完整；元器件配置表填写内容详细准确	（1）元器件配置表书写不规范完整，每处扣 2 分； （2）元器件配置表填写内容不详，敷衍了事，每处扣 2 分	60 分		
学习态度	学习态度端正，学习主动积极，工作表现好	（1）学习态度不积极，扣 5 分； （2）任务不明确，扣 5 分； （3）实施效果欠缺，扣 5 分； （4）工作表现差，扣 5 分	30 分		
操作规范与职业素养	执行"6S"管理（整理、整顿、清扫、安全、清洁、素养），安全文明生产	乱摆放工具，乱丢杂物，完成任务后不清理工位，每处扣 5 分	10 分		
开始时间		结束时间		成绩	
评分人：		核分人：			

6）巩固与练习

1．选择题（将正确答案填入括号）。

（1）CA6140 型车床的过载保护采用（　　　），短路保护采用（　　　），失电压保护采用（　　　）。

A．接触器自锁　　　　B．熔断器　　　　C．热继电器　　　　D．接触器线圈

（2）读图的基本步骤有：看图样说明、（　　　）、看安装接线图。

A．看主电路　　　　B．看电路图　　　　C．看辅助电路　　　　D．看交流电路

（3）CA6140 型车床控制电路中有（　　　）个交流接触器。

A．1　　　　　　　　B．2　　　　　　　　C．3　　　　　　　　D．4

（4）主轴的正、反转由（　　　）来实现的。

A．交流接触器　　　　　　　　　　　B．电源开关

C．摩擦离合器和操纵机构　　　　　　D．电动机 M1

（5）CA6140 型车床控制电路的电源由变压器 TC 副边输出（　　）电压提供。

A．380V　　　　　　B．220V　　　　　　C．110V　　　　　　D．36V

2．判断题（正确的在括号内画"√"，错误的在括号内画"×"）。

（1）行程开关可以当作电源开关使用。　　　　　　　　　　　　　　　　（　　）

（2）M3 的启动由按钮 SB2 控制。　　　　　　　　　　　　　　　　　　（　　）

（3）CA6140 车床的主电路中有 4 台电动机。　　　　　　　　　　　　　（　　）

（4）CA6140 车床快速移动电动机的正、反转控制电路具有接触器互锁功能。（　　）

3．简答题。

（1）CA6140 型车床的主轴是怎样实现正、反转控制的？

（2）变压器 TC 的副边电压各为多少？在电路中各起什么作用？

任务 3.3　CA6140 型车床控制电路的故障分析及排除

※知识目标：

能独立分析 CA6140 车床控制电路的故障。

※技能目标：

（1）能正确选择和整定所用的元器件。

（2）能正确合理使用电工工具和电工仪表。

（3）能正确检测电路，准确判断并排除电路的故障。

※知识平台：

1．机床控制电路的检修流程

1）检修前的故障调查

当电气设备发生电气故障后，切忌盲目动手检修。在检修前，通过问、看、听、摸来了解故障前后的操作情况和故障发生后出现的异常现象。

问：询问操作者故障前后电路和设备的运行状况及故障发生后的症状，如故障是经常发生还是偶尔发生；是否有响声、冒烟、火花、异常振动等征兆；故障发生前有无切削力过大和频繁地启动、停止、制动等情况；有无经过保养检修或改动电路等。

看：查看故障发生前是否有明显的外观征兆，如各种信号、有指示装置的熔断器的情况、保护电器脱扣动作、接线脱落、触点烧蚀或熔焊、线圈过热烧毁等。

听：在电路还能运行和不扩大故障范围、不损坏设备的前提下，可通电试车，细听电动机、接触器和继电器等的声音是否正常。

摸：在切断电源后，尽快触摸检查电动机、变压器、电磁线圈及熔断器等，通过触摸感受是否有过热现象。

2）确定故障范围

向操作者和故障在场人员询问情况，包括询问以往有无发生过同样或类似的故障，曾做

过怎样的处理，有无更改过接线或更换过零件等；在故障发生前有什么征兆，在故障发生时有什么现象，当时的天气状况和环境情况是怎样的，电压是否太高或太低；故障外部表现、大致部位等。如有无异常气体、明火、热源接近，有无腐蚀性气体侵入，有无漏水等。如果故障发生在有关操作期间或之后，还应询问当时的操作内容及方法步骤。

了解情况要尽可能详细和真实，以少走弯路。通过初步检查，确认故障不会进一步扩大和造成人身、设备事故后，可进一步试车检查，试车中要注重有无严重跳火、异常气味、异常声音等，一经发现应立即停车，切断电源。注重检查电器的温升及电器的动作程序是否符合电气设备原理图的要求，从而发现故障部位。根据检查的情况，看有关电器外部有无损坏、连线有无断路、松动，绝缘有无烧焦，螺旋熔断器的熔断指示器是否跳出，电器有无进水、油垢，开关位置是否正确等。

3）电气控制电路检修流程图

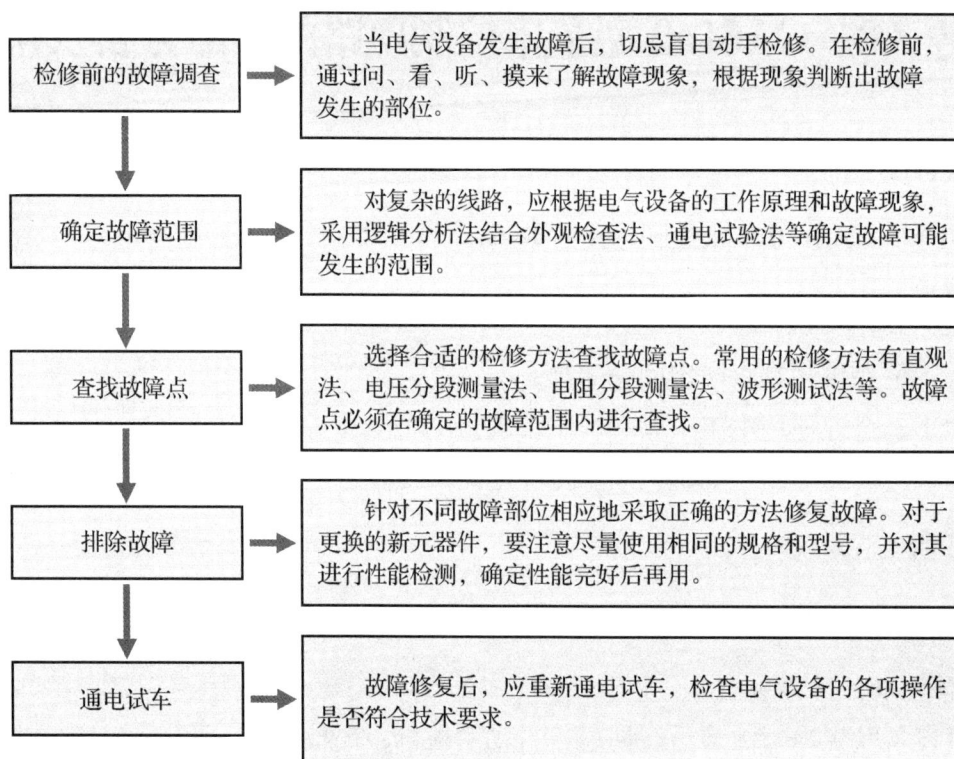

检修前的故障调查	→	当电气设备发生故障后，切忌盲目动手检修。在检修前，通过问、看、听、摸来了解故障现象，根据现象判断出故障发生的部位。
确定故障范围	→	对复杂的线路，应根据电气设备的工作原理和故障现象，采用逻辑分析法结合外观检查法、通电试验法等确定故障可能发生的范围。
查找故障点	→	选择合适的检修方法查找故障点。常用的检修方法有直观法、电压分段测量法、电阻分段测量法、波形测试法等。故障点必须在确定的故障范围内进行查找。
排除故障	→	针对不同故障部位相应地采取正确的方法修复故障。对于更换的新元器件，要注意尽量使用相同的规格和型号，并对其进行性能检测，确定性能完好后再用。
通电试车	→	故障修复后，应重新通电试车，检查电气设备的各项操作是否符合技术要求。

2. 故障修复及注意事项

当找出电气设备的故障点后，就要着手进行修复、试运转、记录等，随后交付使用。但必须注意如下事项。

（1）在找出故障点并修复故障时，应注意不能把找出的故障点作为寻找故障的终点，还必须进一步分析查明产生故障的根本原因。例如，在处理某台电动机因过载烧毁的事故时，绝不能认为将烧毁的电动机重新修复或换上一台同型号的新电动机就可以了，而应进一步查明电动机过载的原因，到底是因负载过重，还是因电动机选择不当、功率过小所致，因为二者都将导致电动机过载。因此，在处理故障时，修复故障应在找出并排除故障原因之后进行。

（2）找出故障点后，一定要针对不同故障情况和部位相应地采取正确的修复方法，不要轻易采用更换元器件或补线等方法，更不允许轻易改动电路或更换规格不同的元器件，以防产生人为故障。

（3）在故障点的修理工作中，一般情况下应尽量做到复原。有时为了尽快恢复电气设备的正常运行，根据实际情况允许采取一些适当的应急措施，但绝不能凑合行事。

（4）当电气故障修复完毕，电气设备需要通电试运行时，维修电工应和操作者配合操作，避免出现新的故障。

（5）每次排除故障后，应及时总结经验，并做好维修记录。记录的内容可包括电气设备的型号、名称、编号、故障发生日期、故障现象、故障部位、损坏的元器件、故障原因、修复措施及修复后的运行情况等。记录作为档案以备日后在维修时参考，并可通过对历次故障的分析总结经验，以防止类似事故的再次发生或对电气设备本身的设计提出改进意见等。

3．常用机床电气设备维修的一般要求

（1）采取的维修步骤和方法必须正确，切实可行。

（2）不得损坏完好的元器件。

（3）不得随意更换元器件及连接导线的型号和规格。

（4）不得擅自改动电路。

（5）损坏的电气设备应尽量修复使用，但不得降低其固有的性能。

（6）电气设备的各种保护性能必须满足使用要求。

（7）绝缘电阻合格，通电试车能满足电路的各种功能，控制环节的动作程序符合要求。

（8）修理后的电气设备必须满足其质量标准要求。

4．电气设备的检修质量标准

（1）外观应整洁，无破损和炭化现象。

（2）所有的触点均应完整、光洁、接触良好。

（3）压力弹簧和反作用力弹簧应具有足够的弹力。

（4）操纵机构和复位机构都必须灵活可靠。

（5）各种衔铁均灵活运动，无卡阻现象。

（6）灭弧罩应完整、清洁，安装牢固。

（7）整定数值大小应符合电路使用要求。

（8）指示装置能正常发出信号。

5．机床电气设备检修的常用方法

测量法是维修电工在工作中用来准确确定故障点的一种行之有效的检查方法。常用的测试工具和仪表有校验灯、测电笔、万用表、钳形电流表、兆欧表等。测量法主要通过对电路在带电或断电时的有关参数如电压、电阻、电流等的测量，来判断元器件的好坏、设备的绝缘情况及电路的通断情况。

在用测量法检测故障点时，一定要保证各测量工具和仪表完好，使用方法正确，还要注意防止感应电、回路电及其他并联支路的影响，以免产生误判断。常用的测量法有电阻分段测量法、电压分段测量法和短接法。

1）电阻分段测量法

电阻分段测量法如图 3-3-1 所示。在进行测量检查时，首先切断电源，然后把万用表的转换开关置于倍率合适的电阻挡，逐段测量相邻号点［1-2、2-3、3-4（在测量时按下 SB2）、4-5、5-6、6-0］之间的电阻。若测得某两点间的电阻值很大（∞），则说明该两点间的导线接触不良或断路。电阻分段测量法查找故障点如表 3-3-1 所示。

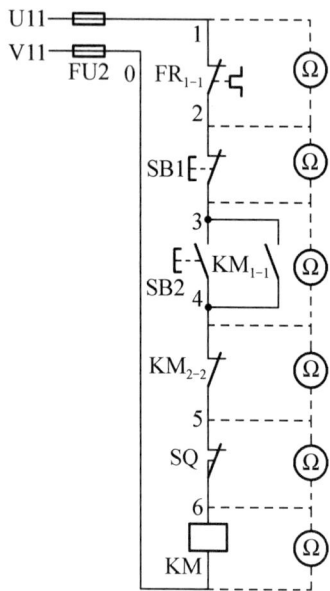

图 3-3-1 电阻分段测量法

表 3-3-1 电阻分段测量法查找故障点

故障现象	测量点	电阻值	故障点
当按下 SB2 时，KM 不吸合	1-2	∞	FR$_{1-1}$ 的常闭触点接触不良或误动作
	2-3	∞	SB1 的常闭触点接触不良
	3-4	∞	SB2 的常开触点接触不良
	4-5	∞	KM$_{2-2}$ 的常闭触点接触不良
	5-6	∞	SQ 的常闭触点接触不良
	6-0	∞	KM 的线圈断路

电阻分段测量法的优点是安全，缺点是当测量的电阻值不准确时，易判断错误，为此应注意以下几点。

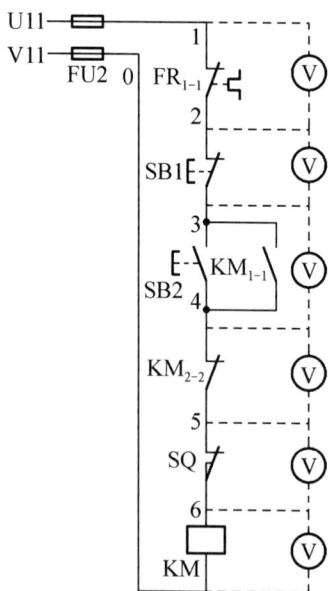

图 3-3-2 电压分段测量法

（1）当用电阻分段测量法检查故障时，一定要先切断电源。

（2）若所测量电路与其他电路并联，则必须将该电路与其他电路断开，否则所测的电阻值会不准确。

（3）当测量高电阻元器件时，要将万用表的电阻挡转换到合适的挡位。

2）电压分段测量法

电压分段测量法如图 3-3-2 所示。首先把万用表的转换开关置于交流电压 500V 的挡位上，用万用表测量 0-1 两点间的电压，若为 380V，则说明电源电压正常。然后按下启动按钮 SB2，若交流接触器 KM 不吸合，则说明电路有故障。这时可用万用表的红、黑两表笔逐段测量相邻两点（1-2、2-3、3-4、4-5、5-6、6-0）之间的电压，根据测量结果即可找出故障点。电压分段测量法所测电压值及故障点如表 3-3-2 所示。

表 3-3-2　电压分段测量法所测电压值及故障点

故障现象	测量状态	电压值/V						故障点
		1-2	2-3	3-4	4-5	5-6	6-0	
当按下 SB2 时， KM 不吸合	按下 SB2 不放手	380	0	0	0	0	0	FR_{1-1} 的常闭触点接触不良
		0	380	0	0	0	0	SB1 的常闭触点接触不良
		0	0	380	0	0	0	SB2 的常开触点接触不良
		0	0	0	380	0	0	KM_{2-2} 的常闭触点接触不良
		0	0	0	0	380	0	SQ 的常闭触点接触不良
		0	0	0	0	0	380	KM 的线圈断路

3）短接法

机床电气设备的常见故障为断路故障，如导线断路、虚连、虚焊、触点接触不良、熔断器熔断等。对于这类故障，除用电压分段测量法和电阻分段测量法检查外，还有一种更为简便可靠的方法，就是短接法。在检查时，用一根绝缘良好的导线将怀疑断路的部位短接，当短接到某处电路时导线接通，说明该处断路。

（1）局部短接法。

局部短接法如图 3-3-3 所示。检查前，先用万用表测量 1-0 两点间的电压，若电压正常，则可按下启动按钮 SB2 不放，然后用一根绝缘良好的导线，分别短接标号相邻的两点 1-2、2-3、3-4、4-5、5-6（注意不要短接 6-0 两点，否则会造成短路）。当短接到某两点时，交流接触器 KM 吸合，即说明断路故障就在该两点之间。局部短接法查找故障点如表 3-3-3 所示。

表 3-3-3　局部短接法查找故障点

故障现象	测量点	电阻值	故障点
当按下 SB2 时，KM 不吸合	1-2	∞	FR_{1-1} 的常闭触点接触不良或误动作
	2-3	∞	SB1 的常闭触点接触不良
	3-4	∞	SB2 的常开触点接触不良
	4-5	∞	KM_{2-2} 的常闭触点接触不良
	5-6	∞	SQ 的常闭触点接触不良

（2）长短接法。

长短接法如图 3-3-4 所示。长短接法是通过一次短接两个或多个触点来检查故障的方法。

当 FR_{1-1} 的常闭触点和 SB1 的常闭触点同时接触不良时，若用局部短接法短接图 3-3-4 中的 1-2 两点，按下 SB2，KM 仍不能吸合，则可能造成判断错误。先用长短接法将 1-6 两点短接，若 KM 吸合，则说明 1-6 这段电路上有断路故障；再用局部短接法逐段找出故障点。

长短接法的另一个作用是可把故障点缩小到一个较小的范围内。例如，先短接 3-6 两点，KM 不吸合，再短接 1-3 两点，KM 吸合，说明故障在 1-3 这段电路上。可见，如果长短接法和局部短接法能结合使用，那么就能很快找出故障点。

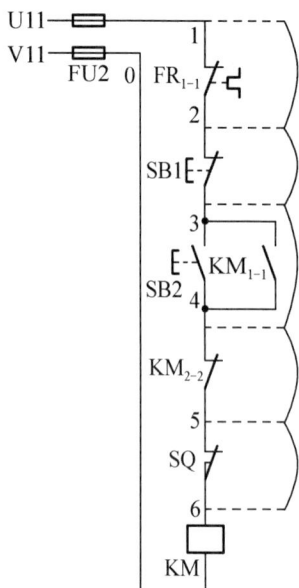

图 3-3-3　局部短接法

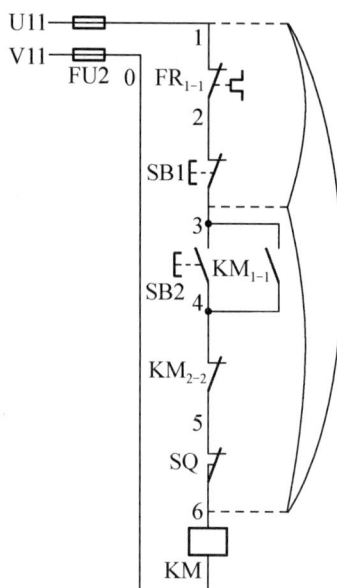

图 3-3-4　长短接法

（3）用短接法检查故障的注意事项。

① 在用短接法检测时，是用手拿绝缘导线带电操作的，所以一定要注意安全，避免发生触电事故。

② 短接法只适用于压降极小的导线及触点之类的断路故障。对于压降较大的元器件，如电阻、线圈、绕组等的断路故障，不能采用短接法，否则会出现短路故障。

③ 对于电气设备的某些重要部位，必须保证在电气设备或机械部件不会出现事故的情况下，才能使用短接法。

在实际检修中，机床除了存在电气故障，还有可能存在机械、液压故障。在许多电气设备中，元器件的动作是由机械、液压来推动的，或者与它们有着密切的联动关系，所以在检修电气故障的同时，应检查、调整和排除机械、液压部分的故障，可以与机械维修工配合完成。

以上所述为检查分析电气设备故障的一般顺序和方法，应根据故障的性质和具体情况灵活选用，断电检查多采用电阻分段检测法，通电检查多采用电压分段检测法或短接法。各种方法可交叉使用，以便迅速有效地找出故障点。

（4）故障点的查找及排除注意事项。

① 在教师指导下，清楚车床元器件的安装位置及走线情况；结合机械、电气各方面相关的知识，清楚车床电气控制的特殊环节。

② 在用通电试验法观察故障现象时要仔细，并能根据故障现象和电路图，用逻辑分析法确定故障范围。

③ 在使用万用表的过程中要选择好测量方法。在测量某一电量时，不能在测量的同时换挡，尤其是在测量高电压或大电流时更应注意，否则会损坏万用表。若需换挡，则应先断开表笔，换挡后再继续测量。

④ 使用完万用表后，应将其转换开关置于交流电压的最大挡。若长期不使用，则应将万用表内部的电池取出来，以免电池腐蚀表内其他元器件。

⑤ 兆欧表在使用时要平稳放置，摇动发电机使转速达到额定转速（120rad/min）并保持

稳定。一般以一分钟后指针稳定不变时的读数为准。

6．CA6140 车床的故障分析及排除

案例 1：

【故障现象】主轴电动机 M1 不能启动。

【故障分析】

（1）电源电路有故障：供电电源有故障、FU 熔断、FU1 熔断、QS1 损坏、电路接线头脱落或接触不良等。

（2）控制电路有故障：变压器 TC 损坏、FU2 熔断、热继电器 FR1 或 FR2 的常闭触点断开、按钮 SB1 或 SB2 接触不良、交流接触器 KM1 的线圈损坏、控制电路接线头脱落或接触不良等。

（3）主电路有故障：KM1 的主触点烧坏或接触不良、主电路接线头脱落或接触不良、电动机烧坏等。

【检修步骤及方法】

（1）合上电源开关 QS1，按下启动按钮 SB2，观察交流接触器 KM1 是否吸合，若交流接触器 KM1 吸合，则表示控制电路和电源电路正常，故障必然发生在主电路上，此时需要对主电路进行检修。

对主电路进行检修的具体步骤如下（要先断开电源开关 QS1 和电动机的三相电源进线，以免电动机因缺相长时间通电而烧坏）。

① 合上电源开关 QS1，用万用表测量交流接触器 KM1 进线端每两点之间（U12-V12、U12-W12、V12-W12）的电压，若电压是 380V，则电源电路正常；若均无电压或某两点间无电压，则故障为该段连线断路或接线头接触不良。

修复措施：查明损坏原因，更换相同规格的连接导线或清理接线头并将其接好、接牢固。

② 若①正常，则用万用表测量交流接触器 KM1 出线端每两点之间（U13-V13、U13-W13、V13-W13）的电压，若电压是 380V，则 KM1 正常；若均无电压或某两点间无电压，则故障为交流接触器的触点损坏或接线头接触不良。

修复措施：查明损坏原因，清理接线头并将其接好、接牢固，更换动、静触点或更换相同规格的交流接触器。

③ 若②正常，则用万用表测量热继电器 FR1 进线端每两点之间（U13-V13、U13-W13、V13-W13）的电压，若电压是 380V，则交流接触器 KM1 的出线端至热继电器 FR1 的进线端之间的电路正常；若均无电压或某两点间无电压，则故障为该段连线断路或接线头接触不良。

修复措施：查明损坏原因，清理接线头并将其接好、接牢固或更换相同规格的连接导线。

④ 若③正常，则用万用表测量热继电器 FR1 出线端每两点之间（U14-V14、U14-W14、V14-W14）的电压，若电压是 380V，则热继电器 FR1 正常；若均无电压或某两点间无电压，则故障为热继电器 FR1 损坏或接线头接触不良。

修复措施：查明损坏原因，清理接线头并将其接好、接牢固或更换相同规格的热继电器。

⑤ 若④正常，则用万用表测量电动机进线端每两点之间（U14-V14、U14-W14、V14-W14）的电压，若电压是 380V，则热继电器 FR1 至电动机电源进线端的电路正常；若均无电压或某两点间无电压，则故障为该段连线断路或接线头接触不良。

修复措施：查明损坏原因，清理接线头并将其接好、接牢固或更换相同规格的连接导线。

⑥ 若⑤正常，则电动机内部接线头接触不良或电动机烧坏。

修复措施：查明损坏原因，清理接线头并将其接好、接牢固或更换相同规格的电动机。

（2）若交流接触器 KM1 不吸合，则按下启动按钮 SB3，观察 KM3 是否吸合。若 KM3 吸合，则说明 KM1 和 KM3 的公共控制电路部分（0-1-2-3-4）正常，故障范围在 KM1 的线圈部分支路（4-5-6-0）。下面用电压分段测量法检修控制电路的故障，如图 3-3-5 所示。根据各段电压值来检测故障点，电压分段测量法检测并排除故障点如表 3-3-4 所示。

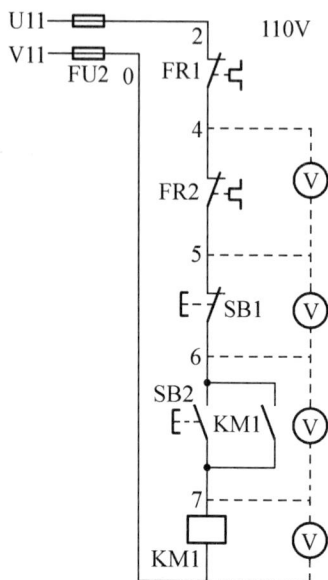

图 3-3-5　用电压分段测量法检修控制电路的故障

表 3-3-4　电压分段测量法检测并排除故障点

故障现象	测量状态	电压值/V			故障点	排除
		6-0	5-6	4-5		
当按下 SB2 时，KM1 不吸合，当按下 SB3 时，KM3 吸合	按下 SB2 不放	110	0	0	KM1 的线圈开路或接线头脱落	更换同型号的线圈或将接线头接好
		0	110	0	SB2 接触不良或接线头脱落	更换 SB2 或将接线头接好
		0	0	110	SB1 接触不良或接线头脱落	更换 SB1 或将接线头接好

（3）若按下启动按钮 SB2，交流接触器 KM1 不吸合，再按下 SB3，KM3 也不吸合，则合上开关 QS2。若照明灯 EL 和信号灯 HL 亮，则说明电源电路正常，故障范围是控制电路（0-1-2-3-4）的电路断开或接线头接触不良、FU2 熔断、变压器 TC（0-1 绕组）损坏、热继电器 FR1 或 FR2 的常闭触点断开。

修复措施：查明损坏原因，清理并更换相同规格的熔芯，更换相同规格的变压器，更换相同规格的热继电器 FR1 或 FR2，清理接线头并将其接好、接牢固或更换相同规格的连接导线。

（4）若按下启动按钮 SB2，交流接触器 KM1 不吸合，再按下 SB3，KM3 也不吸合，则合上 QS2。若照明灯 EL 和信号灯 HL 均不亮，则说明供电电源有故障或变压器 TC（初级绕组）损坏。

① 用万用表测量变压器 TC 初级绕组两端之间的电压是否为 380V，若是，则故障为变压器损坏。

修复措施：查明损坏原因，更换相同规格的变压器。

② 若用万用表测量变压器 TC 初级绕组两端之间无电压，则用万用表测量 FU1 出线端 U21-V21 之间的电压是否为 380V，若电压为 380V，则故障是熔断器 FU1 的出线端至变压器之间的连线断路或接线头接触不良。

修复措施：查明损坏原因，清理接线头并将其接好、接牢固或更换相同规格的连接导线。

③ 若用万用表测量熔断器 FU1 出线端 U21-V21 之间的电压为 0V，则用万用表测量 FU1 进线端每两点之间（U12-V12、U12-W12、V12-W12）的电压是否为 380V，若为 380V，则故障是 FU1 熔断。

修复措施：查明损坏原因，更换相同规格的熔芯。

④ 若用万用表测量熔断器 FU1 进线端每两点之间（U12-V12、U12-W12、V12-W12）的电压为 0V，则用万用表测量电源开关 QS1 出线端每两点之间（U12-V12、U12-W12、V12-W12）的电压是否为 380V，若为 380V，则故障是电源开关 QS1 至熔断器 FU1 的进线端之间的连线断路或接线头接触不良。

修复措施：查明损坏原因，清理接线头并将其接好、接牢固或更换相同规格的连接导线。

⑤ 若用万用表测量电源开关 QS1 进线端每两点之间（L1-L2、L1-L3、L2-L3）的电压为 0V，则故障是 FU 熔断或供电电源故障。

修复措施：查明损坏原因，更换相同规格的熔芯或修复供电电源。

主轴电动机 M1 不能启动的故障检修流程图如图 3-3-6 所示。

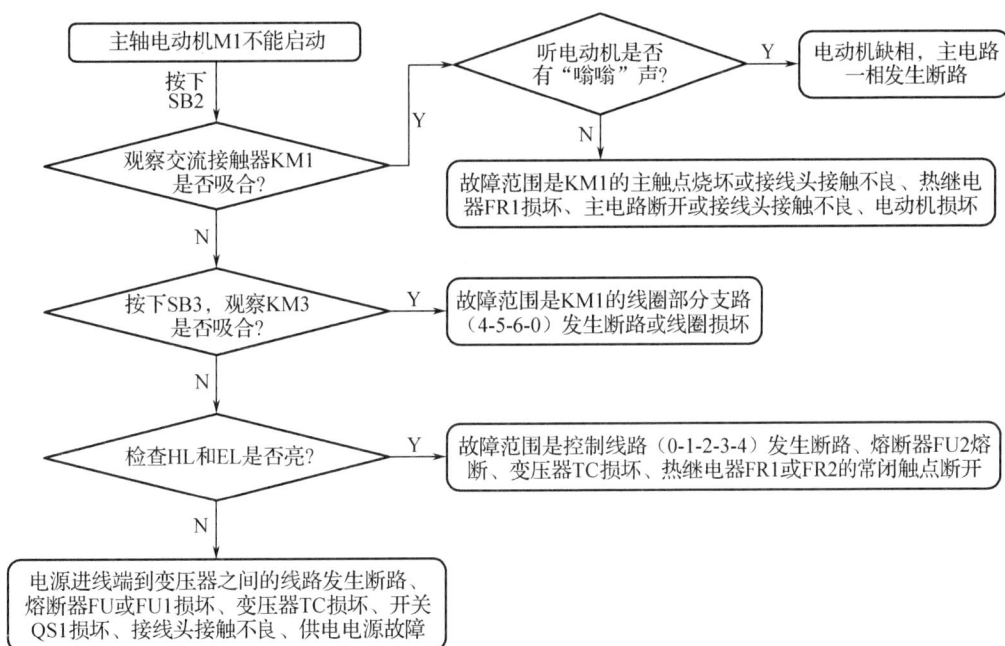

图 3-3-6 主轴电动机 M1 不能启动的故障检修流程图

案例 2：

【故障现象】主轴电动机不能停车。

【故障原因】交流接触器 KM1 的主触点熔焊；停止按钮 SB1 被击穿或电路中 5-6 间的连接导线短路；交流接触器铁芯表面粘有污垢。

【排除方法】若断开 QS1，交流接触器 KM 释放，则说明故障为 SB1 被击穿或导线短路；

若交流接触器过一段时间释放，则故障为铁芯表面粘有污垢；若断开 QS1，交流接触器 KM 不释放，则故障为 KM 的主触点熔焊。根据具体故障采用相应的措施进行修复。

案例 3：

【故障现象】主轴电动机在运行中突然停车。

【故障原因】主要是由于热继电器 FR1 的动作。

【排除方法】发生该故障后，一定要找出热继电器 FR1 动作的原因，排除后才能使其复位。引起热继电器 FR1 动作的原因可能是：三相电源电压不平衡；电源电压较长时间过低；负载过重；M1 的连接导线接触不良等。根据具体原因采取相应措施排除故障。

案例 4：

【故障现象】当按下启动按钮 SB2 时，主轴电动机 M1 能启动运转，但松开 SB2 后，M1 也随之停止。

【故障原因】主轴电动机 M1 在启动后不能自锁。

【排除方法】可用万用表的电阻挡对交流接触器 KM 的自锁触点进行检修，检查交流接触器 KM 的自锁触点是否接触不良或连接导线是否松脱。

案例 5：

【故障现象】刀架快速移动电动机不能启动。

【故障原因】FU1 熔断、KM3 的触点接触不良、控制电路产生故障等。

【排除方法】首先检查 FU1 的熔体是否熔断，其次检查 KM3 触点的接触是否良好。若无异常，则按下 SB3，若 KM3 不吸合，则故障必在控制电路中。此时依次检查 FR1 的常闭触点、点动按钮 SB3 及 KM3 的线圈是否有断路现象即可。

※任务实施：

1. 实训任务

学校机加工实训车间内的一台 CA6140 车床，合上其电源开关后，按下启动按钮，交流接触器不吸合，主轴电动机不能启动。请制定科学合理的检修流程，根据安全规程操作，精准快速地排除故障。

2. 实训要求

（1）按要求着装，带好常用工具及仪表进入实训室。

（2）在实训中执行"6S"管理（整理、整顿、清扫、清洁、安全、素养）。

① 整洁的现场，不良品为零。

② 努力降低成本，减少消耗，浪费为零。

③ 工作顺畅，及时完成工作任务。

④ 无泄漏、无危害、安全、整齐，事故为零。

⑤ 提升职业素养，培养工匠精神。

3. 教学资源及条件

教学资源：在线教学平台、说明书、电气原理图、故障检修报告。

教学条件：CA6140 车床 10 台、万用表、螺丝刀、尖嘴钳、平口钳、剥线钳。

4．实训实施步骤

1）故障现象

（1）合上电源开关，按下启动按钮，交流接触器不吸合，主轴电动机不能启动。

（2）主轴运行后，合上 SA 开关，无切削液流出（切削液箱有切削液）。

2）检修步骤及工艺要求

（1）熟悉车床各元器件的位置及电路走向。

（2）观察、理解指导教师示范的检修流程。

（3）在检修过程中不能损坏电路中的元器件，不能破坏电路连线美观，不能造成人身事故。

3）CA6140 型车床电气故障检修工单

CA6140 型车床电气故障检修工单如表 3-3-5 所示。

表 3-3-5　CA6140 型车床电气故障检修工单

班级：　　　　　姓名：　　　　　日期：

机床名称与型号		检修起止时间	
故障现象			
故障分析			
故障检修步骤与方法			
故障排除结果			

4）CA6140 型车床电气故障检修评价表

CA6140 型车床电气故障检修评分表如表 3-3-6 所示。

表 3-3-6　CA6140 型车床电气故障检修评分表

项目内容	考核要求	评分标准	配分	扣分	得分
检修前的准备	工具仪器准备齐全；穿戴好工作服装	（1）工具仪表每少一种，扣 2 分； （2）穿工作服装、电工绝缘鞋，佩戴安全帽，每少一种，扣 2 分	10 分		
检修过程	检修流程科学合理；作业过程有条不紊	（1）检修流程不科学合理，扣 5 分； （2）作业过程没有条理，扣 5 分	10 分		

续表

项目内容	考核要求	评分标准	配分	扣分	得分
检修报告	检修报告书写规范完整；检修报告填写内容详细	（1）检修报告书写不规范完整，扣10~15分； （2）检修报告填写内容不详，敷衍了事，扣10~15分	30分		
学习态度	学习态度端正，学习主动积极，工作表现好	（1）学习态度不积极，扣5分； （2）任务不明确，扣5分； （3）实施效果欠缺，扣5分； （4）工作表现差，扣5分	20分		
操作规范与职业素养	执行"6S"管理（整理、整顿、清扫、安全、清洁、素养），安全文明生产	（1）安全操作不规范，有危险动作，扣10分； （2）检修完毕后，未清点工具、仪表，每处扣5分； （3）乱摆放工具，乱丢杂物，完成任务后不清理工位，每处扣5分； （4）发生严重违规操作或短路现象，成绩记0分	30分		
开始时间		结束时间		成绩	
评分人：		核分人：			

5）巩固与练习

（1）主轴电动机断相运行，会发出"嗡嗡"声，输出转矩下降，可能（　　　）。

A．烧毁电动机　　　　　B．烧毁控制电路　　　　　C．使电动机加速运转

（2）CA6140 型车床的主轴电动机因过热而自动停车后，操作者立即按启动按钮，但电动机不能启动，试分析可能发生的故障原因。

任务 3.4　M7120 型平面磨床的认识与操作

微课

※知识目标：

（1）了解 M7120 型平面磨床的结构与作用。
（2）熟知 M7120 型平面磨床的牌号含义。
（3）熟知 M7120 型平面磨床的主要结构及运动形式。
（4）熟知 M7120 型平面磨床的拖动特点和控制要求。

※技能目标：

（1）掌握 M7120 型平面磨床的基本操作。
（2）能对 M7120 型平面磨床进行基本保养。

※知识平台：

1. M7120 型平面磨床的作用

平面磨床运用砂轮磨削加工各种零件的平面。平面磨床的形式多种多样，M7120 型平面

磨床的外形如图 3-4-1 所示。M7120 型平面磨床是平面磨床中使用较为广泛的一种机床，该磨床操作方便，磨削精度和光洁度都比较高，适用于磨削精度高的零件和各种工具，并可以进行镜面磨削。

2. M7120 型平面磨床的牌号含义

M7120 型平面磨床的牌号含义如图 3-4-2 所示。

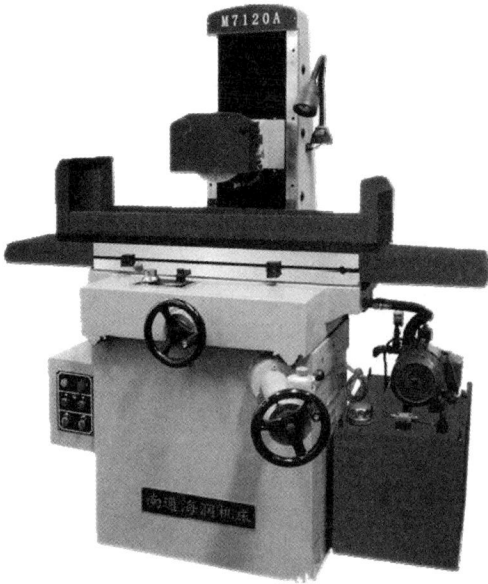

图 3-4-1   M7120 型平面磨床的外形

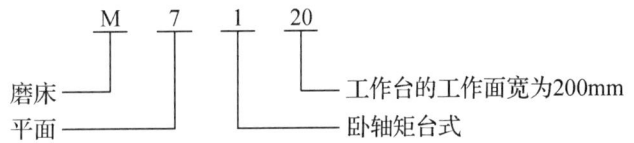

图 3-4-2   M7120 型平面磨床的牌号含义

3. M7120 型平面磨床的主要结构及运动形式

M7120 型平面磨床是卧轴矩形工作台式结构，其结构图如图 3-4-3 所示，它由床身、工作台、砂轮箱、尾座等部分组成。它的主要运动是砂轮的快速旋转，辅助运动是工作台的纵向往复运动和砂轮架的横向及垂直进给运动。工作台每完成一次纵向往复运动，砂轮架就横向进给一次，从而连续地加工整个平面。当整个平面加工磨完一遍后，砂轮架在垂直于工件表面的方向移动一次，这称为吃刀运动。通过吃刀运动，可将工件磨到所需的尺寸。

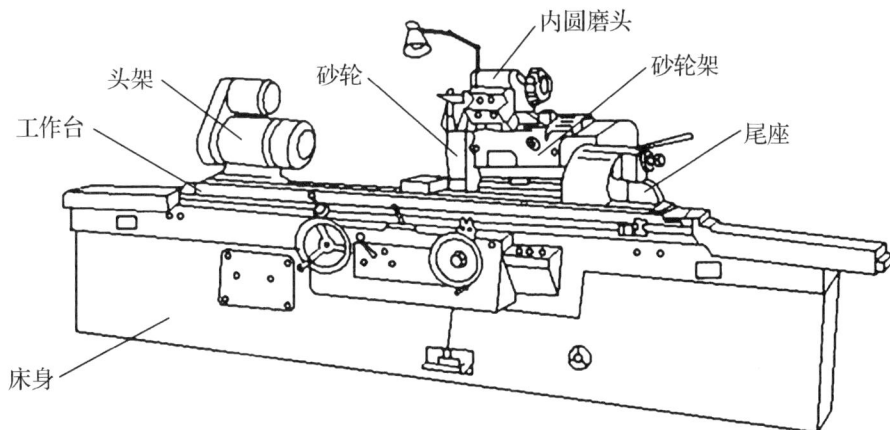

图 3-4-3   M7120 型平面磨床的结构图

4．M7120型平面磨床的拖动特点和控制要求

1）砂轮的旋转运动

砂轮的旋转运动如图 3-4-4 所示。砂轮电动机 M2 装在砂轮箱内，它带动砂轮旋转，对工件进行磨削加工。砂轮采用一台三相异步电动机拖动。为了使磨床体积小、结构简单并提高其加工精度，磨床采用装入式电动机，将砂轮直接装在电动机轴上。

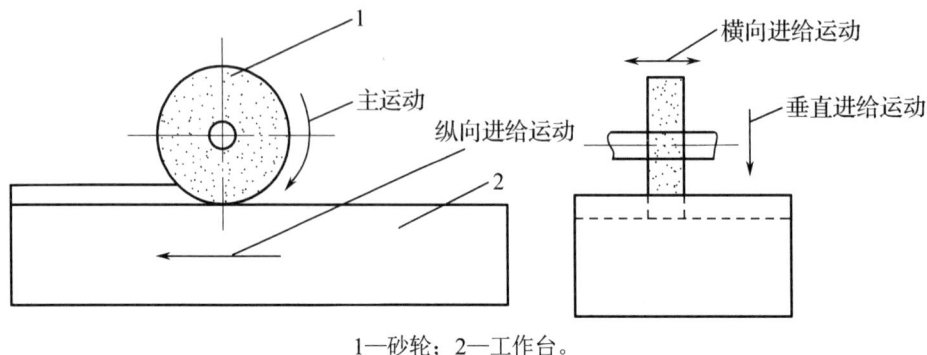

1—砂轮；2—工作台。

图 3-4-4　砂轮的旋转运动

2）工作台的往复运动

矩形工作台的往复运动是由液压传动完成的，因为液压传动换向平稳，易于实现无级调速。液压泵电动机 M1 拖动液压泵，使工作台在液压作用下做纵向往复运动。当装在工作台前侧的换向挡铁碰撞床身上的液压换向开关时，工作台就会自动改变方向。

3）砂轮架的升降运动

砂轮升降电动机 M4 在磨削过程中用于调整砂轮与工件之间的位置。

4）砂轮架的横向进给运动

砂轮架的上部有燕尾型导轨，可以沿着滑座上的水平导轨做横向移动。在磨削过程中，当工作台换向时，砂轮架就横向进给一次。在修正砂轮或调整砂轮的前后位置时，砂轮架可连续做横向移动。砂轮架的横向进给运动可以用手轮来操作，也可以由液压传动。

5）切削液的供给

冷却泵电动机 M3 拖动切削泵旋转，供给砂轮和工件切削液，同时切削液带走磨下的铁屑。砂轮电动机 M2 和冷却泵电动机 M3 采用顺序控制。

6）电磁吸盘的控制

工件可以用螺钉和压板直接固定在工作台上；也可以在工作台上装电磁吸盘，将工件吸附在电磁吸盘上。因此，电磁吸盘要有充磁和退磁环节。为保证安全，要求 4 台电动机（M1、M2、M3、M4）与电磁吸盘之间有电气联锁装置，即电磁吸盘充磁后，电动机才能启动。当电磁吸盘不工作或发生故障时，4 台电动机均不能启动。

※任务实施：

1．实训任务

M7120型平面磨床的操作。

2．实训要求

（1）按要求着装，带好常用工具及仪表进入实训室。

（2）在实训中践行"6S"管理（整理、整顿、清扫、清洁、安全、素养）。

① 整洁的现场，不良品为零。

② 努力降低成本，减少消耗，浪费为零。

③ 工作顺畅，及时完成工作任务。

④ 无泄漏、无危害、安全、整齐，事故为零。

⑤ 提升职业素养，培养工匠精神。

3．实训设备准备

M7120 型平面磨床 10 台。

4．实训实施步骤

1）平面磨床的认识

平面磨床的认识如表 3-4-1 所示。根据实训车间提供的平面磨床，填写表 3-4-1。

表 3-4-1　平面磨床的认识

序号	名称	型号	型号含义

根据图 3-4-3 写出 M1720 型平面磨床结构图（见图 3-4-5）中各部位的名称。

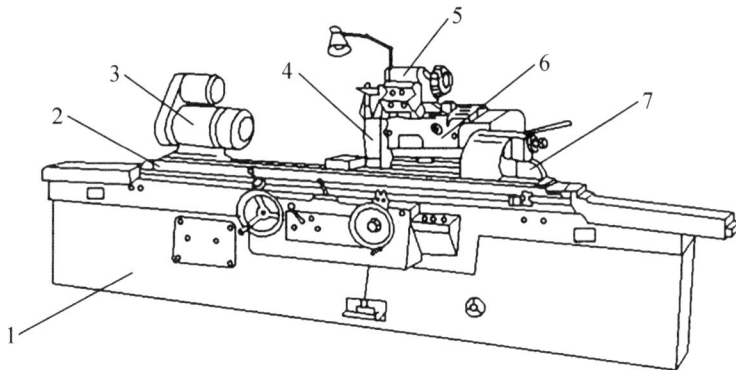

1、_____；2、_____；3、_____；4、_____；
5、_____；6、_____；7、_____。

图 3-4-5　M1720 型平面磨床结构图

2）平面磨床的基本操作

（1）检查砂轮及砂轮架。

检查砂轮是否损伤、有无裂纹；砂轮运转是否正常；砂轮架运动是否平稳、手柄操纵是否灵活、定位是否可靠。

（2）检查工作台。

检查工作台面是否有伤痕；电磁吸盘吸附工件是否牢固；行程挡铁固定是否可靠。

（3）检查液压、润滑系统。

检查油箱油量是否达到标线；油杯是否清洁；液压管路是否渗漏。

3）M7120 型平面磨床的认识与操作评分表

M7120 型平面磨床的认识与操作评分表如表 3-4-2 所示。

表 3-4-2   M7120 型平面磨床的认识与操作评分表

项目内容	考核要求	评分标准	配分	扣分	得分
磨床的认识	填写内容详细准确	填写内容不详，敷衍了事，每处扣 2 分	25 分		
磨床的操作	规范熟练操作	（1）规范熟练操作，记 25 分； （2）规范完成操作，记 15 分； （3）不会操作，记 0 分	25 分		
学习态度	学习态度端正，学习主动积极，工作表现好	（1）学习态度不积极，扣 5 分； （2）任务不明确，扣 5 分； （3）实施效果欠缺，扣 5 分； （4）工作表现差，扣 5 分	20 分		
操作规范与职业素养	执行"6S"管理（整理、整顿、清扫、安全、清洁、素养），安全文明生产	（1）完成任务后不清理工位，每处扣 5 分； （2）操作不规范，损坏机床，扣 10 分； （3）安全意识不强，发生安全危害，扣 10 分	30 分		
开始时间		结束时间		成绩	
评分人：		核分人：			

任务 3.5　M7120 型平面磨床控制电路的原理分析

※知识目标：

（1）识读 M7120 型平面磨床的电气原理图。

（2）能分析 M7120 型平面磨床控制电路的工作原理。

※技能目标：

能独立填写平面磨床元器件配置表。

※知识平台：

M7120 型平面磨床的电气原理图如图 3-5-1 所示。平面磨床的电气控制电路由主电路、控制电路、电磁吸盘控制电路和辅助电路四部分组成。

1. 主电路分析

主电路中有 4 台电动机。其中，M1 为液压泵电动机，实现工作台的往复运动，由 KM1 控制；M2 为砂轮电动机，带动砂轮旋转对工件进行磨削加工，由 KM2 控制；M3 为冷却泵电动机，在磨削工件时输送冷却液，由 KM2 控制；M4 为砂轮升降电动机，在磨削过程中调整砂轮与工件之间的位置，由 KM3 和 KM4 控制。FU1 对电路进行短路保护，FR1、FR2、FR3 分别对 M1、M2、M3 进行过载保护。因砂轮升降电动机为短时运行，所以不对其设置过载保护。

对 4 台电动机的工作要求是：M1、M2 和 M3 只要求单向旋转，M4 要求能正、反转控制，冷却泵电动机 M3 要求在砂轮电动机 M2 运转后才能运转。

2. 控制电路分析

当电源正常时，合上电源开关 QS1，中间继电器 KA 的线圈得电，KA 的常开触点闭合，可进行操作。

1）对液压泵电动机 M1 的控制（其控制电路位于 7 区）

启动过程：按下 SB3，KM1 的线圈得电吸合，KM1 的主触点闭合，KM1 的常开触点闭合自锁，M1 启动。

停止过程：按下 SB2，KM1 的线圈失电释放，KM1 的主触点断开，KM1 的常开触点复位断开，M1 停转。

2）对砂轮电动机 M2 的控制（其控制电路位于 9 区）

启动过程：按下 SB5，KM2 的线圈得电吸合，KM2 的主触点闭合，KM2 的常开触点闭合，M2 启动。

停止过程：按下 SB4，KM2 的线圈失电释放，KM2 的主触点断开，KM2 的常开触点复位断开，M2 停转。

3）对冷却泵电动机 M3 的控制

由于冷却泵电动机通过插座与交流接触器 KM2 的主触点相连，因此 M3 与砂轮电动机 M2 联动控制。当按下 SB5 时，M3 与 M2 同时启动；当按下 SB4 时，M3 与 M2 同时停止。FR2 与 FR3 的常闭触点串联在 KM2 的线圈回路中，当 M2、M3 中任意一台过载时，相应的热继电器动作，都将使 KM2 的线圈失电，M2、M3 同时停止。

4）对砂轮升降电动机 M4 的控制（其控制电路位于 11 区和 12 区，采用点动控制）

砂轮上升控制过程：按下 SB6，KM3 的线圈得电吸合，KM3 的主触点闭合，M4 启动正转，砂轮上升。当砂轮上升到预定位置时，松开 SB6，SB6 复位断开，KM3 的线圈失电释放，KM3 的主触点断开，M4 停转，砂轮停止上升。

砂轮下降控制过程：按下 SB7，KM4 的线圈得电吸合，KM4 的主触点闭合，M4 启动反转，砂轮下降。当砂轮下降到预定位置时，松开 SB7，SB7 复位断开，KM4 的线圈失电释放，KM4 的主触点断开，M4 停转，砂轮停止下降。

5）对照明和指示电路的控制

照明和指示电路位于 20~26 区，其电源由变压器 TC 提供，变压器的原边电压是 380V，照明和指示电路的电压分别为 24V 和 6V 的安全电压，照明灯 EL 由开关 QS2 控制。HL1 为电源电压指示灯，HL2 为液压泵电动机 M1 的工作指示灯，HL3 为砂轮电动机 M2 的工作指示灯，HL4 为砂轮升降电动机 M4 的工作指示灯，HL5 为电磁吸盘工作指示灯。

电源总开关及保护	液压泵电动机	砂轮电动机	冷却泵电动机	砂轮升降电动机	变压器及保护	液压泵控制	砂轮启动砂轮冷却

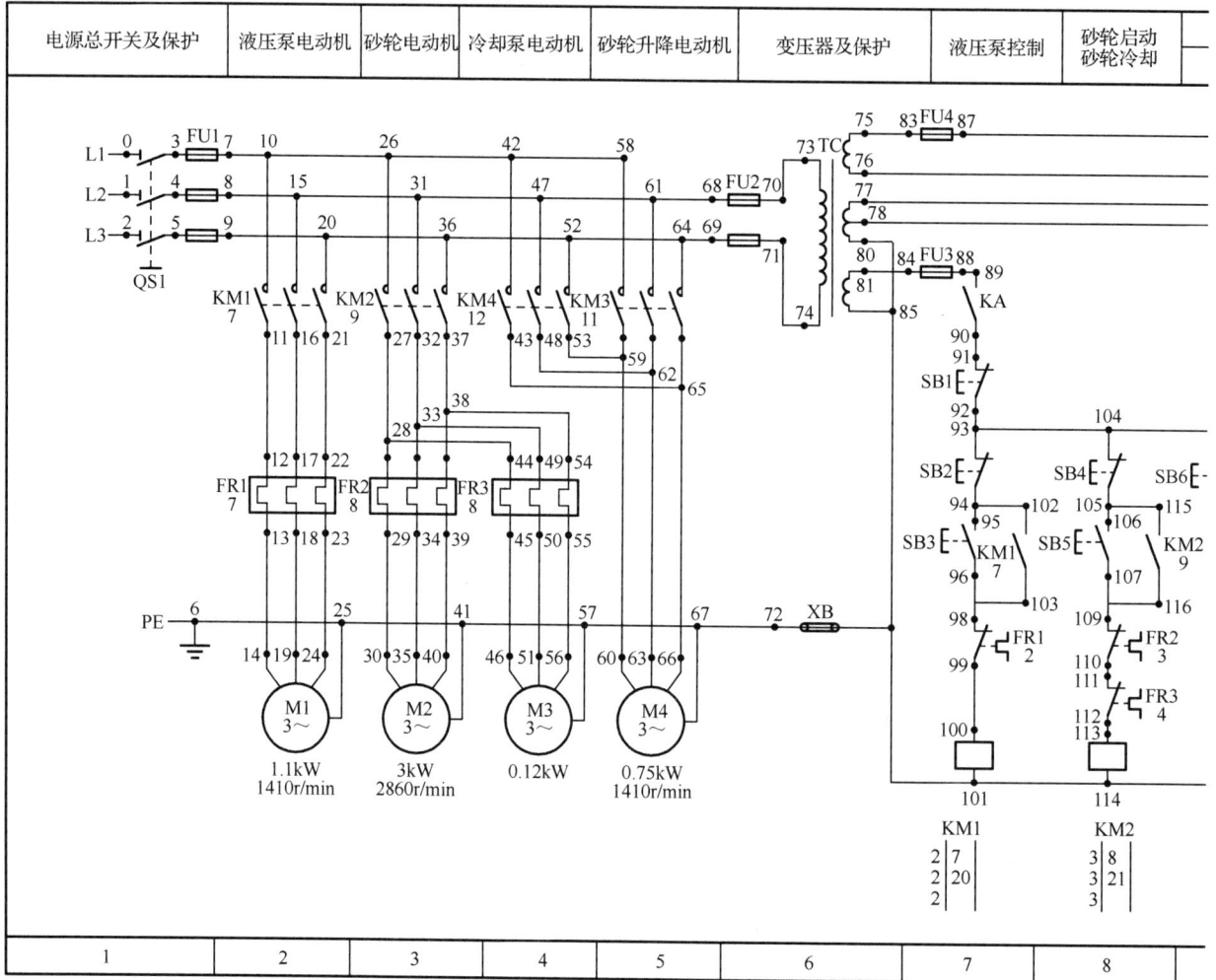

图3-5-1　M7120

砂轮		电磁吸盘		整流电源	失磁保护	电磁吸盘充磁去磁	信号灯显示电路	照明灯
上升	下降	充磁	去磁					

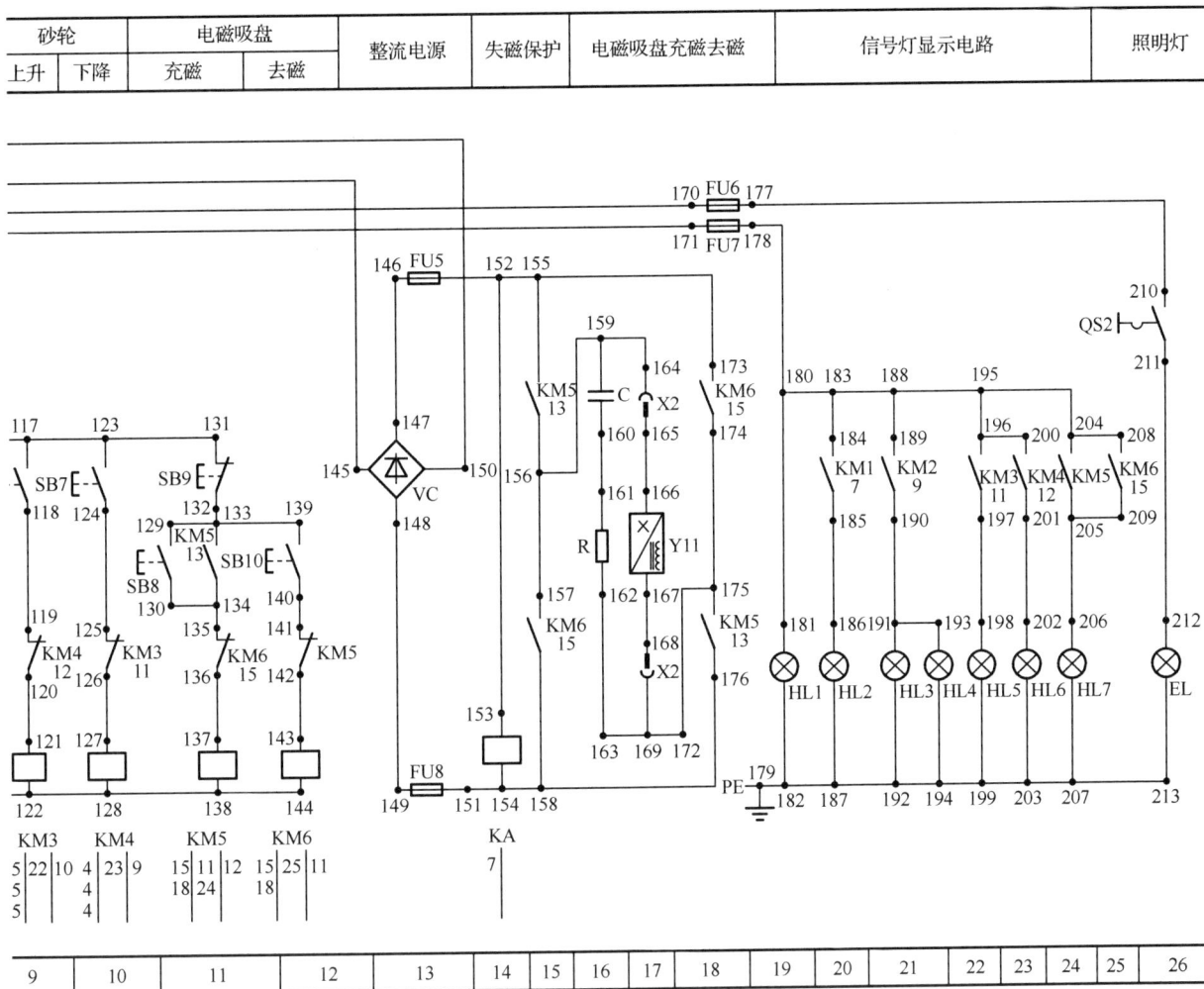

型平面磨床的电气原理图

3. 电磁吸盘控制电路分析

1）电磁吸盘的构造

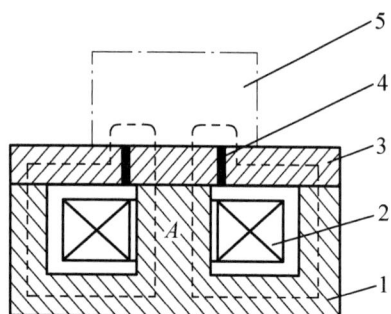

1—钢制吸盘体；2—线圈；3—钢制盖板；
4—隔磁层；5—工件。

图 3-5-2　电磁吸盘

电磁吸盘的外形有长方形和圆形两种。矩形平面磨床采用长方形电磁吸盘，圆台平面磨床采用圆形电磁吸盘。电磁吸盘如图 3-5-2 所示。

2）电磁吸盘控制电路

电磁吸盘由整流装置、控制装置及保护装置三部分组成。

整流装置由整流变压器 TC 和桥式整流器 VC 组成，输出 110V 直流电压源。

控制装置由按钮 SB8、SB9、SB10 和交流接触器 KM5、KM6 等组成。

保护装置由放电电阻 R、放电电容 C 及中间继电器 KA 组成。电磁吸盘脱离电源瞬间，电磁吸盘 YH 的两端产生较大的自感电动势，会使线圈和其他元器件损坏，故用电阻和电容组成放电回路。中间继电器 KA 的线圈并联在电磁吸盘 YH 电路中，KA 的常开触点串联在控制电路中，当电源电压降低或断电，电磁吸盘吸不牢工件时，中间继电器 KA 释放，KA 的常开触点断开，切除控制电路电源，交流使接触器 KM1 和 KM2 的线圈断电释放，液压泵电动机 M1 和砂轮电动机 M2 停止转动，防止产生工件被高速旋转的砂轮撞击而飞出的危险，以保证安全。

3）电磁吸盘的充磁过程

在图 3-5-1 中，按下启动按钮 SB8，接触器 KM5 线圈获电吸合并自锁，KM5 主触点闭合，电磁吸盘 YH 线圈得电，工作台充磁吸住工件。

磨削加工完毕，在取下加工好的工件时，先按下 SB9，切断电磁吸盘 YH 的直流电源，由于吸盘和工件都有剩磁，所以需对吸盘和工件去磁。

去磁过程：按下点动按钮 SB10，交流接触器 KM6 的线圈获电吸合，KM6 的主触点闭合，电磁吸盘 YH 的线圈通入反向直流电，使工作台和工件去磁。在去磁时，为防止因时间过长使工作台反向磁化再吸住工件，交流接触器 KM6 采用点动控制。

※任务实施：

1. 实训任务

M7120 型平面磨床的电气原理分析。

2. 实训要求

（1）按要求着装，带好常用工具及仪表进入实训室。

（2）在实训中执行"6S"管理（整理、整顿、清扫、清洁、安全、素养）。

① 整洁的现场，不良品为零。

② 努力降低成本，减少消耗，浪费为零。

③ 工作顺畅，及时完成工作任务。

④ 无泄漏、无危害、安全、整齐，事故为零。

⑤ 提升职业素养，培养工匠精神。

3．实训设备准备

M7120 型平面磨床的电气原理图。

4．实训实施步骤

1）写出 M7120 型平面磨床液压泵电动机 M1 的控制工作原理

2）写出 M7120 型平面磨床冷却泵电动机 M3 的控制工作原理

3）写出 M7120 型平面磨床砂轮升降电动机 M4 的控制工作原理

4）完成平面磨床元器件配置表

M7120 型平面磨床元器件配置表如表 3-5-1 所示。

表 3-5-1　M7120 型平面磨床元器件配置表

序号	元器件符号	元器件名称	元器件型号	功能
1	QS1			
2	FU1			
3	FU2			
4	FU3			
5	FU4			
6	KM1			
7	KM2			
8	KM3			
9	KM4			
10	KM5			
11	KM6			
12	FR1			
13	FR2			
14	FR3			
15	TC			
16	KA			
17	SB1			
18	SB2			
19	SB3			
20	SB4			
21	SB5			
22	SB6			
23	SB7			
24	SB8			
25	SB9			
26	SB10			

续表

序号	元器件符号	元器件名称	元器件型号	功能
27	HL1			
28	HL2			
29	HL3			
30	HL4			
31	HL5			
32	EL			

5）完成 M7120 型平面磨床电气原理分析评分表

M7120 型平面磨床电气原理分析评分表如表 3-5-2 所示。

表 3-5-2　M7120 型平面磨床电气原理分析评分表

项目内容	考核要求	评分标准	配分	扣分	得分
元器件配置表	元器件配置表书写规范完整；元器件配置表填写内容详细准确	（1）元器件配置表书写不规范完整，每处扣 2 分；（2）元器件配置表填写内容不详，敷衍了事，每处扣 2 分	60 分		
学习态度	学习态度端正，学习主动积极，工作表现好	（1）学习态度不积极，扣 5 分；（2）任务不明确，扣 5 分；（3）实施效果欠缺，扣 5 分；（4）工作表现差，扣 5 分	30 分		
操作规范与职业素养	执行"6S"管理（整理、整顿、清扫、安全、清洁、素养），安全文明生产	乱摆放工具，乱丢杂物，完成任务后不清理工位，每处扣 5 分	10 分		
开始时间		结束时间		成绩	
评分人：		核分人：			

6）巩固与练习

（1）M7120 型平面磨床的电磁吸盘与 3 台电动机 M1、M2、M3 之间的电气联锁是由（　　）实现的。

A．QS2

B．QS2 和 KA 的常开触点（3-4）

C．KA

（2）若电磁吸盘电路中的电阻 R 开路，则会造成（　　）。

A．电磁吸盘不能放电

B．电磁吸盘不能退磁

C．电磁吸盘既不能充磁也不能退磁

（3）电磁吸盘的吸力不足，经检查发现桥式整流器空载输出电压正常，而负载输出电压远低于 110V，由此可判断电磁吸盘的线圈（　　）。

A．断路　　　　　　　　B．短路　　　　　　　　C．无故障

（4）冷却泵电动机的保护是（　　）。

A．短路　　　　　　　　B．过载　　　　　　　　C．既有过载又有短路

（5）磨削加工完毕，切断电磁吸盘电源，电磁吸盘和工件会有（　　　）。

A．电压　　　　　　　　　B．剩磁　　　　　　　　　C．电流

（6）信号电路的电源是（　　　）V。

A．36　　　　　　　　　　B．24　　　　　　　　　　C．6

（7）在 M7120 型平面磨床中，整流装置的作用是（　　　）。

A．供给 220V 电源　　　　B．供给 110V 电源　　　　C．供给 380V 电源

（8）当电磁吸盘去磁时，按下启动按钮 SB10，交流接触器（　　　）吸合。

A．KM4　　　　　　　　　B．KM5　　　　　　　　　C．KM6

（9）M7120 型平面磨床的砂轮在加工过程中（　　　）。

A．需要调速　　　　　　　B．不需要调速

C．是否需要加速依具体情况而定

（10）液压泵电动机采用的是（　　　）。

A．变速电动机　　　　　　B．三相异步电动机　　　　C．绕线异步电动机

（11）砂轮电动机采用的 （　　　）。

A．变速电动机　　　　　　B．三相异步电动机　　　　C．绕线异步电动机

（12）M7120 型平面磨床的砂轮电动机 M1 和冷却泵电动机 M2 在（　　　）中实现顺序控制。

A．主电路　　　　　　　　B．控制电路　　　　　　　C．电磁吸盘电路

（13）砂轮升降电动机采用的控制方式是（　　　）控制。

A．单向　　　　　　　　　B．点动正、反转　　　　　C．顺序

（14）在 M7120 型平面磨床控制电路中，为防止砂轮升降电动机的（　　　）同时接通，故需进行联锁控制。

A．正、反转　　　　　　　B．正转　　　　　　　　　C．反转

（15）在电磁吸盘电路中，保护装置是由（　　　）组成的。

A．电阻放电　　　　　　　B．放电电容和欠压继电器 C．以上答案都对

（16）液压泵电动机是由交流接触器（　　　）控制的。

A．KM1　　　　　　　　　B．KM2　　　　　　　　　C．KM3

（17）砂轮升降电动机的保护是（　　　）。

A．短路　　　　　　　　　B．过载　　　　　　　　　C．既有过载又有短路

（18）砂轮电动机是由交流接触器（　　　）控制的。

A．KM1　　　　　　　　　B．KM2　　　　　　　　　C．KM3

任务 3.6　M7120 型平面磨床控制电路的故障分析及排除

※知识目标：

能独立分析 M7120 型平面磨床控制电路的故障。

微课

※技能目标：

（1）能正确选择和整定所用的元器件。

（2）能正确合理使用电工工具和电工仪表。

（3）能正确检测电路，准确判断并排除电路的故障。

※知识平台：

M7120 平面磨床故障分析及排除

案例 1：

【故障现象】合上电源开关 QS1，电源指示灯 HL1 亮，旋转 QS2，照明灯 EL 亮，按下 SB3、SB5、SB6、SB7、SB8、SB10 按钮，交流接触器 KM1～KM4 均不吸合，电动机 M1～M4 均不能启动。

【故障分析】

（1）整流电源有故障：FU4 熔断、FU8 熔断、桥式整流器 VC 损坏、中间继电器 KA 损坏、电路接线头脱落或接触不良等。

（2）控制电路有故障：FU3 熔断、KA 的常开触点接触不良、SB1 接触不良、控制电路接线头脱落或接触不良等。

【检修步骤及方法】

（1）合上电源开关 QS1，观察中间继电器 KA 是否吸合。若 KA 不能吸合，则说明整流电源不正常，故障为 FU4 熔断、FU8 熔断、中间继电器 KA 损坏、桥式整流器 VC 损坏、电路接线头脱落或接触不良等。

① 合上电源开关 QS1，用万用表测变压器 TC 线上 145-75 之间的电压是否正常，若电压是 145V，则电源电路正常；若该两点之间无电压，则测量 76-75 之间是否有电压，若有电压，则 145-76 之间发生开路，故障为连线断路或接线头接触不良。

修复措施：查明损坏原因，更换相同规格的连接导线或清理接线头并将其接好、接牢固。

② 若①正常，则用万用表测量 145-83 之间的电压。若电压是 145V，则正常；若该两点之间无电压，则故障是 75-83 之间的接线头接触不良。

修复措施：查明损坏原因，清理接线头并将其接好、接牢固，更换动、静触点或更换相同规格的接触器。

③ 若②正常，则用万用表测量 145-87 之间的电压，若电压是 145V，则正常；若该两点之间无电压，则故障是 83-87 之间连线断路或熔断器 FU4 熔断。

修复措施：查明损坏原因，更换相同规格的熔断器，清理接线头并将其接好、接牢固或更换相同规格的连接导线。

④ 若③正常，则用万用表测量 145-150 之间的电压，若电压是 145V，则正常；若该两点之间无电压，则故障是 87-150 之间的接线头接触不良。

修复措施：查明损坏原因，清理接线头并将其接好、接牢固。

⑤ 若④正常，则用万用表测量 148-147 之间的直流电压，若电压是 130V，则正常；若该两点之间无电压，则故障是 VC 桥堆损坏。

修复措施：查明损坏原因，更换相同规格的 VC 桥堆。

⑥ 若⑤正常，则用万用表测量 148-146 之间的直流电压，若电压是 130V，则正常；若该两点之间无电压，则 147-146 之间发生开路，故障是连线断路或接线头接触不良。

修复措施：查明损坏原因，更换相同规格的连接导线或清理接线头并将其接好、接牢固。

⑦ 若⑥正常，则用万用表测量 148-152 之间的直流电压，若电压是 130V，则正常；若该两点之间无电压，则 146-152 之间发生开路，故障是熔断器 FU5 熔断、连线断路或接线头接触不良。

修复措施：查明损坏原因，更换相同规格的熔断器、连接导线或清理接线头并将其接好、接牢固。

⑧ 若⑦正常，则用万用表测量 152-154 之间的直流电压，若电压是 130V，则正常；若该两点之间无电压，则说明中间继电器 KA 损坏、FU8 熔断、连线断路或接线头接触不良。

修复措施：查明损坏原因，更换相同规格的中间继电器、更换相同规格的熔断器、连接导线或清理接线头并将其接好、接牢固。

（2）合上电源开关 QS1，观察中间继电器 KA 是否吸合，若 KA 能吸合，则说明整流电源正常，故障在控制电路，即 FU3 熔断、KA 的常开触点接触不良、SB1 接触不良、控制电路接线头脱落或接触不良等。

① 合上电源开关 QS1，用万用表测变压器 TC 线上 85-81 之间的电压，若电压是 127V，则电源电路正常；若该两点之间无电压，则说明 TC 损坏。

修复措施：查明损坏原因，更换相同规格的变压器。

② 用万用表测量变压器 TC 线上 85-84 之间的电压，若电压是 127V，则电源电路正常；若该两点之间无电压，则说明 81-84 之间发生了断路、接线头脱落或接触不良。

修复措施：查明故障原因，清理接线头并将其接好、接牢固或更换相同规格的连接导线。

③ 用万用表测量变压器 TC 线上 85-88 之间的电压，若电压是 127V，则电源电路正常；若该两点之间无电压，则说明 84-88 之间发生了断路或熔断器 FU3 熔断。

修复措施：查明故障原因，更换相同规格的熔断器，清理接线头并将其接好、接牢固或更换相同规格的连接导线。

④ 用万用表测量变压器 TC 线上 85-89 之间的电压，若电压是 127V，则电源电路正常；若该两点之间无电压，则说明 88-89 之间发生了断路、接线头脱落或接触不良。

修复措施：查明故障原因，更换相同规格的熔断器，清理接线头并将其接好、接牢固或更换相同规格的连接导线。

⑤ 用万用表测量变压器 TC 线上 85-90 之间的电压，若电压是 127V，则电源电路正常；若该两点之间无电压，则说明 89-90 之间发生了断路或中间继电器 KA 的触点接触不良。

修复措施：查明故障原因，清理接线头并将其接好、接牢固，清理中间继电器 KA 的触点或更换相同规格连接导线。

⑥ 用万用表测量变压器 TC 线上 85-92 之间的电压，若电压是 127V，则电源电路正常；若该两点之间无电压，则说明 90-92 之间发生了断路或按钮 SB1 损坏。

修复措施：查明故障原因，更换相同规格的按钮，清理接线头并将其接好、接牢固或更换相同规格的连接导线。

案例2：

【故障现象】控制电路、吸盘电路、照明和指示电路正常，KA、KM1～KM4均能吸合，但M1～M4均不能运转，并伴有"嗡嗡"声。

【故障原因分析】主电路L1相断路缺相；熔断器FU1熔断等。

【排除方法】合上电源开关QS1，将万用表调到交流电压挡，分别测量7-8、7-9之间的电压。若显示"380"，则正常。继续分别测量10-15、10-20之间的电压，若显示"0"，则测量15-20之间的电压，若显示"380"，则正常，此时可能是L1相（7-10）有问题。

断开QS1，悬挂停电指示牌，将万用表调到蜂鸣挡，测量7-10之间的电阻，若显示"1"，则表示7-10之间发生了断路。将起止故障号"007010"输入智能答题器并按下确认键，若听到"嘀"一声响，则表示故障已排除。

案例3：

【故障现象】控制回路、照明和指示灯电路均失效。

【故障原因分析】主电路缺相；熔断器FU1、FU2熔断；变压器TC损坏。

【排除方法】断开电源开关QS1，悬挂停电指示牌，将万用表调到蜂鸣挡，测量FU1上3-7、4-8、5-9之间的电阻值，若显示"0"，则表示正常；测量FU2上68-70、69-71之间的电阻值，若显示"0"，则表示正常。将万用表调到20kΩ挡，测量TC上73-74之间的电阻值，若显示几千欧，则表示正常，故障为主电路缺相。将万用表调到蜂鸣挡，分别测量FU1上4-8、4-15、4-31、4-47、4-61之间的电阻值，若显示"0"，则表示正常；测量4-68之间的电阻值，若显示"1"，则表示断路，进一步测量61-68之间的电阻值，若显示"1"，则确认61-68之间发生了断路。将起止故障号"061068"输入智能答题器并按下确认键，若听到"嘀"一声响，则表示故障已排除。

案例4：

【故障现象】控制电路、吸盘电路、照明和指示电路正常，KA、KM1～KM4均能吸合，M1、M4均能运转，但M2、M3不能运转并伴有"嗡嗡"声。

【故障原因分析】M2、M3主电路缺相；交流接触器KM2的主触点损坏、触点松动。

【排除方法】合上电源开关QS1，将万用表调到交流电压挡，若测量28-33之间的电压正常（380V）、28-38之间的电压不正常（0V），则可知L3相有问题。若测量27-32和27-37之间的电压均正常（380V），则说明37-38之间发生了断路。断开电源开关QS1，悬挂停电指示牌，将万用表调到蜂鸣挡，测量37-38之间的电阻值，若显示"1"，则表示37-38之间发生了断路。将起止故障号"037038"输入智能答题器并按下确认键，若听到"嘀"一声响，则表示故障已排除。

案例5：

【故障现象】照明和指示电路、KA吸合、电磁吸盘直流电源均正常，而液压泵电动机M1、砂轮电动机M2、冷却泵电动机M3、砂轮升降电动机M4和电磁吸盘均不能控制。

【故障原因分析】控制电路公共回路断路；按钮SB1损坏；熔断器FU3熔断。

【排除方法】断开QS1，悬挂停电指示牌，将万用表调到蜂鸣挡，检测SB1、FU3均正常；

合上电源开关 QS1，将万用表调到交流电压 750V 挡，测量出 85-81、85-84、85-88、85-89、85-90、85-92 之间的电压（127V）正常、85-101 之间的电压（127V）不正常（应该为 0V）；断开 QS1，悬挂停电指示牌，将万用表调到蜂鸣挡，测量 85-101 之间的电阻值，若显示"1"，则表示发生了断路。将起止故障号"085101"输入智能答题器并按下确认键，若听到"嘀"一声响，则表示故障已排除。

案例 6：

【故障现象】电磁吸盘不能充磁和去磁，其他控制都正常。

【故障原因分析】电磁吸盘充磁和去磁控制公共回路断路；按钮 SB9 损坏、触点松动；电磁吸盘 YH 损坏。

【排除方法】断开 QS1，悬挂停电指示牌，将万用表调到 20kΩ 挡，检测按钮 SB9、电磁吸盘 YH 均正常，故障可能为电磁吸盘充磁和去磁控制公共回路断路。将万用表调到蜂鸣挡，测量 123-131 之间的电阻值，若显示"1"，则表示发生了断路。将起止故障号"123131"输入智能答题器并按下确认键，若听到"嘀"一声响，则表示故障已排除。

※任务实施：

1．实训任务

学校机加工实训车间内的一台 M7120 型平面磨床，合上其电源开关 QS1，电源指示灯 HL1 亮，旋转 QS2，照明灯 EL 亮，按下 SB3、SB5、SB6、SB7、SB8、SB10，KM1～KM4 均不吸合，M1～M4 均不能启动。请制定科学合理的检修流程，根据安全规程操作，精准快速地排除故障。

2．实训要求

（1）按要求着装，带好常用工具及仪表进入实训室。
（2）在实训中执行"6S"管理（整理、整顿、清扫、清洁、安全、素养）。
① 整洁的现场，不良品为零。
② 努力降低成本，减少消耗，浪费为零。
③ 工作顺畅，及时完成工作任务。
④ 无泄漏、无危害、安全、整齐，事故为零。
⑤ 提升职业素养，培养工匠精神。

3．教学资源及条件

教学资源：在线教学平台、说明书、电气原理图、故障检修报告。
教学条件：M7120 型平面磨床 5 台、万用表、螺丝刀、尖嘴钳、平口钳、剥线钳。

4．实训实施步骤

1）故障现象

合上电源开关 QS1，电源指示灯 HL1 亮，旋转 QS2，照明灯 EL 亮，按下 SB3、SB5、SB6、SB7、SB8、SB10，KM1～KM4 均不吸合，M1～M4 均不能启动。

2）检修步骤及工艺要求

（1）熟悉车床各元器件的位置及电路走向。

（2）在检修过程中不能损坏电路中的元器件，不能破坏电路连线美观，注意人身安全。

3）M7120 型平面磨床电气故障检修工单

M7120 型平面磨床电气故障检修工单如表 3-6-1 所示。

表 3-6-1　M7120 型平面磨床电气故障检修工单

班级：　　　　　　姓名：　　　　　　日期：

机床名称与型号		检修起止时间	
故障现象			
故障分析			
故障检修步骤与方法			
故障排除结果			

4）M7120 型平面磨床电气故障检修评分表

M7120 型平面磨床电气故障检修评分表如表 3-6-2 所示。

表 3-6-2　M7120 型平面磨床电气故障检修评分表

项目内容	考核要求	评分标准	配分	扣分	得分
检修前的准备	工具仪器准备齐全；穿戴好工作服装	（1）工具仪表每少一种，扣 2 分；（2）穿工作服装、电工绝缘鞋，佩戴安全帽，每少一种，扣 2 分	10 分		
检修过程	检修流程科学合理；作业过程有条不紊	（1）检修流程不科学合理，扣 5 分；（2）作业过程没有条理，扣 5 分	10 分		
检修报告	检修报告书写规范完整；检修报告填写内容详细	（1）检修报告书写不规范完整，扣 10～15 分；（2）检修报告填写内容不详，敷衍了事，扣 10～15 分	30 分		

续表

项目内容	考核要求	评分标准	配分	扣分	得分
学习态度	学习态度端正，学习主动积极，工作表现好	（1）学习态度不积极，扣5分； （2）任务不明确，扣5分； （3）实施效果欠缺，扣5分； （4）工作表现差，扣5分	20分		
操作规范与职业素养	执行"6S"管理（整理、整顿、清扫、安全、清洁、素养），安全文明生产	（1）安全操作不规范，有危险动作，扣10分； （2）检修完毕后，未清点工具、仪表，每处扣5分； （3）乱摆放工具，乱丢杂物，完成任务后不清理工位，每处扣5分； （4）发生严重违规操作或短路现象，成绩记0分	30分		
开始时间		结束时间		成绩	
评分人：		核分人：			

附录A 识读电气图的基本要求和步骤

1．常用电气图形和文字符号

类别	名称	图形符号	文字符号	类别	名称	图形符号	文字符号
开关	单极控制开关		SA	接触器	线圈操作器件		KM
	手动开关一般符号		SA		常开主触点		KM
	三极控制开关		QS		常开辅助触点		KM
	三极隔离开关		QS		常闭辅助触点		KM
	三极负荷开关		QS	按钮	常开按钮		SB
	组合旋钮开关		QS		常闭按钮		SB
	低压断路器		QF		复合按钮		SB
	控制器或操作开关	后　前 2 1 0 1 2	SA		急停按钮		SB
位置开关	常开触点		SQ		钥匙操作式按钮		SB
	常闭触点		SQ	热继电器	热元件		FR
	复合触点		SQ		常闭触点		FR

续表

类别	名称	图形符号	文字符号	类别	名称	图形符号	文字符号
时间继电器	通电延时（缓吸）线圈	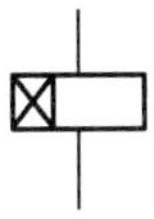	KT	中间继电器	常开触点		KA
	断电延时（缓放）线圈	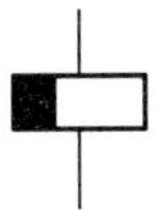	KT		常闭触点		KA
	瞬时闭合的常开触点		KT	电流继电器	过电流线圈	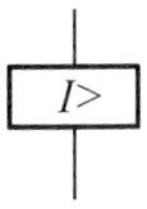 $I>$	KA
	瞬时断开的常闭触点		KT		欠电流线圈	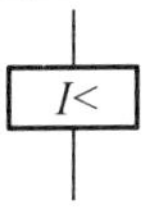 $I<$	KA
	延时闭合的常开触点	 或	KT		常开触点		KA
	延时断开的常闭触点	 或	KT		常闭触点		KA
	延时闭合的常闭触点	 或	KT	电压继电器	过电压线圈	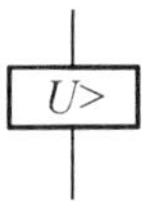 $U>$	KV
	延时断开的常开触点	 或	KT		欠电压线圈	 $U<$	KV
电磁操作器	电磁铁的一般符号	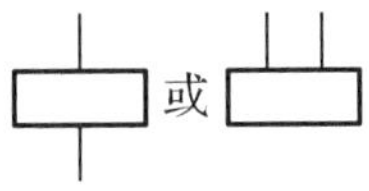 或	YA		常开触点		KV
	电磁吸盘	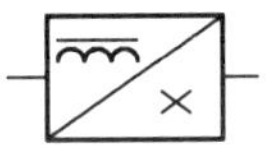	YH		常闭触点		KV
	电磁离合器	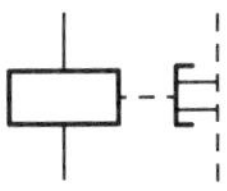	YC	电动机	三相笼型异步电动机	 M 3~	M
	电磁制动器	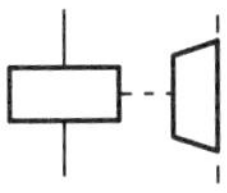	YB		三相绕线转子异步电动机	 M 3~	M
	电磁阀	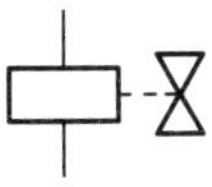	YY		他励直流电动机	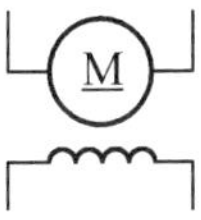 M	M
中间继电器	线圈	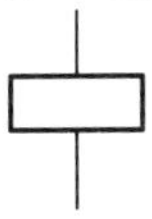	KA		并励直流电动机	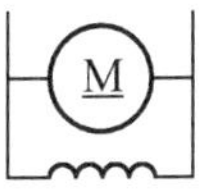 M	M

续表

续表

类别	名称	图形符号	文字符号	类别	名称	图形符号	文字符号
电动机	串励直流电动机		M	非电量控制的继电器	速度继电器常开触点		KS
熔断器	熔断器		FU		压力继电器常开触点		KP
发电机	发电机		G	变压器	单相变压器		TC
	直流测速发电机		TG		三相变压器		TU
灯	信号灯（指示灯）		HL	互感器	电压互感器		TV
	照明灯		EL		电流互感器		TA
接插器	插头和插座	或	X 插头 XP 插座 XS	电抗器	电抗器		L

2．识图的基本要求

1）结合电工基础理论识图

要想清楚电路的电气原理，必须具备电工基础知识，如三相异步电动机的旋转方向是由通入电动机的三相电源的相序决定的，改变电源的相序可改变电动机的转向。

2）结合元器件的结构和工作原理识图

看电路图时应清楚元器件的结构、性能、在电路中的作用及相互控制关系，这样才能清楚电路的工作原理。

3）结合典型电路识图

一张复杂的电路图细分起来可看作由若干典型电路组成，因此熟悉各种典型电路能很快分清电路中的主次环节。

4）结合电路图的绘制特点识图

在绘制电气原理图时，主电路绘制在辅助电路的左侧或上部，辅助电路绘制在主电路的右侧或下部。同一元器件分解成几部分分别绘在不同的回路中，但以同一文字符号标注。回路的排列通常按元器件的动作顺序或电源到用电设备的连接顺序在水平方向从左到右、在垂直方向从上到下绘出。了解电气原理图的基本画法，就容易看懂电路的构成情况，清楚元器件的相互控制关系，掌握电路的基本原理。

3．识图的基本步骤

1）看图样说明

清楚设计内容和施工要求有助于了解图样的大体情况、抓住识图重点。

2）看电气原理图

按先看主电路后看辅助电路的顺序识图。在看主电路时，通常从下往上看，即从负载开始经控制元件到电源顺次看。主要是看懂负载是怎样取得电源的，电源经那些元器件是怎样到达负载的。

辅助电路则从上而下，从左到右看，即先看电源，再顺次看各条回路。主要是看懂它的回路构成，各元器件的联系、控制关系和在什么条件下构成通路或断路。

3）看安装接线图

先看主电路再看辅助电路。主电路从电源引入端开始，经控制元件和导线顺次到用电设备；辅助电路从电源的一端看到电源的另一端，按元器件的顺序对每个回路进行分析研究。

附录 B 机械电气设备通用技术条件

机械电气设备通用技术条件（以下简称"标准"）是维修电工在电气设备电气电路的安装与检修等工作中不可缺少的指导性文件及准则。现将标准 GB/T 5226.1-2019《机械电气安全 机械电气设备 第 1 部分：通用技术条件》摘录如下。

引言

GB/T 5226 的本部分对机械电气设备提出技术要求和建议，以便促进提高：人员和财产的安全性；控制响应的一致性；维护的便利性。

不宜牺牲上述基本要素来获取高性能。

1．范围

（1）GB/T 5226 的本部分适用于机械（包括协同工作的一组机械）的电气、电子和可编程序电子设备及系统，而不适用于手提工作式机械。

（2）本部分所论及的设备是从机械电气设备的电源引入处开始的。本部分适用的电气设备或电气设备部件，其标称电源电压不超过交流 1000V 或直流 1500V，额定频率不超过 200Hz。

（3）本部分是通用标准，不限制或阻碍技术进步。

2．基本要求

1）电气设备的选择

电气设备和器件应适应于它们预期的用途，符合有关 IEC（国际电工委员会）标准的规定，并且按供方说明书要求使用。

2）电源

在下列规定的常规电源条件下，电气设备应设计成在满载或无载时能正常运行，除非用户另有说明。

（1）交流电源。电压：稳态电压值为 0.9～1.1 倍标称电压。频率：0.99～1.01 倍标称频率（连续的）；0.98～1.02 倍标称频率（短时工作）。

（2）直流电源。若由电池供电，则电压：0.85～1.15 倍标称电压；0.7～1.2 倍标称电压（在用电池组供电的运输工具的情况下），电压中断时间：不超过 5ms。若由换能装置供电，则电压：0.9～1.1 倍标称电压，电压中断时间：不超过 20ms，相断中断间隔时间应大于 1s，纹波电压（峰对峰）：不超过标称电压的 0.15 倍。

3）实际环境和运行条件

电气设备应适应于其预期使用的实际环境和运行条件。

（1）环境空气温度。电气设备应能在预期环境空气温度中正常工作。所有电气设备的最低要求是在外壳（箱或盒）的外部环境空气温度在 5～40℃范围内正常工作。

（2）湿度。当最高温度为 40℃，相对湿度不超过 50%时，电气设备应能正常工作。温度低则允许更高的相对湿度（如 20℃时相对湿度为 90%）。要求采取正确的电气设备设计来防止偶然性凝露的有害影响，必要时采用适当的附加设施（如内装加热器、空调器、排水孔）。

（3）海拔。电气设备应能在海拔 1000m 以下正常工作。

（4）污染。电气设备应适当保护，以防固体物和液体的侵入。

（5）离子和非离子辐射。当设备受到辐射时（如微波、紫外线、激光、X 射线），应采取附加措施，以避免误动作和加速绝缘的老化。

（6）振动、冲击和碰撞。应通过选择合适的设备，将它们远离振源安装或采取附加措施，以防止（由机械及其有关设备产生或实际环境引起的）振动、冲击和碰撞的不良影响。

3．引入电源线端接法和切断开关

1）引入电源线端接法

宜将机械电气设备连接到单一电源上。如果需要用其他电源供电给电气设备的某些部分（如不同工作电压的电子设备），这些电源宜尽可能取自组成为机械电气设备一部分的器件（如变压器、换能器等）。对大型复杂机械可能需要一个以上的引入电源，这要由场地电源的配置来定。

2）连接外部保护导线（体）的端子

电气设备应提供连接外部保护导线（体）的端子，该连接端子应设置在各引入电源有关相线端子的同一隔间内。这种端子的尺寸应适合与相关线导体尺寸确定截面积的外部铜保护导线（体）相连接并符合附表 B-1 的规定。每个引入电源点，连接外部保护接地系统或外部保护导线（体）的端子应加标志或用字母 PE 标记。PE 代号应仅限用于机械的保护接地电路与引入电源系统的外部保护导线相连处的端子。为了避免混淆，机械元件连往保护接地电路的其他端子不应使用 PE 标记，应使用符号⏚或用黄绿组合的双色来标记。

附表 B-1　铜保护导线（体）的最小截面积

设备供电相体（线）的截面积 S/mm^2	保护导线（体）的最小截面积 S_p/mm^2
$S \leqslant 16$	S
$16 < S \leqslant 35$	16
$S > 35$	$S/2$

3）电源切断（隔离）开关

（1）机械的每个引入电源应提供一个手动操作的电源切断开关。当需要时（如机械及电气设备工作期间），电源切断开关将切断（隔离）机械电气设备的电源。

（2）当配备两个或两个以上的电源切断开关时，为了防止出现危险情况，包括损坏机械或加工件，应采取联锁保护措施。

（3）电源切断开关应是下列型式之一：

① 符合 IEC 60947-3 带或不带保险丝的隔离开关，使用类别 AC-23B 或 DC-23B；

② 隔离符合 IEC 60947-6-2 的控制和保护开关装置；

③ 隔离符合 IEC 60947-2 的断路器；

④ 任何符合 IEC 产品标准和满足隔离要求，并在产品标准中定义适当使用类别和/或指定持续（性）其他开关装置；

⑤ 通过软电缆供电的插头/插座组合。

（4）电源切断开关的操作装置应容易接近，应安装在维修站台以上 0.6～1.9m 间。

4）防止意外起动的去除动力装置

机械或机械部件的起动可能发生危险的场合（如维修期间），应配备防止意外起动的去除动力装置。这些装置应方便、适用，安装位置合适并易于识别它们的功能和用途。当这些装置的功能和用途指示不明显时（例如：依它们的位置），应标记指示这些装置去除动力的程度。

5）隔离电气设备的装置

当电气设备要求断开和隔离时，应配备有效的电气设备或部件的断开（隔离）装置。这样的断开装置应满足以下条件：对预期使用适当而方便；安排合适；对电气设备的电路或部件进行维修时可以快速识别。当它们的功能和用途指示不明显时（例如：依它们的位置），应标记指示这些装置隔离设备的程度。

电源切断开关在有些情况下能满足切断功能的要求。而有些场合需要由公共汇流排、汇流线或感应电源系统向机械电气设备的单独工作部件或向多台机械馈电时，应为需要隔离开的每个部件或每台机械配备断开装置。

4. 电气设备的保护

1）概述

电气设备需在以下几方面采取保护措施：由于短路而引起的过电流；过载和/或电动机冷却功能损失；异常温度；失压或欠电压；机械或机械部件超速；接地故障/残余电流；相序错误；闪电和开关浪涌引起的过电压。

2）过电流保护

机械电路中的电流如会超过元件的额定值或导线的载流能力，则应按下面的叙述配置过电流保护。

（1）需配置的过电流保护器件：电源线（除非用户另有要求，否则电气设备供方不负责提供电气设备电源线和过电流保护器件）、动力电路、控制电路、插座及其有关导线、照明电路、变压器。

（2）过电流保护器件的设置：过电流保护器件应安装在导线截面积减小或导线载流容量减小处。

（3）过电流保护器件：额定短路分断能力应不小于保护器件安装处的预期故障电流。

（4）过电流保护器件额定值和整定值：熔断器的额定电流或其他过电流保护器件的整定电流应选择得尽可能小，但要满足预期的过电流通过，例如：电动机起动或变压器合闸期间。

3）电动机的过热保护

（1）额定功率大于 0.5kW 以上的电动机应提供电动机过热保护（建议所有的电动机，特别是冷却泵电动机都采用这种过载保护。电动机的过载保护能用过载保护器、温度传感器或电流限定器等器件来实现）。

（2）在提供过载保护的场合［除用电流限定或内装热保护（例如热敏电阻嵌入电动机绕组中）外］，所有通电导线都应接入过载检测，中线除外。

（3）若过载保护是用切断电路的办法达到的，则开关电器应断开所有通电导线，但中线除外。

（4）应防止过热保护复原后任何电动机自行重新起动，以免引起危险情况，损坏机械或加工件。

4）对电源中断或电压降落随后复原影响的防护

（1）如果电压降落或电源中断会引起危险情况、损坏机械或加工件，则应在预定的电压值下提供欠压保护（例如：断开机械电源）。

（2）若机械运行允许电压中断或电压降落一短暂时刻，则可配置带延时的欠压保护器件。欠压保护器件的工作，不应妨碍机械的任何停车控制的操作。

（3）应防止电压复原或引入电源接通后机械的自行重新起动，以免引起危险情况。

（4）如果仅是机械的一部分或以协作方式同时工作的一组机械的一部分受电压降落或电源中断的影响，则欠压保护应激发适当的控制响应。

5）电动机的超速保护

如果超速能引起危险情况，则应按考虑到的措施办法提供超速保护。超速保护应激发适当的控制响应，并应防止自行重新起动。超速保护的运行方式应使电动机的机械速度限值或其负载不被超过。

5．控制电路和控制功能

1）控制电路

（1）当控制电路由交流电源供电时，应使用有独立绕组的变压器将交流电源与控制电源隔离。如果使用几个变压器，则这些变压器的绕组宜按使次级侧电压同相位的方式连接。

（2）控制电压标称值应与控制电路的正确运行协调一致。AC 控制电路的标称电压不宜超过：230V（适用于标称频率 50Hz 的电路）和 277V（适用于标称频率 60Hz 的电路）。DC 控制电路的标称电压不宜超过 220V 为宜。

（3）控制电路应按要求提供过电流保护，也可以提供过载保护。

2）控制功能

（1）起动功能应通过激励相关电路来操作。

（2）停止功能。停止功能有三种类别。0 类：用即刻切除机械制动机构的动力实现停止；1 类：给机械制动机构施加动力实现停止，并在停止后切除动力的可控停止；2 类：机械制动机构仍保留动力的情况下实现的可控停止（每台机械都应配备 0 类停止。若因安全需要和机械的功能要求，则应提供 1 类和/或 2 类停止）。停止功能应使有关操作电路断电，并应否定有关的起动功能。停止功能的复位不应引发任何危险情况。

（3）紧急停止。除了停止的要求之外，紧急停止功能还有下列要求：紧急停止功能应否定所有其他功能和所有模式中的操作；尽快停止危险运行，且不引起其他危险（如采用无外部动力的机械停车装置，对于 1 类停止功能采用反接制动）；复位不应引起重新起动。

3）联锁保护

（1）联锁安全防护装置的复位不应引发危险的机械运转，以免发生危险情况。

（2）应通过适当的器件（如压力传感器）去检验辅助功能的正常工作。如果辅助功能（如润滑、冷却、排屑）的电动机或器件不工作有可能发生危险情况或者损坏机械和加工件，则应提供适当的联锁。

（3）当所有接触器、继电器和机械控制单元的其他控制器件同时动作会带来危险时（如起动相反运动），应进行联锁防止不正确的工作。控制电动机换向的接触器应联锁，使得在正常使用中切换时不会发生短路。如果为了安全或持续运行，机械上某些功能需要相互联系，则应用适当的联锁以确保正常的协调。对于在协调方式中同时工作并具有多个控制器的一组机械，必要时应对控制器的协调操作做出规定。

（4）如果电动机采用反接制动，则应采取有效措施以防止制动结束时电动机反转，这种反转可能会造成危险情况或损坏机械和加工件。为此，不应允许采用只按时间作用原则的控制器件。

6. 操作板和安装在机械上的控制器件

对外装或局部露出外壳安装的器件的要求：

（1）为了适用，安装在机械上的控制器件应满足下列条件：维修时易于接近；安装得使由于物料搬运活动引起损坏的可能性减至最小。

手动控制器件的操作器应这样选择和安装：操作器不低于维修站台以上 0.6m，并处于操作者在正常工作位置上易够得着的范围内；使操作者进行操作时不会处于危险位置。

（2）位置传感器（如位置开关、接近开关）的安装应确保即使超程它们也不会受到损坏。电路中使用的具有相关安全功能的位置传感器，应具有直接断开操作或提供类似可靠性措施。

（3）指示灯和显示器用来发出下列型式的信息。

指示：引起操作者注意或指示操作者应完成某种任务。红、黄、蓝和绿色通常用于这种方式。

确认：用于确认一种指令、一种状态或情况，或者用于确认一种变化或转换阶段的结束。蓝色和白色通常用于这种方式，某些情况下也可以用绿色。

除非供方和用户间另有协议，否则指示灯玻璃的颜色代码应根据机械的状态符合附表 B-2 的要求。

附表 B-2　　指示灯的颜色及其相对于机械状态的含义

颜色	含义	说明	操作者的动作	应用实例
红	紧急	危险情况	立即动作去处理危险情况（如断开机械电源，发出危险状态报警并保持机械的清除状态）	压力/温度超过极限电压，降落、击穿、行程超越停止位置
黄	异常	异常情况，紧急临界情况	监视和（或）干预（如重建需要的功能）	压力/温度超过正常限值，保护器件脱扣
绿	正常	正常情况	任选	压力/温度在正常范围内
蓝	强制性	指示操作者需要动作	强制性动作	指示输入预选值
白	无确定性质	其他情况，可用于红、黄、绿、蓝色的应用有疑问时	监视	一般信息

（4）急停器件应设置在要求引发急停功能的各个位置。急停器件包括但不限于下列的型式：用手掌或拳触及操动的按钮装置、拉线操作开关、不带机械防护装置的脚踏开关。

7. 导线和电缆

（1）一般要求。导线和电缆的选择应适合于工作条件（如电压、电流、电击的防护、电缆的分组）和可能存在的外界影响（如环境温度、存在水或腐蚀物质和机械应力）（尽量选用有阻燃性能的绝缘导线和电缆）。

（2）导线。一般情况，导线应为铜质的。如果用铝导线，则截面积应至少为 $16mm^2$。任何其他材质的导线都应具有承载相同电流的标称截面积，导线截面积不应小于附表 B-3 规定的值。

附表 B-3　铜导线最小截面积

位置	用途	导线、电缆型式				
		单芯		多芯		
		5 或 6 类软线/mm^2	硬线（1 类）或绞线（2 类）/mm^2	双芯屏蔽线/mm^2	双芯无屏蔽线/mm^2	三芯或三芯以上屏蔽线或无屏蔽线/mm^2
（保护）外壳外部布线	动力电路，固定布线	1.0	1.5	0.75	0.75	0.75
	动力电路，承受频繁运动的布线	1.0	—	0.75	0.75	0.75
	控制电路	1.0	1.0	0.2	0.5	0.2
	数据通信	—	—	—	—	0.08
外壳内部布线	动力电路（固定连接）	0.75	0.75	0.75	0.75	0.75
	控制电路	0.2	0.2	0.2	0.2	0.2
	数据通信	—	—	—	—	0.08

虽然 1 类导线主要用于刚性的非运动部件之间，但其也可用于出现极小弯的场合，条件是截面积小于 $0.5m^2$。易遭受频繁运动（例如：机械工作每小时运动一次）的所有导线，均应采用 5 或 6 类绞合软线，导线的分类如附表 B-4 所示。

附表 B-4　导线的分类

类别	说明	用途/用法
1	铜或铝硬线	固定安装
2	铜或铝绞芯线	
5	铜绞合软线	用于有振动机械的安装，连接移动部件
6	铜绞合软线，比 5 类线更软	用于频繁移动

（3）绝缘。绝缘的介电强度应满足耐压试验的要求。对工作电压高于交流 50V 或直流 120V 的电缆和导线，要经受至少交流 2000V 的持续 5min 的耐压试验；对 PELV（保安特低电压）电路应承受至少交流 500V 的持续 5min 的耐压试验。在工作及敷设时，尤其是在电缆拖入管道时，绝缘的机械强度和厚度应保证绝缘不受损伤。

（4）正常工作时的载流容量。导线和电缆的载流容量取决于几个因素，例如：绝缘材料，电缆中的导体数，设计（护套），安装方法，分组和环境温度。

（5）导线和电缆的电压降。在正常工作状态下，任何动力电路的电缆，从电源端到负载的电压降不应超过额定电压的 5%。

8. 配线技术

1）连接和布线

（1）一般要求。

① 所有连接，尤其是保护联结电路的连接应牢固，防止意外松脱。

② 连接方法应适合被端接导线的截面积和性质（对铝或铝合金导线，要特别考虑电蚀问题）。

③ 只有专门设计的端子，才允许一个端子连接两根或多根导线。但一个端子只应连接一根保护导线。

④ 只有提供的端子适用于焊接工艺要求才允许焊接连线。

⑤ 接线座的端子应清楚标示或用标签标明与电路图上相一致的标记。

⑥ 软导线管和电缆的敷设应使液体能排离该装置。

⑦ 当器件或端子不具备端接多股芯线的条件时，应提供拢合绞心束的办法。不允许用焊锡来达到此目的。

⑧ 屏蔽导线的端接应防止绞合线磨损并应容易拆卸。

⑨ 识别标签应清晰、耐久，适合于实际环境。

⑩ 接线座的安装和接线应使布线不跨越端子。

（2）导线和电缆的敷设。

① 导线和电缆的敷设应使两端子之间无接头或拼接点。使用带适合防护意外断开的插头/插座组合进行连接。

② 电缆端部应夹牢以防止导线端部的机械应力。

③ 只要可能就应将保护导线靠近有关的负载导线安装，以便减小回路阻抗。

④ 在铁磁电柜中安装的交流电路导线的安排应使得电路中所有导线包括保护导线装入同一外敷物中。

⑤ 进入铁电柜中的交流电路导线的安排应使得电路中所有导线包括保护导线只能共同由铁磁材料包围，电路的导线之间为非铁磁材料，即电路的所有导线应经过同一电缆输入孔进入电柜。

（3）不同电路的导线。

不同电路的导线可以并排放置，可以穿在同一管道中（如导线管或电缆管道装置），也可以处于同一多芯电缆中或处于同一个插头/插座组中，只要这种安排不削弱各自电路的正常功能。如果这些电路的工作电压不同，应把它们用适当的遮栏彼此隔开，或者任何导线的绝缘均可以承受系统中的最高电压。

2）导线的标识

（1）一般要求。每根导线应按照技术文件的要求在每个端部做出标识。

（2）保护导线/保护联结导线的标识。应采用形状、位置、标记或颜色使保护导线/保护联结导线与其他导线易于区别。当只采用色标时，应在导线全长上采用黄/绿双色组合。保护导线/保护联结导线的色标是绝对专用的。对于绝缘导线，黄/绿双色组合应这样安排，即在任意 15mm 长度的导线表面上，一种颜色的长度占 30%～70%，其余部分为另一种颜色。如果保护导线能容易地从其形状、位置或结构（如编织导线、裸绞导线）识别，或者绝缘导线一时难以获得或是多芯电缆中的导线，则不必在整个长度上使用颜色代码，而应在端头或易接近位置上清楚地标示图形符号⏚或用字母 PE 或用黄/绿双色组合标记。

（3）中线的标识。如果电路包含只用颜色标识的中线，其颜色应为蓝色。为避免与其他颜色混淆，宜使用不饱和蓝，这里称为"浅蓝"。在选择这种颜色作为中线的唯一标识时，有可能发生混淆的场合，故不应使用浅蓝色来标记其他导线。在没有中线的情况下，浅蓝色可另做他用，但不能用作保护导线。

（4）颜色的标识。当使用颜色代码作导线（不是保护导线和中线）标识时，可采用下列颜色：黑、棕、红、橙、黄、绿、蓝（包括浅蓝）、紫、灰、白、粉红、青绿。当使用颜色代码标识导线时，宜使用下列颜色代码：

黑色——交流和直流动力电路；

红色——交流控制电路；

蓝色——直流控制电路；

橙色——由外部电源供电的联锁控制电路。

3）电柜内配线

（1）电柜内的导线应固定并保持在适当位置。非金属管道只有在用阻燃绝缘材料制造时才允许使用。

（2）要安装在电柜内的电气设备，宜设计和制作成允许从电柜的正面修改电路。如果不可行，并且控制器件从电柜的背后接线，则应提供进出门或能旋出的配电盘。

（3）安装在门上或其他活动部件上的器件，应按可控部件频繁运动用的软导线连接。这些导线应紧固在固定部件上和与电气连接无关的活动部件上。

（4）不敷入管道的导线和电缆应牢固固定住。

（5）引出电柜外部的控制配线，应采用接线座或连接插头/插座组合连接。

（6）动力电缆和测量检测电路的电缆可以直接接到预期连接的器件的端子上。

4）电柜外配线

（1）一般要求。电缆或管道连同专用的管接头、密封垫等引入电柜的方法，应确保不降低防护等级。同一电路的导线不应分布于不同的多芯电缆、导线管、电缆管道系统或电缆通道系统。当构成同一电路的若干多芯电缆并行安装时，上述要求不需要。当多芯电缆并行安装时，如可能，每一根电缆应尽可能包含每一相的一根相线和中性线。

（2）外部通道。

① 连接电柜内电气设备的外部导线，应封闭在合适的管道（如导线管或电缆通道系统）中，有合适保护套的电缆，无论是否用电缆托架或电缆支承设施，都可以不需要管道安装。带有专用电缆的器件，如配有专用电缆的位置开关或接近开关，当其电缆适用，足够短，放置或保护得当，使损坏的风险最小时，它们的电缆不必密封在管道中。与管道或多芯电缆一起使用的接头附件应适合于实际环境。

② 如果至悬挂按钮站的连接需要使用柔性连接，则应采用软导线管或软多芯电缆。悬挂站的质量不应借助软导线管或多芯电缆来承受，除非是为此目的专门设计的导线管或电缆。

（3）机械的移动部件的连线。

① 频繁移动的部件应按导线和软电缆要求的适合于弯曲使用的导线连接。软电缆和软导

管的安装应避免过度弯曲和绷紧，尤其是在接头附件部位。

② 移动电缆的支承应使得在连接点上没有机械应力，也没有急弯。当用回环结构实现时，弯曲回环应有足够的长度，以便使电缆的弯曲半径至少为电缆外径的 10 倍。

③ 如果移动电缆靠近运动部件，则应采取措施使运动部件和电缆之间至少应保持 25mm 距离。如果做不到，则应在二者之间安设遮栏。

④ 电缆护套应能耐受由于移动而产生的可预料到的正常磨损，并能经受环境污染的影响（如油、水、冷却液、粉尘）。

⑤ 如果软导线管靠近运动部件，则在所有运行情况下其结构和支承装置均应能防止对软导线管的损伤。

⑥ 软导线管不应用于易受快速和频繁的活动的连接，除非是为此目的专门设计的。

（4）备用导线。应考虑提供维护和修理用的备用导线。当提供备用导线时，应把它们连接在备用端子上，或用和防护接触带电部分同样的方法予以隔离。

9. 标记、警告标志和参照代号

（1）警告标志、铭牌、标记、标签和识别牌应经久耐用，经得住复杂的实际环境影响。

（2）警告标志。不能清楚表明其中装有会引起电击风险的电气设备的外壳，都应标黑边、黄底、黑色闪电符号 ⚠ 。

（3）电气设备外壳的标记。下列信息应有清晰耐久的标记，在设备安装后使人们在接收引入电源的外壳上清晰可见：

① 供方的名称或商标；

② 认证标记或可能由当地或特定区域要求的其他标记，必要时；

③ 形式代号或模式，适用时；

④ 序列号，适当时；

⑤ 主要文件号（见 IEC 62023），适用时；

⑥ 额定电压、相数和频率（如果是交流），每个引入电源的满载电流。

上述信息宜在主引入电源附近提供。

（4）参照代号。所有电柜、装置、控制器件和元件应清晰标出与技术文件相一致的参照代号。

10. 技术文件

1）概述

应提供必要的信息（资料），以识别、运输、安装、使用、维护、报废和处置机械电气设备。

注 1：文件有时以纸质形式提供，因为不能确定用户是否可以阅读到电子版或互联网形式的说明书。然而，与纸版说明书相比，如果可以得到电子版或互联网形式的说明书通常会更有益处，因为如果纸版文件丢失，用户可以通过下载电子版的方式来恢复文件。必要时，该方式也便于文件更新。

注 2：当国家相关法律法规有要求时，应使所要求的特定语言。

2）有关电气设备的资料（信息）

应提供下列资料（信息）：

① 当提供多个文件时，要为整体机械电气设备提供一个主要文件，同时列出与设备相关的补充文件；

② 电气设备的标识；

③ 安装和配置资料（信息）包括：

● 电气设备的配置和安装的描述及其与电源和其他源的连接；

● 对于各引入电源，电气设备短路电流额定值；

● 额定电压、相数和频率（若是 AC.），配电系统形式（TT、TN、IT）和各引入电源满载电流；

● 对于各引入电源的任何附加电源要求（例如：最大电源阻抗、漏电流）；

● 移动和维护电气设备要求的空间；

● 确保不损害冷却布局的安装要求；

● 适当时，环境限制（例如：照明、振动、EMC 环境和大气污染）；

● 适当时，功能限制（例如：峰值起动电流和允许的电压降）；

● 对于涉及电磁兼容性的电气设备的安装应采取的预防措施。

④ 在机械邻近区域（例如：2.5m 以内），可同时接近的外部可导电部分的连接说明，如下列保护联结电路：

● 金属管；

● 防护栏；

● 梯子；

● 扶手。

⑤ 功能和操作资料（信息），适用时包括：

● 电气设备的结构概略图（例如：结构图或概略图）；

● 如需预期使用时，编程或配置的步骤；

● 意外停止后重新起动的程序；

● 操作顺序。

⑥ 电气设备的维护信息，适当时包括：

● 功能测试的频次和方法；

● 有关安全维护程序的说明，以及需要时暂停安全功能的场合和/或保护措施程序的说明；

● 有关调整、修理和预防性维护的频次及方法的指南；

● 用于替换的电气零部件互连的详细说明（例如：过电路图和/或连接表）；

● 所需专用装置或工具的信息；

● 备件信息；

● 有关可能的剩余风险的信息，是否需要任何特殊培训的指导和任何必要的个人防护设备的规范；

● 如适用，仅熟练人员和受过训练人员才能使用的钥匙和工具的说明；

● 设定（DIP 双列直插式封装开关，可编程参数值等）；

● 修理或修改后，确认有关安全控制功能，以及必要时定期测试的资料（信息），如适当。

⑦ 如适当，搬运、运输和储存的信息（例如：尺寸，质量，环境条件，可能的老化限制）。

⑧ 正确拆卸和处理部件的信息（例如：回收或处置）。

参考文献

[1] 邓玉英，易观来. 电力拖动控制电路[M]. 北京：电子工业出版社，2013.

[2] 赵红顺. 电气控制技术实训[M]. 2 版. 北京：机械工业出版社，2011.

[3] 张瑞敏，何野，杨敏. 电气控制技术与维修[M]. 北京：中国铁道出版社，2021.

[4] 叶云汉. 电机与电力拖动项目教程[M]. 北京：科学出版社，2008.

[5] 王秋菊. 电气控制与 PLC 实用技术[M]. 北京：电子工业出版社，2014.